古典文獻研究輯刊

三九編

潘美月・杜潔祥 主編

第6冊

續經義考・春秋之部
（第三冊）

周懷文 著

國家圖書館出版品預行編目資料

續經義考‧春秋之部（第三冊）／周懷文 著 -- 初版 -- 新北市：
花木蘭文化事業有限公司，2024〔民 113〕
目 6+234 面；19×26 公分
（古典文獻研究輯刊 三九編；第 6 冊）
ISBN 978-626-344-926-8（精裝）
1.CST：春秋（經書）2.CST：研究考訂
011.08   113009705

ISBN-978-626-344-926-8

9 786263 449268

古典文獻研究輯刊
三九編　第六冊　　　　　　ISBN：978-626-344-926-8

續經義考‧春秋之部
（第三冊）

作　　者　周懷文
主　　編　潘美月、杜潔祥
總 編 輯　杜潔祥
副總編輯　楊嘉樂
編輯主任　許郁翎
編　　輯　潘玟靜、蔡正宣　美術編輯　陳逸婷
出　　版　花木蘭文化事業有限公司
發 行 人　高小娟
聯絡地址　235 新北市中和區中安街七二號十三樓
　　　　　電話：02-2923-1455 ／傳真：02-2923-1400
網　　址　http://www.huamulan.tw 信箱 service@huamulans.com
印　　刷　普羅文化出版廣告事業
初　　版　2024 年 9 月
定　　價　三九編 65 冊（精裝）新台幣 175,000 元　　　版權所有‧請勿翻印

續經義考·春秋之部
（第三冊）

周懷文　著

目次

H

韓范 春秋左傳測要 佚

◎光緒九年（1883）博潤《松江府續志》卷三十七《藝文志·經部補遺》：
《春秋左傳測要》、《左傳集評》十二卷（並明韓范著）。

◎《華婁續志殘稿·藝文志·華亭縣藝文志·經部補遺·春秋類補遺》：
《左氏測要》、《左傳集評》十二卷，明韓范（友一）著。《府續志·藝文補遺》。

◎韓范，號友一。松江府奉賢縣（今上海奉賢區）人。著有《春秋左傳測
要》、《左傳集評》十二卷。

韓范 左傳集評 十二卷 佚

◎序：諸子雜詭術，史記多兵謀，劉舍人嘗歎之矣。夫詭與兵皆非所以治
天下也。然而學子者，辭雖正，其源流必至於詭。學史者，觀覽成敗，習尚權
譎，有近於縱橫之家，而其究必至於恐非養兵而不用。奚以明其然也？當孔子
之時，著書立說以垂名後世者，有二人焉：李耳與左氏是已。夫耳，孔子之師
也，為周柱下史，著《道德》五千言，無為自化，清淨自正，宜令學士尊而宗
之。然而申、韓之刑名毒害天下，蘇子推之，以為其禍原于老、莊，此實學子
者之弊矣。左氏佐孔子定《春秋》，遂推而作傳，因人事以明天道，藉朝聘以
正禮樂，孔子意也。其于兵戰之事，尤所獨詳，非孔子意也。然而左氏喋喋不
休，何哉？蓋自古及今，未有不用戰者。黃帝五十二戰而後濟，少昊四十八戰
而後濟，昆吾五十戰而後濟，商周以來皆然。秦人銷鋒鏑、隳名城而天下亂。
成安君嘗稱義兵不用詐謀奇計，卒為淮陰斬之泜水之上。繇是觀之，徒恃俎豆

干戚可以為治，而不講于荊尸魚麗之陣、二陵三河之險，有不傾覆我國家、搖盪我邊疆者哉？是故古禮云：「養諸侯而兵不用。」余以為莫如習《左氏》。《左氏》者，談兵之書、定亂之書也。況今日之事，慘痛已極，原其所繇，皆起于諸君子諱言兵戰。余少讀《春秋》，治胡氏。胡氏者，制科之所尚也。然余竊樂誦《左氏》，濡首有年，豈非禮樂可以昭古烈，而兵戰可以教將來哉？東漢之世，古學繁興，諸儒爭言《左氏》文辭雖贍，不合聖人意。余竊惑之，公、穀、鄒、夾四家得于所聞，左氏得于所見，信其所聞而疑其所見，豈不陋乎？余故詳厥事會，申厥秘說，出而問世焉，以為學史者之一佐云。雲間韓范友一氏題於雲頌堂。

◎光緒九年（1883）博潤《松江府續志》卷三十七《藝文志・經部補遺》：《春秋左傳測要》、《左傳集評》十二卷（並明韓范著）。

◎《華婁續志殘稿・藝文志・華亭縣藝文志・經部補遺・春秋類補遺》：《左氏測要》、《左傳集評》十二卷，明韓范（友一）著。《府續志・藝文補遺》。

韓晉昌 左傳指謬 一卷 佚

◎民國常之英《濰縣志稿》卷三十七《藝文》：韓晉昌《讀經志疑》二卷、《左傳指謬》一卷。

◎韓晉昌，字西侯。山東濰縣（今濰坊）人。著有《左傳指謬》一卷。

韓夢周 春秋注解 佚

◎道光《來安縣志》卷九《名宦志》：著有《易／春秋／大學／中庸注解》、詩古文、《制義》行世。

◎劉聲木《桐城文學撰述考》卷一「韓夢周撰述」：《理堂制藝前集》二卷、《理堂制藝後集》二卷、《陰符經注》一卷、《來安圩田圖記》一卷、《方望溪遺集》十卷、《憚暑吟》一卷、《載道集》□卷（編《羽翼經傳制義》）、《周易注》□卷、《春秋注》□卷、《大學注》□卷、《中庸注》□卷。

◎民國常之英《濰縣志稿》卷三十七《藝文》：韓夢周《易解》、《中庸解》、《大學解》、《理堂文集》十卷、《理堂詩集》四卷、《理堂日記》八卷、《理堂制藝》三編、《近思錄述義》、《養蠶成法》一卷、《陰符經解》一卷、《圩田圖三記》一卷、《理堂外集》四卷、《文法摘鈔》一卷、《山木集尺牘》八卷、《理堂藏書目一卷》。

◎彭紹升《二林居集》卷十《韓長儒墓表》：夢周自七歲入家塾，諸經皆兄口授。

◎韓夢周（1729～1798），字公復，號理堂。祖籍雲南，自明中葉遷山東濰縣。與閻循觀並稱山左二巨儒。乾隆十七年（1752）舉人、二十二年（1757）進士。乾隆三十一年（1766）令滁州來安縣。以蝗災罷官，歸居程符山，四方學者從之學，輒舉宋儒之學以為教。其論制義舉業，以為有說經之文有自得之文，於自得之文則舉顧端文、陸清獻。夢周為韓愨（字長儒）弟，與滕綱、閻循觀、法坤宏、任瑗、汪縉、魯潔非、彭紹升、羅有高、戴震等多所交遊。著有《周易注》、《春秋注》、《中庸注》、《大學注》、《理堂藏書目》一卷、《理堂文集》十卷、《理堂文外集》一卷、《理堂詩集》四卷、《理堂日記》八卷、《理堂制藝》三編、《載道集》、《近思錄述義》、《養蠶成法》一卷、《陰符經注》一卷、《來安圩田圖記》一卷、《山木集尺牘》八卷、《憚暑吟》一卷等。全集後由門人陳官俊、陳廷鈺出資刊刻。生平可參劉鴻翱《韓理堂先生集序》（代王廷珍作）、宋書升《韓理堂先生未刊葉序》。

韓葵重訂 點評春秋綱目左傳句解彙雋 六卷 存

上海藏道光二十一年（1841）集文堂刻本

首都圖書館藏咸豐七年（1857）泰山堂刻本

復旦藏同治四年（1865）輔仁堂刻本

濟南藏同治十年（1871）三盛堂刻本

吉林藏光緒七年（1881）紫文閣刻本

遼寧、丹東、遼寧大學、吉林、齊齊哈爾藏光緒九年（1883）掃葉山房刻本

濟南藏光緒十年（1884）書業德刻本

天津、哈爾濱、牡丹江、吉林大學藏光緒十年（1884）錦文堂刻本

東臺藏光緒十一年（1885）京江文成堂書坊刻本

吉林、撫順、瀋陽師大藏光緒十九年（1893）刻本

香港中文大學藏光緒二十年（1894）寶善書局刻本

濟南藏光緒二十一年（1895）怡翰齋刻本

齊齊哈爾藏光緒二十二年（1896）王四和記刻本

天津藏光緒二十五年（1899）寶文堂刻本

上海藏光緒二十六年（1900）集文堂刻本

國圖、北大藏光緒二十九年（1903）寶慶勸學書舍刻本（題韓氏重訂左傳句解）

遼寧大學、濟南藏光緒三十一年（1905）益友堂刻本

香港中文大學藏光緒三十三年（1907）京口善化書局刻本

濟南藏光緒三十四年（1908）書業德刻本

天津藏光緒成文堂刻本

哈爾濱、齊齊哈爾藏光緒校經山房刻本

國圖、北大、天津、吉大、吉林師院藏光緒狀元閣李光明莊刻本

北師大藏宣統元年（1909）石印本

上海、濟南藏宣統三年（1912）上海廣益書局石印本

東臺藏 1915 年上海鑄記書局石印本

國圖、北大藏清末上海錦章圖書局石印本

北大藏清末文奎堂刻本

北大藏清末聚文堂刻本

北大、遼寧大學、錦州師院藏清末桐石山房刻本

吉林藏清末小酉山房刻本

北大藏清裕德堂刻本

北大藏清令德堂刻本

北京師範大學、人大、山東大學藏清刻本

上海、吉林藏清文星堂刻本

錦州、長春藏清姑蘇書業堂刻本

濟南藏清貴文堂刻本

濟南藏清元德昌刻本

吉林師院清末宏道堂刻本

北大藏清刻郭文元堂重修本

南京、遼寧、丹東、錦州師院、齊齊哈爾藏清綠蔭堂刻本

復旦藏清愛日堂刻本

北大藏清抄本

復旦藏清昌文書局石印本

北大藏清末民國初翠筠山房刻本

遼寧、瀋陽、瀋陽師大藏 1914 年太和書局刻本

北大、上海、丹東、吉林、長春、吉林大學藏 1914 年上海商務印書館鉛印本

上海、遼寧、齊齊哈爾、濟南藏 1916 年上海章福記書局石印本

遼寧藏 1920 年上海會文堂書局石印本

上海、復旦、大連、撫順、吉林、長春、吉林社科院、牡丹江藏 1920 年上海天寶書局石印本

北大、丹東、丹東師院、哈爾濱、齊齊哈爾、鷄西、濟南藏 1924 年上海大成書局石印本

上海藏 1926 年上海昌文書局石印本

1929 年民智書店銅版石印本（題評點左傳句解）

復旦藏 1933 年上海商務印書館鉛印本

上海中原書局 1938 年石印本（題批點春秋左傳句解彙雋）

遼寧、丹東、齊齊哈爾藏民國上海掃葉山房石印本

吉林、黑龍江藏民國上海文瑞樓石印本

遼寧、天津、南京藏民國上海啟新書局石印本

上海鴻文書局石印本

1972 年臺南北一出版社排印本（二卷）

◎一名《左傳句解》《繪圖增批左傳句解》《增批繪圖左傳句解》《如西所刻諸名家評點春秋綱目左傳句解》《太史張天如詳節春秋綱目句解左傳》。

◎目錄：

第一卷：

隱公：鄭伯克段于鄢、周鄭交質、宋穆公屬殤公、石碏諫寵州吁、衛州吁弒其君完、臧僖伯諫觀魚、陳桓公不許鄭伯請成、滕侯薛侯來朝、莊公戒飭守臣。

桓公：臧孫達諫取郜鼎、師服知桓叔之亂、周桓王奪鄭伯政、季梁勸修政、公子忽辭昏桓公、子同生、楚及隨平、虞公貪求玉劍、鬥廉敗鄖師、屈瑕勝絞、屈瑕以自用敗、申繻諫如齊。

莊公：鄧曼知武王不祿、莊公不伐齊師、鮑叔薦用管仲、曹劌論戰、臧孫達知宋興、鄭厲公殺傅瑕原繁、楚子滅蔡以說息嬀、鬻拳以兵諫、鄭伯納諫徧

舞、陳敬仲辭師辭夜飲、周史知陳大於齊、曹劌諫觀社、驪姬謀立奚齊、內史
過知虢。

閔公：管仲請救邢、仲孫湫論魯事、士蔿知申生不立、羣臣論將太子、文
公中興。

第二卷：

僖公：虞師晉師滅下陽、晉卜偃論虢亡、楚使對齊師、屈完使齊、晉侯
殺太子申生、士蔿築城不慎、公之奇諫假道、楚文王知申侯不免、管仲諫用
鄭世子華、齊侯下拜受胙、晉里克弒其君卓及其大夫荀息、秦伯納夷吾、晉
侯殺里克、申生請伐夷吾、管仲讓不忘職、子桑伯里議輸晉粟、慶鄭虢射議
閉秦糴、秦伯伐晉、秦許晉平、陰飴甥復惠公、河東置官司、子魚諫用人於
社、寧莊子勸討邢、子魚勸宋公脩德、文仲諫焚巫尪、文仲諫不備邾、宋師
敗績于泓、狐突不教子貳、重耳遍歷諸國、重耳返國、寺人披見文公、頭須
見文公、介之推不言祿、富辰諫以狄伐鄭、富辰諫立狄女為后、文公納王請
隧、展喜犒齋師、蔿賈不賀子文、晉文圖伯、晉侯侵曹伐鄭、寧武子保身濟
君、侯孺使復曹伯、燭之武退秦師、蹇叔諫襲鄭、晉人及姜戎敗秦師於殽、
臼季以薦郤缺受賞。

文公：魯閏非禮、楚太子殺成王、臧文仲縱逆祀、穆公專任孟明、寧嬴論
處父、趙盾作政、論秦三良殉穆公葬、趙宣子議立君、樂豫諫去羣公子、趙盾
立靈公、郤缺諷趙孟歸衛田、陳侯鄭伯盟楚子于息、秦伯使西乞術來聘、晉人
謀歸士會、齊人歸公孫敖之喪、蔿賈謀伐庸、子家與趙宣子書、季文子逐莒僕。

第三卷：

宣公：華元食士羊羹、趙盾弒其君夷皋、王孫滿對楚問鼎、公子宋子家弒
靈公、鬭克黃不棄君命、申叔時諫縣陳、鄭伯行成于楚、晉荀林父知難冒進、
欒書不輕敵、楚莊王不為京觀、士渥討濁諫荀林父、獻子勸宣公聘楚、華元夜
登子反之床、解揚不辱命、晉人滅潞、結草報從治命。

成公：孔子惜繁纓、解張勉郤克力戰、國佐不辱命、楚共王不錮巫臣、晉
諸將讓功、定王郤晉獻齊捷、晉知罃對楚子、季文子私言晉二命、韓厥請立趙
孤、巫臣誡莒子備國、范文子論尋盟、晉歸楚囚、晉侯奇夢、宋華元克合晉楚
之成、郤至辭楚享樂、劉子論成子不敬、呂相絕秦、叔孫僑如如齊逆女、子臧
辭國、申叔時諫子反慎戰、欒郤論楚師、范文子不欲與楚戰、嬰齊復季文子于
魯、郤至不叛君、晉悼公初政。

襄公：祁奚舉善、魏絳以刑佐民、穆叔重拜鹿鳴、魏絳和戎、文子盡忠公室、子產能憂鄭國、子展子駟議從楚、穆姜知過、公子貞諫伐晉、晉鄭同盟于戲、晉侯息民、子產焚載書、魏絳辭樂、晉諸將相讓、師曠論衛出君、子罕辭玉、季武子如晉拜師。

第四卷：

襄公：武仲戒季武子勒功、臧武仲斥季孫賞盜、閔子馬使公鉏孝敬、臧孫受、臧武仲辟齊禍、叔孫豹論不朽、子產告范宣子輕幣、晏子不死君難、子產獻陳捷於晉、子產然明論政、聲子請復伍舉、楚人衷甲、子罕不忽兵威、游吉使楚、子產舍不為壇、晏子辭邑、季札觀樂、子產料陳必亡、申無宇論子圍不免、子產辭政、穆公知昭公不度、子產壞晉館垣、子產不毀鄉校、子產止子皮用尹何、北宮佗論威儀。

昭公：子羽卻楚逆女以兵、奚午以信論趙武、趙文子請釋叔孫豹、劉定公料文子不年、子產逐子南、鄭子產論晉侯之疾、醫和論晉侯之疾、叔弓聘晉有禮、晏嬰使晉請繼室論國政、晏嬰諷諫繁刑、女叔齊論三不殆、申豐論雹、楚子會諸侯于申、司馬侯論昭公、叔向不虞楚、蹶繇不畏靈鼓、叔向貽子產書、叔向請逆楚子、申無宇執亡閽、公至自楚、子產歸州田于晉。

第五卷：

昭公：子產立良止以安民、孟僖子使子學禮、師曠論石言、周王使詹桓伯讓晉、屠蒯請佐尊、晏子勸桓子致邑、叔向料楚靈王、叔向論單子、大蒐于比蒲、申無宇諫外重、惠伯論黃裳元吉、鄭丹以詩諫、區夫不執費人、叔向料楚子千、公會諸侯于平丘、公不與平丘之盟、子產爭承、晉叔向私釋平子、南蒯奔齊、費無忌害朝吳、荀吳不納叛人、周景王詰晉不獻彝鼎、子產不恥孔張失禮、子產重環、郯子論官、子產弗信裨竈、子產對晉讓登陴、子產對晉問駟乞立故、沈尹戌論楚必敗、無極不忍殺太子、伍尚勉弟報仇、孔子不許琴張弔宗魯、晏嬰諫誅祝史、沈尹戌料子常、鸜鵒之謠、子西辭國、王子朝告諸侯。

第六卷：

昭公：晏子與齊侯論禮、晏嬰諫禳彗、范鞅難於納魯、沈尹戌勸誅費無極、魏舒舉賢、魏舒命賈辛、孔子論刑鼎、子太叔對景伯、子西諫楚子、荀躒唁公于乾侯、邾黑肱以濫來奔、周敬王請晉城成周、蔡墨論事。

定公：祝鮀長衛于蔡、太叔九言、鬭辛勸弟從君、申包胥乞秦師、公叔發諫追魯師、鮑國諫用陽用虎、孔子用夾丘、於越敗吳于檇李、子貢視執玉。

哀公：伍員諫平越、逢滑議辭吳、子西不患吳、子閭辭國、楚昭王不禜災越望、子服景伯論伐邾、伍員諫遺越患、孔子拒攻太叔、用田賦、公會吳于橐皋、子貢譏誅孔子、白公勝作亂、葉公討白公勝、勾踐圍吳、立妾為夫人、公去三桓。

◎重訂春秋左傳句解凡例：

一、依朱文公《通鑑綱目》例，以六十甲子列於逐年之首，以便考覽。

一、周王及列國紀年並詳注於魯君之元年，其有易世則各注於本年。

一、周王紀年列於魯紀年之上者，尊天子也。列國紀年首以陳杞宋者，崇先代之後也。次以齊秦晉楚者，大五霸也。晉文以後，升於齊上者，晉主盟最久也。楚雖主盟而不升者，不與夷狄盟中國也。次衛蔡鄭者，存與國也。餘小國不錄者，不繫乎輕重也。

一、羅文恭公節本例以一事首末共載一處，雖便觀覽，然非本文之正。今不敢從其例，但於注中詳具本末以見事之終始。

一、左氏之文善於辭命，前後節末務省紙版，妄有刊削，識者痛之。今並載其全文，以見左氏刪潤之工。

一、左氏議論有未妥者，各論述於本文之下。

一、俗本音釋多用借音，雜以方言，殊乖聲律。今本有不可以言讀者，乃用《釋文》音切，其或圈破讀，或以平上去入別之。

一、批點《左傳》之佳，文不加點，援我明孫月峯先生原有批本，此尤著其佳者也。但標其字法句法，套句可刪等語，誠《左氏》暗刻中一娘。今合而重訂之，其於蒙士未必無少補，又於本書庶成大全云。

◎朱彝尊《禮部尚書兼掌翰林院學士長洲韓公炎墓碑》〔註1〕：二十六年以疾給假，里居八載，點勘六經。凡漢儒箋故唐儒義疏宋儒章句，靡不采獲而裁其中……公所著：《有懷堂文集》二十二卷《詩稿》六卷。其舉子業以古文為今文，奇而有法。其初未遇，鄉之先達或大怪之。徐尚書閱其闈卷，擊節歎賞，登於榜。及取上第，傳誦朝野，十室之邑，三家之村，經生塾師，無不奉為圭臬。然公之不朽，終當以《古文辭孝經衍義》傳也。

〔註1〕錢儀吉《碑傳集》卷二十一康熙朝部院大臣下。

◎沈德潛《故禮部尚書韓文懿公祠堂碑記》〔註2〕：公以英敏之資，紹承庭訓，其於經學，自漢唐箋疏迄宋賢章句，無不穿穴；又綜覽諸史百家，發為高文，一變從前卑靡骫骳之習。

◎韓菼（1637～1704），字元少，別號慕廬，諡文懿。先世鳳陽，後遷長洲（今江蘇蘇州）。與韓士修、韓竹合稱「京師三韓」。康熙十二年（1673）狀元，授翰林院修撰。歷官日講起居注官、右贊善、侍講、侍讀，禮部侍郎、吏部右侍郎、禮部尚書兼翰林院掌院學士。子孝嗣，舉人，孝基，進士，官編修。著有《點評春秋綱目左傳句解彙雋》六卷、《春秋綱目左傳句解全書》不分卷，又修《孝經衍義》百卷。

韓菼 春秋綱目左傳句解全書 不分卷 存

哈佛大學藏咸豐十年（1860）羊城古經閣刻本（不分卷。題增補詳註批點春秋左傳解要）

臺灣藏上海大成書局1924年石印大字本（題大字春秋左傳句解）

國圖藏1936年大連圖書供應社排印本（二卷。劉一儂校勘。題批註春秋左傳句解）

廣益書局1941年排印本（二卷。題批註春秋左傳句解）

◎卷首題：長洲韓菼慕廬甫重訂。

◎重訂春秋左傳句解原序：《春秋左傳詳節》一十七卷，宋魯齋朱申周翰注釋，今董南畿學政、黃侍御希武命飜刻以示後學者也。侍御以近世學者莫不為文而未知為文之法，故授同知蘇州府事張幼仁，俾刻之郡中。余敍之曰：文非道之所貴也，而聖賢有不廢。故冉牛、閔子、顏淵善言德行，子夏、子游以文學名，孔子亦曰「言之無文，行而不遠」而善鄭國之為詞命也，則文豈可少哉？學者不為文則已，如為文而無法，法而不取諸古，殆未可也。左氏疏《春秋》，於孔子之旨未盡得也，而載二百四十二年列國諸侯征伐會盟朝聘宴饗、名卿大夫往來詞命則具焉，其文蓋爛然矣。於時若臧僖伯、哀伯、晏子、子產、叔向、叔孫豹之流，尤所謂能言而可法者。下是則疆場之臣亦善言焉，有若展喜、呂飴甥、賓媚人、解揚奮、揚瞷由〔註3〕；方伎之賤亦善言焉，有若史蘇、梓慎、裨竈、蔡墨、醫和緩、祝鮀、師曠；夷裔之遠亦善言焉，有若郯子、支

〔註2〕錢儀吉《碑傳集》卷二十一康熙朝部院大臣下。
〔註3〕「由」一本作「緜」。

駒、聲子、沈無戍〔註4〕、蔿啟疆；閨門之懿亦善言焉，有若鄧曼、穆姜、定姜、僖負羈之妻、叔向之母。於戲其猶有先王之風乎！其詞婉而暢，直而不肆，深而不晦，精而不假，鑱削或若剩焉而非贅也，若遺焉而非欠也。後之以文名家者，熟〔註5〕能遺之？是故遷得其奇、固得其雅、韓得其富、歐得其婉，而皆赫然名於後世，則左氏之於文亦可知也已。而世每病其誣，蓋神怪妖祥、夢卜讖兆之類誠有顯於誣者，其亦沿舊史之失乎？雖然，古今不相及，又安知其果盡無也？然余以哀公而後，文頗不類，若非左氏之筆焉，豈後人續之耶？未可知也。若是者今多從削，蓋幾於醇且粹矣。學者由是而求之，則為文之法盡在是矣。若夫究聖人筆削之旨以寓一王之法，自當求其全以進於經。蒼山魏邦達題。

◎新刻諸名家評點春秋綱目左傳句解目錄：

孫鑛月峰氏、鍾惺伯敬氏、張溥天如氏、茅坤鹿門氏、陳仁錫明卿氏、陳子龍臥子氏、湯寶尹睡菴氏、徐汧九一氏、張毓侗初氏原評，長洲韓葵慕盧甫重訂。

隱公：鄭伯克段于鄢、周鄭交質、宋穆公屬殤公、石碏諫寵州吁、衛州吁弒其君完、臧僖伯諫觀魚、陳桓公不許鄭伯請成、滕侯薛侯來朝、莊公戒飭守臣。

桓公：臧孫達諫取郜鼎、師服知桓叔之亂、周桓王奪鄭伯政、季梁勸脩政、公子忽辭昏桓公、子同生、楚及隨平、虞公貪求玉劍、鬥廉敗鄖師、屈瑕勝絞、屈瑕以自用敗、申繻諫如齊。

莊公：鄧曼知武王不祿、莊公不伐齊師、鮑叔薦用管仲、曹劌論戰、臧孫達知宋興、鄭厲公殺傅瑕原繁、楚子滅蔡以說息媯、鬻拳以兵諫、鄭伯納諫偏舞、陳敬仲辭師辭夜飲、周史知陳大於齊、曹劌諫觀社、驪姬謀立奚齊、內史過知虢亡。

閔公：管仲請救邢、仲孫湫論魯事、士蔿知申生不立、羣臣論將太子、文公中興。

僖公：虞師晉師滅下陽、晉卜偃論虢、楚使對齊師、屈完使齊、晉侯殺太子申生、士蔿築城不慎、公之奇諫假道、楚文王知申侯不免、管仲諫用鄭世子華、齊侯下拜受胙、晉里克弒其君卓及其大夫荀息、秦伯納夷吾、晉侯殺里克、

〔註4〕「無戍」一本作「尹戍」。
〔註5〕「熟」一本作「孰」。

申生請伐夷吾、管仲讓不忘職、子桑伯里議輸晉粟、慶鄭虢射議閉秦糴、秦伯伐晉、秦許晉平、陰飴甥復惠公、河東置官司、子魚諫用人於社、寧莊子勸討邢、子魚勸宋公脩德、文仲諫焚巫尪、文仲諫不避郊、宋師敗績于泓、狄突不教子貳、重耳遍歷諸國。

僖公下：重耳返國、寺人披見文公、頭須見文公、介之推不言祿、富辰諫以狄伐鄭、富辰諫立狄女為后、文公納王請隧、展喜犒齊師、蔿賈不賀子文、晉文圍伯、晉侯侵曹伐鄭、寧武子保身濟君、侯孺使復曹伯、燭之武退秦師、蹇叔諫襲鄭、晉人及姜戎敗秦師於殽、白季以薦郤缺受賞。

文公：魯閏非禮、楚太子殺成王、臧文仲縱逆祀、穆公專任孟明、寧嬴論處父、趙盾作政、論秦三良殉穆公葬、趙宣子議立君、樂豫諫去羣公子、趙盾立靈公、郤缺諷趙孟歸衛田、陳侯鄭伯盟楚子于息、秦伯使西乞術來聘、晉人謀反士會、齊人歸公孫敖之喪、蔿賈謀伐庸、子家與趙宣子書、季文子逐莒僕。

宣公：華元食士羊羹、趙盾弒其君夷皋、王孫滿對楚子問鼎、公子宋子家弒靈公、鬬克黃不棄君命、申叔時諫縣陳、鄭伯行成於楚、晉荀林父知難冒進、欒書不輕敵、楚莊王不為京觀、士渥濁諫討荀林父、獻子勸宣公聘楚、解揚不辱命、華元夜登子反之床、晉人滅潞、結草報從治命。

成公：孔子惜繁纓、解張勉郤克力戰、國佐不辱命、楚共王不錮巫臣、晉諸將讓功、定王郤晉獻齊捷、晉知罃對楚子、季文子私言晉二命、韓厥請立趙孤、巫臣誡莒子備國、范文論尋盟、晉歸楚囚。

成公下：晉侯奇夢、宋華元克合晉楚之成、郤至辭楚享樂、劉子論成子不敬、呂相絕秦、叔孫僑如如齊逆女、申叔時諫子反慎戰、欒郤論楚師、范文子不欲與楚戰、嬰齊復季文子於魯、郤至不叛君、晉悼公初政。

襄公：祁奚舉善、魏絳以刑佐民、穆叔重拜鹿鳴、魏絳和戎、文子盡忠公室、子產能憂

鄭國、子展子駟議從楚、穆姜知過、公子貞諫伐晉、晉鄭同盟于戲、晉侯息民、子產焚載書、魏絳辭樂、晉諸將相讓、師曠論衛出君、子罕辭玉、季武子如晉拜師、武仲戒季武子勤功。

襄公下：臧武仲斥季孫賞盜、閔子馬使公鉏孝敬、臧孫受盟、臧武仲辟齊禍、叔孫豹論不朽、子產告范宣子輕幣、晏子不死君難、子產獻陳捷於晉、子產然明論政、聲子請復伍舉、楚人衷甲、子罕不忽兵威、游吉使楚、子產舍不為壇、晏子辭邑、季札觀樂、子產料陳必亡、申無宇論子圍不免、子產辭政、

穆公知昭公不度、子產壞晉館垣、子產不毀鄉校、子產止子皮用尹何、北宮佗論威儀。

昭公一：子羽卻楚逆女以兵、祁奚以信論趙武、趙文子請釋叔孫豹、劉定公料武子不年、子產逐子南、鄭子產論晉侯之疾、醫和論晉侯之疾、叔弓聘晉有禮、晏嬰使晉請繼室論國政、晏嬰諷諫繁刑、女叔齊論三不殆、申豐論雹、楚子會諸侯于申。

昭公二：司馬侯論昭公、叔向不虞楚、蹶繇不畏欒鼓、叔向貽子產書、叔向請逆楚子、申無宇執亡閽、公至自楚、子產歸州田於晉、子產立良止以安民、孟僖子使子學禮、師曠論石言、周王使詹桓伯讓晉、屠蒯請佐尊、晏子勸桓子致邑、叔向料楚靈王、叔向論單子、大蒐于比蒲、申無宇諫外重、惠伯論黃裳元吉、鄭丹以詩諫、區夫不執費人、叔向料楚子千、公會諸侯於平丘、公不與平丘之盟、子產爭承、南蒯奔齊、費無忌害朝吳、荀吳不納叛人、周景王詰晉不獻彝鼎、子產不恥孔張失禮、子產重環、郯子論官、子產弗信禆竈、子產對晉讓登陣、子產對晉問駟乞立故、沈尹戌論楚必敗、奮揚不忍殺太子、伍尚勉弟報仇。

昭公三：孔子不許琴張弔宗魯、晏嬰諫誅祝史、沈尹戌料子常、鸜鵒之謠、子西辭國、王子朝告諸侯、范軮難於立魯、沈尹戌勸誅費無極、魏舒舉賢、魏舒命賈辛、孔子論刑鼎、子太叔對景伯、子西諫楚子、荀躒唁公于乾侯、邾黑肱以濫來奔、周敬王請晉城成周、蔡墨論事。

定公：祝鮀長衛于蔡、大叔九言、鬭辛勸弟從君、申包胥乞秦師、公叔發諫追魯師、鮑國諫用陽虎、公會齊侯于夾谷、於越敗吳于檇李、子貢視執玉。

哀公：伍員諫平越、逢滑議辭吳、子西知吳必敗、子閭辭國、楚昭王不禜災越望、子服景伯論伐邾、伍員諫遺越患、孔子拒攻太叔、用田賦、公會吳于橐皋、子貢譏誅孔子、白公勝作亂、葉公討自〔註6〕公勝、勾踐圍吳、立妾為夫人、公去三桓。

◎大連圖書供應社排印本目錄：

卷上：

隱公：鄭伯克段于鄢、周鄭交質、宋穆公屬殤公、石碏諫寵州吁、衛州吁弒其君完、臧僖伯諫觀魚、陳桓公不許鄭伯請成、滕侯薛侯來朝、莊公戒飭守臣。桓公：臧孫達諫取郜鼎、師服知桓叔之亂、王奪鄭伯政、季梁勸脩

政、公子忽辭昏桓公、子同生、楚及隨平、虞公貪求玉劍、鬭廉敗鄖師、屈瑕勝絞、屈瑕以自用敗、申繻諫如齊。莊公：鄧曼知武王不祿、莊公不伐齊師、鮑叔薦用管仲、曹劌論戰、臧孫達知宋興、鄭厲公殺傅瑕原繁、楚子滅蔡以說息嬀、鬻拳以兵諫、鄭伯納諫偏舞、陳敬仲辭師夜飲、周史知陳大于齊、曹劌諫觀社、驪姬謀立奚齊、內史過知虢亡。閔公：管仲請救邢、仲孫湫論魯事、士蔿知申生不立、羣臣論將太子、文公中興。僖公：虞師晉師滅下陽、晉卜偃論虢、楚使對齊師、屈完使齊、晉侯殺太子申生、士蔿築城不慎、公之奇諫假道、楚文王知申侯不免、管仲諫用鄭世子華、齊侯下拜受胙、晉里克弒其君卓及其大夫荀息、秦伯納夷吾、晉侯殺里克、申生請罰夷吾、管仲讓不忘職、子桑伯里議輸晉粟、慶鄭虢射議閉秦糴、秦伯伐晉、秦許晉平、陰飴甥復惠公、河東置官司、子魚諫用人于社、寧莊子勸討邢、子魚勸宋公脩德、文仲諫焚巫尫、臧文仲諫不避郱、宋師敗績于泓、狄突不教子貳、重耳遍歷諸國、重耳返國、寺人披見文公、頭須見文公、介之推不言祿、富辰諫以狄伐鄭、富辰諫立狄女為后、文公納王請隧、展喜犒齊師、蔿賈不賀子文、晉文圖霸、晉侯侵曹伐鄭、寧武子保身濟君、侯孺使復曹伯、燭之武退秦師、蹇叔諫襲鄭、晉人及姜戎敗秦師於殽、臼季以薦郤缺受賞。文公：魯閏非禮、楚太子殺成王、臧文仲縱逆祀、穆公專任孟明、寧嬴論處父、趙盾作政、論秦三良殉穆公葬、趙宣子議立君、樂豫諫去羣公子、趙盾立靈公、郤缺諷趙孟歸衛田、陳侯鄭伯會楚子于息、秦伯使西乞術來聘、晉人謀反士會、齊人歸公孫敖之喪、蔿賈謀伐庸、子家與趙宣子書、季文子逐莒僕。宣公：華元食士羊羹、趙盾弒其君夷皋、王孫滿對楚子問鼎、公子宋子家弒靈公、鬭克黃不棄君命、申叔時諫縣陳、鄭伯行成于楚、荀林父知難冒進、欒書不輕敵、楚莊王不為京觀、士渥濁諫討荀林父、獻子勸宣公聘楚、解揚不辱命、華元夜登子反之床、晉人滅潞、結草報從治命。成公：孔子惜繁纓、解張勉郤克力戰、國佐不辱命、楚共王不鋼巫臣、晉諸將讓功、定王郤晉獻齊捷、晉知罃對楚子、季文子私言晉二命、韓厥請立趙孤、巫臣誡莒子備國、范文論尋盟、晉歸楚囚、晉侯奇夢、宋華元克合晉楚之成、郤至辭楚享樂、劉子論成子不敬、呂相絕秦、叔孫僑如如齊逆女、子臧辭國、申叔時諫子反慎戰、欒郤論楚師、范文子不欲與楚戰、嬰齊復季文子于魯、郤至不叛君、晉悼公初政。襄公：祁奚舉善、魏絳以刑佐民、穆叔重拜鹿鳴、魏絳和戎、文子盡忠公室、子產能憂鄭國、子展子駟議從楚、穆姜知過、公子貞諫伐晉、

晉鄭同盟於戲、晉侯息民、子產焚載書、魏絳辭樂、晉諸將相讓、師曠論衛
出君、子罕辭玉、季武子如晉拜師。

卷下：

襄公：武仲戒季武子勤功、臧武仲斥季孫賞盜、閔子馬使公鉏孝敬、臧孫
受盟、臧武仲辟齊禍、叔孫豹論不朽、子產告范宣子輕幣、晏子不死君難、子
產獻陳捷於晉、子產然明論政、聲子請復伍舉、楚人衷甲、子罕不忍兵威、游
吉使楚、子產舍不為壇、晏子辭邑、季札觀樂、子產料陳必亡、申無宇論子圍
不免、子產辭政、穆公知昭公不度、子產壞晉館垣、子產不毀鄉校、子產止子
皮用尹何、北宮佗論威儀。昭公：子羽卻楚逆女以兵、祁奚以信論趙武、趙文
子請釋叔孫豹、劉定公料武子不年、子產逐子南、鄭子產論晉侯之疾、醫和論
晉侯之疾、叔弓聘晉有禮、晏嬰使晉請繼室論國政、晏嬰諷諫繁刑、女叔齊論
三不殆、申豐論雹、楚子會諸侯于申、司馬侯論昭公、叔向不虞楚、蹶由不畏
釁鼓、叔向貽子產書、叔向請逆楚子、申無宇執亡閽、公至自楚、子產歸州田
於晉、子產立良止以安民、孟僖子使子學禮、師曠論石言、周王使詹桓伯讓晉、
屠蒯請佐尊、晏子勸桓子致邑、叔向料楚靈王、叔向論單子、大蒐于比蒲、申
無宇諫外重、惠伯論黃裳元吉、鄭丹以詩諫、區夫不執費人、叔向料楚子千、
公會諸侯于平丘、公不與平丘之盟、子產爭承、南蒯奔齊、費無極害朝吳、荀
吳不納叛人、周景王詰晉不獻彝鼎、子產不恥孔張失禮、子產重環、郯子論官、
子產弗信裨竈、子產對晉讓登陴、子產對晉問馹乞立故、沈尹戌論楚必敗、奮
揚不忍殺太子、伍尚勉弟報仇、孔子不許琴張弔宗魯、晏嬰諫誅祝史、沈尹戌
料子常、鸜鵒之謠、子西辭國、王子朝告諸侯、晏子與齊侯論禮、晏嬰諫禳彗、
范鞅難於納魯、沈尹戌勸誅費無極、魏舒舉賢、魏舒命賈辛、孔子論刑鼎、子
太叔對士景伯、子西諫楚子、荀躒唁公于乾侯、邾黑肱以濫來奔、周敬王請晉
城成周、蔡墨論事。定公：祝鮀長衛于蔡、大叔九言、鬬辛勸弟從君、申包胥
乞秦師、公叔發諫追魯師、鮑國諫用陽虎、孔子相夾谷、於越敗吳於檇李、子
貢視執玉。哀公：伍員諫平越、逢滑議辭吳、子西不患吳、子閭辭國、楚昭王
不禁災越望、子服景伯論伐邾、伍員諫遺越患、孔子拒攻太叔、訪用田賦、公
會吳于橐皋、子貢譏誅孔子、白公勝作亂、葉公討白公勝、勾踐圍吳、立妾為
夫人、公去三桓。

韓席籌 左傳分國集注 十二卷 存

江蘇人民出版社 1963 年排印本

香港龍門書店 1966 年印行本

臺灣明文書局 1994 年排印本

文聽閣圖書有限公司 2008 年民國時期經學叢書第三輯影印本

臺灣華夏出版有限公司 2021 年排印本

◎目錄：卷一周：周鄭繻葛之戰、王子克之亂、王子頹之亂、王子帶之亂、王師敗于茅戎、王室昏齊、王子朝之亂、王朝交魯、王臣之亂。卷二魯：隱公居攝、與宋衞齊鄭之成、桓之篡逆、文姜之亂、慶父之難、僖公中興、公孫敖之亂、東門遂殺適立庶、叔孫僑如之亂、季孫專政、世與邾莒之怨（附邾事）、臧孫紇出奔。卷三魯：叔孫豎牛之亂、季孫意如逐君、陪臣之叛（南蒯、陽虎、侯犯，凡三章）、孔子用魯、季孫肥搆怨邾齊、哀公孫越、小國交魯、魯滅小國、典志（郊祀、朔閏、蒐狩、城築、災異，凡五章）。卷四齊：齊之滅紀、齊襄之弒、齊桓創霸、齊商人之亂、齊靈滅萊、齊靈莊叛晉、齊崔慶之亂、齊納燕莒、齊陳氏之大、齊悼公之立、齊簡公之弒。卷五晉：曲沃併晉、晉滅虞虢、晉驪姬之亂、晉惠之入、晉秦韓之戰、晉文入國、晉文建霸、晉襄繼霸。卷六晉：晉靈之弒、晉滅赤狄、晉齊鞌之戰、晉楚狎盟、晉趙氏之難、晉楚鄢陵之戰、晉厲之弒、晉悼復霸。卷七晉：晉欒氏之亡、晉楚弭兵、晉霸之衰、晉滅肥鼓（陸渾附，凡二章）、晉祁氏羊舌氏之亡、諸侯叛晉、晉范氏中行氏之亡、晉知氏之亡。卷八宋：宋殤之弒、宋閔之難、宋襄圖霸、宋昭之弒、宋桓族之亂、宋子罕之賢、宋華向之亂、宋之滅曹、宋向魋大尹之亂。卷九鄭：鄭共叔段之亂、鄭靈之弒、鄭之入許、鄭西宮純門之變、鄭厲篡國、子產相鄭、鄭穆之立、鄭獻滅許。卷十衞：衞州吁之亂、衞惠之亂、衞文滅邢、衞元咺構訟、衞孫寧廢立、衞靈公之立、衞莊出父子爭國；陳：陳佗之亂、陳靈之弒、陳二慶之亂、楚靈滅陳、楚惠滅陳；蔡：蔡哀侯之虜、晉楚爭蔡、蔡景之弒、楚誘滅蔡、蔡之復國。卷十一楚：楚之始強、楚滅諸小國、楚穆圖北方、楚越椒之亂、楚莊爭霸、楚滅庸舒、楚五令尹代政、楚靈之難、楚白公勝之亂。卷十二秦：秦納芮取梁、秦穆霸西戎、秦晉為成；吳：吳通上國、季札讓國、吳之入郢；越：越句踐滅吳。凡百十五篇。

◎序：秦火而後，言《左氏》者各有異同，一言以蔽之，曰：傳經與不傳經而已。持傳經之說者，漢有劉歆、韓歆、賈逵、董遇、鄭眾，各增義例以附經文。晉杜預因之而為集解，唐孔穎達復為之疏。宋元諸儒墨守師承，轉相授受，以迄於今。持不傳經之說者，劉向、揚雄、班固、許慎，僉謂經傳別行，

服虔且有傳無經矣。趙匡、王安石因其不傳《春秋》，且疑左氏非丘明矣。明清以後，其說尤盛。是二說者，故皆持之有故而言之成理，然則孰為近？曰：不傳經為近。孰明之？由司馬遷、劉向明之。夫馬遷號為良史，向亦博極羣書，今觀史公自敘，惟云「左丘失明，厥有《國語》」，不言其傳《春秋》也。向校書天祿，秘府收藏，當無所不睹，劉歆獨得左氏，固向之所疑而不信、太常博士所拒而不誦者也。然則世儒謂劉歆割截《國語》十七八以附於經始有《左傳》，未為盡誣也。乃許慎敘《說文》云：「北平侯張蒼獻《左氏傳》」，果爾，則漢之得書莫先《左氏》，至成帝時猶不得立學官何也？且《左氏》既流傳於世，雖至愚者亦知其傳《春秋》，而太常博士當不至若斯。蓋歆假託獻自張蒼，以掩飾其移易改竄之迹；許氏得自傳聞而稱之耳。不然，《史記‧張丞相傳》胡未道及獻《左氏》事耶？竊謂《左氏》之重輕，初不繫乎傳經與否，而學者聚訟幾二千年，甚無謂也！夫經傳同出於國史，史之所記有簡有策，簡書其目而策詳其事，一獻王朝，一藏本國，一布諸侯，謂之三策。孔子所修者簡書也，左氏所修者策書也，其原雖同，而獨具首尾，實未嘗求附於《春秋》之義。後人分經比傳，增設條例，強以為傳《春秋》，名為尊之，實則誣之，左氏不任其咎也。清鄒平馬驌《左傳事緯》易編年為敘事，類分一百八篇，復完其首尾，洵左氏之功臣也。近桐城吳闓生《左傳微》取馬氏所編，更為之整齊排比，嘉惠後學，厥功尤偉。余幼嗜《左氏》，弱冠後羈身教務，廢而不治者幾二十年。比歲家居多暇，乃取馬、吳二氏所編篇目，略為變易，分繫周與十二諸侯，名曰《左傳分國集註》，凡十二卷，百十有五篇，篇末附以愚論，篇中稍加分註，采集諸家，或附私見，屬稿三年，略具首尾。會遭盧溝橋事變，徐州淪陷，悉燼於火。鄉居無聊，復理舊業，越三年而成書。雖評註淺陋，未敢希踪前賢，而事迹淹貫，統系分明，使讀者一覽而解，庶幾得《國語》之遺意乎。一九四零年十月，徐州席籌韓廣楷敘於北望山莊。

　　◎例略：

　　一、《左傳》紀事，起隱公居攝元年，止悼公十四年知氏之亡，凡十三公、二百六十九年，不以《春秋》經為終始，與《國語》同。

　　一、分國紀事，以事之能自立為準，首周，尊王室也；次魯，魯史也；次齊，剏霸也；次晉，桓、文並稱也；次宋鄭，地居中樞，舉足關南北盛衰也；次衛，秉義不困，與魯同也；次陳蔡，內中國也；次楚秦，嘗霸也；次吳越，晚起東南，與上國爭霸也。

一、凡小國事之不能自立者，則附於強鄰，或所併之國，如滕、薛、邾、莒之於魯；譚、遂、紀、障之於齊；虞、虢、焦、滑、霍、楊、韓、魏、耿、肥、鼓、偪陽、陸渾之於晉；曹、許之於宋、鄭；邢之於衛；江、黃、道、柏、隨、絞、州、蓼、六、息、權、夒、弦、鄧、申、唐、胡、頓、舒鳩之於楚；梁、芮之於秦，各有所統，庶便檢閱。

一、篇內年之首事，則蒙本文大書某年，餘則分注某年，不使傳文重出。年之分注，倘與上文分注相頂，則間一格，不使相混。又《事緯》既以事類分篇，而每年上猶空一字，留編年餘痕；《左傳徵》無其痕矣，而年皆大書，不免與傳文混，且往往置非其處，與本文月日乖戾，茲均略加變通，以補缺漏。

一、凡兩國相等之事，則繫於盟主，重伯也；或兩伯相遇，則繫於中國，內中國也；若同在諸夏，則繫於姬姓，尊周也。

一、凡一事關兩國或數國者，則繫於主動之國；或關於會盟和戰者，則繫於主要之會盟和戰，循自然之統係也。

一、標題惟魯事不舉國名，左氏魯史也。

一、杜林兩註，承用已久，茲擇其至要者存之，註上但標其姓。於馬驌、吳闓生兩先生註，則冠以某曰。其引用他人論註，則概以姓字別之。

一、地理沿革，關係重要，然一一詳註，又苦繁多，茲但註明現代，使讀者於傳內國邑及征戰會盟之處，知為當今何地何名而已。

◎書後：一九二一年，余開始治《左傳》。將全文分繫周與十二諸侯，易編年為紀事，越一年編就。即著手箋註，匯集諸家，參以私見，篇末各附愚論，又六年而成初稿。日置案頭，隨時修改，經數歲而成二次稿。日寇變亂，分藏城寓及村舍，悉被焚劫，灰燼之餘，僅存殘簡。乃避地鄉居，從遊者力請賡續前編。得治《左傳》者三十餘種參考，越三年而成六十餘萬言，集註七十餘家，視前編略備。雖原稿被燬，前功盡棄，然鄙諺曰：「牆倒三遍，磚頭不換」，又未嘗非不幸中之大幸也。方編註初稿時，正國內軍閥割據，日事混戰，民生倒懸，有過春秋戰國。故時假大一統之義，冀挽狂瀾。後遭國土淪陷，竟將我完整山河，分裂數部。而張邦昌、劉豫之流，爭為傀儡，以華制華，竟成外族謀我國策。故每假晉滅虞虢、楚併羣舒及諸姬之陰謀，以警惕國人。迨國土恢復，而吾書適成。解放後，在黨教育鼓舞下，重新校勘，郭影秋同志復自滇來書，敦促整理。近獲出版之機會，曷勝欣慰。第此書在廿年前編寫，限於學力及參

考資料，難免錯誤。篇末所附愚論，係當時思想，均未加更易。請讀者惠予指示，俾便改正。一九六三年元月席籌追書。

◎韓席籌（1885～1969），號廣樨。江蘇徐州夾河鄉王門村人。宣統元年（1909）入南京金陵大學堂英文系，同年九月肄業。辛亥時協助韓志正從事地方政權建設，任銅山縣檢查廳錄事兼會計，後終生從事教育工作，並參與纂修《銅山縣志》。解放後任私立聯合中學副校長、徐州建設局顧問、徐州文管會委員。1952 年參加中國民主同盟，後任民盟江蘇省委委員、省政協委員、市政協常務委員等職。著有《左傳分國集注》、《徐州二遺民集校注》等。

韓獻　春秋四傳集解　佚

◎同治《六安州志》卷二十七《宦績》：著《陟山堂詩文》行世，別有《事類崇辯》、《四書稽》、《春秋四傳集解》，藁藏於家。

◎韓獻，字公碩，號夢嬾。順治二年（1645）舉人。任福建古田縣知縣。釐革弊政，惠愛及民。因解款銀愆期，降級歸。杜門灑掃，日惟汲古自怡。卒年七十餘。著《春秋四傳集解》《四書稽》《陟山堂詩文》《事類崇辯》。曾主纂康熙《六安州志》。

郝寧愚　春秋便覽　佚

◎民國《齊河縣志》卷三十四：《甌香館四書講義》、《易經便覽》、《書經便覽》、《春秋便覽》，右俱郝寧愚著。

◎孫葆田《山東通志》卷百二十七《藝文志》第十：是書見民國《齊河縣志・撰述》。

◎郝寧愚，字羲儕（希柴）。山東齊河人。著有《易經便覽》、《書經便覽》、《春秋便覽》、《甌香館四書講義》〔註7〕十卷。

郝宜棟　左傳敘事　未見

◎郝宜棟，字丹楹。山東齊河人。乾隆十八年（1753）舉人。著有《易經解》《左傳敘事》。

郝懿行　春秋比　二卷　存

北大藏清抄本（不分卷）

〔註7〕一名《甌香館講義》《郝氏四書講義》。

國圖、臺灣大學藏嘉慶十年（1805）趙銘彝校刻本

國圖、上海藏嘉慶十四年（1809）海陽趙銘彝刻本

山東、山東博物館、天津藏道光七年（1827）趙銘彝刻郝氏春秋二種本

國圖藏光緒七年（1881）崇寧譚明經刻郝氏遺書本

國圖、天津師範大學藏光緒十六年（1890）怡敬齋刻本．

南京、湖北藏光緒十六年（1890）崇寧譚氏刻本

上海、南京、中山、瀋陽、吉林社科院藏光緒十六年（1890）崇寧譚氏刻尊經書局刻本

山東大學出版社 2011 年山東文獻集成影印道光七年（1827）趙銘彝刻郝氏春秋二種本

◎郝懿行《郝氏遺書總目》題作《春秋比例》。

◎自敘〔註8〕：漢人重經術，其引經決事輒謂之比。陳寵明習法律，撰《辭訟比》，奏除漢法溢於《甫刑》者為《決事比》。應劭有《春秋斷獄決事比例》。推是而言，武帝重《公羊》，宜有《公羊決事比》；宣帝好《穀梁》，宜有《穀梁決事比》。蓋比者例也，立文於此，取則於彼。今懿行治《春秋》而有《春秋比》，亦因於古也。然酷吏杜、張往往依託經義濟其深文，以法律為《詩》《書》，《公》《穀》二家幾不免為世儒發冢。而懿行之治《春秋》也，刺取前後經文，分別部居，方以類聚，或事同相比，或事異相比，其不在異同之列無與為比，則當在闕疑。居嘗持論，彼《決事比》依經斷獄，或不能無失，未必非通人之蔽；此《春秋比》以經證經，經義賴以發明，未必非千慮之一也。往者望溪方氏《春秋比事》一書，經生家或不道，今取其便於省記，為芟其繁複，訂其舛訛，放漢人重經之例，題其篇曰《春秋比》。嘉慶己巳三月棲霞郝懿行自敘。

◎郝懿行《易說》十二卷卷前上諭：光緒八年十二月初六日，內閣奉上諭：前據順天府府尹游百川呈進已故主事郝懿行所著《春秋比》等書有旨留覽。茲復據兼管順天府府尹畢道遠等續進郝懿行及其妻王照圓所著各書，當交南書房翰林閱看。據稱郝懿行頡意纂述，闡明古義；其妻王照圓博涉經史，疏解精嚴等語，郝懿行所著《易說》《書說》《鄭氏禮記箋》、王照圓所著《詩說》《詩問》《烈女傳補註》均著留覽。欽此。

〔註 8〕又見於郝懿行《曬書堂文集》卷三，題《春秋比敘》。

◎郝懿行《易說》十二卷卷前奏摺：兼管順天府府尹臣畢道遠、順天府府尹臣周家楣跪奏為照案代進書函恭摺仰祈聖鑒事，竊照升任倉場侍郎、前順天府府尹游百川於光緒七年十二月進呈前戶部主事郝懿行所著《春秋說略》十二卷、《春秋比》二卷、《爾雅義疏》十九卷、《山海經箋疏》十八卷並附《圖讚》一卷《訂譌》一卷，奉上諭：「前據順天府府尹游百川呈進已故主事郝懿行所著書四種，當交南書房翰林閱看。據稱郝懿行學問淵博，經術湛深，嘉慶年閒，海內推重，所著《春秋比》《春秋說略》《爾雅義疏》《山海經箋疏》各書，精博邃密，足資考證。所進之書即著留覽，欽此。」仰見聖朝闡明經學，搜採遺編，儒者以為至榮，海內傳為盛事。

◎孫葆田《山東通志》卷百二十七《藝文志》第十：亦進呈刊本，坿《說略》後。上卷為類二十有八，下卷為類五十。自敘云：「往者望溪方氏《春秋比事》一書，經生家或不道，今取其便於省記，為芟其繁複，訂其舛訛，放漢人重經之例，題其篇曰《春秋比》。」據本書。

◎趙爾巽《清史稿》卷一百四十五志一百二十《藝文》一：《春秋說略》十二卷、《春秋比》二卷，郝懿行撰。

◎張之洞《書目答問》卷一《經部》：《春秋說略》四卷（郝懿行。《郝氏遺書》本）。

◎上海古籍出版社 2015 年《續修四庫全書總目提要・春秋類》「《春秋說略》十二卷、《春秋比》二卷」：懿行撰《春秋說略》於早年未第時，初成於乾隆五十七年（1792），六十年復加訂正，嘉慶十年（1805），因讀法坤宏之《春秋取義測》，復檢舊稿，重加校定，為第三稿。是書據《左氏》經文為主，故止於哀公而為十二卷，每卷經文頂格，下空二格簡略疏證四傳得失，以為《左》、《公》、《穀》、《胡》四傳各有優長，亦各生其弊，故是書欲擇善而從，一主於經。懿行為乾嘉樸學，於《爾雅》尤致力，學本於實，故終祐《左氏》為多，而力闢《公》、《穀》字字褒貶之穿鑿，且以字字褒貶乃經生險薄之習，殊非聖人之意。其書前立十例：一曰說《春秋》不得褒貶天王，以明臣子之義；二曰說《春秋》不得妄生褒貶，《春秋》直書其事，褒貶自見；三曰說《春秋》者好於經所無處尋褒貶，《春秋》皆實錄，其多一字、少一字皆事實如此，非聖人意為增減；四曰《春秋》多闕文，然以義推之，皆大略可見，不可於闕文處臆生褒貶；五曰《春秋》經文當從《左氏》，《左氏》闕誤，乃從《公》、《穀》；六曰三傳中惟《左氏》深於經，緣《公》、《穀》說經字字求褒貶，《左氏》但

敘本事，褒貶自見，得聖人渾厚之旨；七曰說《春秋》者好緣傳生義，不顧經文，說經當一以經為主，傳與經合則知其必可信也，傳與經違則知其不可從也；八曰《春秋》刑書也，刑書之例，一成不移，故法必行而人知畏，必不如《公》、《穀》、《胡》之例朝令夕更、輕重任情；九曰《春秋》聖人義理之書，本不待傳而明；十曰比事屬辭，《春秋》教也，事同相比，事異相比，辭同相屬，辭異相屬，其義自見。懿行解《春秋》恪遵「屬辭比事」之教，義例只取於經文中，既畢《春秋說略》一書，復於嘉慶十四年撰《春秋比》一書。其自敘言「往者望溪方氏《春秋比事》一書，經生家或不道，今取其便於省記，為芟其繁複，訂其舛訛，放漢人重經之例，題其篇曰《春秋比》」，則《春秋比》乃修訂方苞《春秋比事目錄》一書而成。考苞自敘《春秋比事目錄》言「恐學者三傳未熟，不能驟尋其端緒，乃取其事同而書法互異者，分類匯錄，凡八十有五類」，而懿行《春秋比》乃「刺取前後經文，分別部居，方以類聚而成，或事同相比，或事異相比」，凡七十七類，欲達以經證經、經義賴以發明之效，實與宋沈棐《春秋比事》、元趙汸《春秋金鎖匙》、方苞《春秋比事目錄》三書體例相同。四庫館臣言沈、趙「兩家書俱取其事之相類者，互相推勘，以考究其異同，而申明其正變」，方編則「但類其事，其說則別為一書，究與兩家書不類」，即方苞《春秋通論》、《春秋比事目錄》二書相倚而行，而懿行《春秋說略》、《春秋比》正與此類，以《春秋比》亦但類其事，而其義或例，均緣此而存於《春秋說略》書中。郝氏之以「比」命名其書，乃遵漢儒成法，自敘言漢人重經術，其引經決事輒謂之比。比者例也，立文於此，取則於彼。楊鍾羲撰《春秋說略》提要，謂「蘄明大義，不以日月說，不以名爵說，不以書王不書王、稱天不稱天說」，又撰《春秋比》提要，謂「以經證經，借以發明經義，與漢人引經決事往往依托經義濟其深文者迥異」，可謂得郝書之旨。懿行卒後一年，二書即由趙銘彝刊刻，後《郝氏遺書》亦據此版重印。此本據上海圖書館藏清光緒八年東路廳署刻《郝氏遺書》本影印。（沈娟）

◎郝懿行（1757～1825），字恂九，號蘭皋。山東棲霞人。嘉慶四年（1799）進士。官戶部主事。著有《爾雅義疏》、《山海經箋疏》、《易說》十二卷、《易說便錄》一卷、《書說》、《春秋說略》、《竹書紀年校正》、《春秋比》、《詩經拾遺》、《鄭氏禮記箋》、《汲塚周書輯要》、《山海經箋疏》、《晉宋書故》、《曬書堂筆錄》、《曬書堂筆記》、《荀子補注》、《曬書堂詩文集》等。

郝懿行 春秋說略 十二卷 存

臺灣大學藏嘉慶十年（1805）趙銘彝校刻本

國圖、山東、山東博物館、天津藏道光七年（1827）趙銘彝刻郝氏春秋二種本

國圖藏光緒七年（1881）刻本

國圖藏光緒十六年（1890）怡敬齋刻本

山東大學出版社 2011 年山東文獻集成影印道光七年（1827）趙銘彝刻郝氏春秋二種本

◎春秋說署敘：吾鄉樸茂甲天下，自先民習誦者不設己見，循循傳注之中而相與守之。余於其間私有疑，或獨喜向郝子恂九問焉。恂九好學覃思，余纔少其二歲，而自視戲雛，望之寥廓，顧不余鄙夷。閒商榷及之。今年夏，告余《春秋說》成，將假以觀。嚴霜朝隕，伯氏彫喪，重以人事之累，繭肼燕趙，再反而歲行盡。憂能傷人，廢書而歎。恂九亟來視，因出《春秋說》為慰曰：「是可塞悲。」視其書，本之以慎而要之以通，慎於經故傳可黜也，通於理故例可躪也。手披口誦，曉夜不能息。蓋一月得四十五日業，未及卒而恂九愛子一女殤於痘。童烏不秀，悒悒不可為懷。余無以慰之，還慰之以《春秋說》。嗚呼！更數十百年學徒有稱郝氏《春秋》者，吾鄉之榮，余其與焉！而余與恂九之哀樂，後孰知之！乾隆壬子臘月，同學牟廷相筆。

◎自敘：《春秋》難說也！立乎定、哀以指隱桓，隱桓遠矣；立乎今日以指定、哀，定、哀又遠矣。古有說者，左氏以事，公、穀以義，胡氏以文。說以事者博，說以義者約，說以文者繁。其敝也，博而駁，約而膠，文而蔽。然則奚從？皆可從也。古之說者多矣，就其善者亦宜然也。或事同而文異，或文同而義殊，或孤立而無援，或比肩而有耦，或顯義達情，或微文見義，此皆可說者也。不以日月說，不以名爵說，不以書王不書王稱天不稱天說，凡所說者質而已，非有文也。事者有說者也則不說，義者有說者也無多說，經所無者不能說也，經所有者不具說，蘄明大義而止，猶未知當否也。凡說之敝，駁而不博，膠而無約，蔽而不文。乾隆壬子孟夏晦日，郝懿行自敘。

是編自壬子初脫藁，越明年以內艱廢業。逮乙卯歲，復加訂正，增以十例，為第二藁。今年秋讀膠西法氏《春秋取義測》，因檢是編，重加校定為第三藁。先是己未庚申間紀文達公引余說《春秋》，遂覯是編，深加嗟賞，且曰：「吾覽《春秋》無慮百數十家，惟茲能剗盡千秋藤葛。」欲為敘以梓行，余退讓未遑

也。未幾以外艱歸，歲癸亥復來都門，而公以抱病不時見。比今年正月，公以疾薨，屬負茲時與汪兄銳齋言，猶以未及作敘為憾。嗚呼！公可謂好學也已！篇中隱三年君氏卒從顧氏《日知錄》之解，是公所親定也。因錄其語以誌知音之感云。嘉慶乙丑八月望後一日，郝懿行識。

◎春秋說畧例言：

一曰《春秋》不敢褒貶天王。天王者，天下之共主、臣子之君父也。春秋之時，諸侯彊大夫僭陪臣干政，於是孔子修《春秋》、書王法、尊天子、達王事焉。今曰王不稱天，文乃是貶，是身自為僭，何以責天下之僭乎？故愚以為說《春秋》者，明臣子之義、廣忠孝之心，當自不敢褒貶天王始。

二曰說《春秋》者不得妄生褒貶。《春秋》聖人之書，簡易明白，廣大精微，義具言中，情餘文外，讀書承學之士，不過依文求義粗通大義而已，於聖人之心蓋不可以道里計也。今自說《春秋》者張大其辭，如云一字之褒踰於華袞之贈、片言之貶過於蕭斧之誅。然則《春秋》本簡易，說者自以艱深淆之耳。且所謂褒貶者，左有左之例，公有公之例，穀有穀之例，胡又有胡之例。而此諸家之例又斷斷不能相通。我不識《春秋》一句之文何故有如許不能相通之例？且彼所謂例者，非自孔子口授而筆傳也，直以其意造為之耳。朱子譬之命格，是人所作，非從天下，斯乃通人之論。愚以為《春秋》無褒貶，說《春秋》者有之耳。《春秋》直書其事，褒貶自見。如書天王使宰咺來歸惠公仲子之賵，直著秋七月有此事而已。此事不須傳說，可知為非禮之事。便是聖人所以垂教處，更不須問此一句中何字是褒貶。

三曰說《春秋》者好於經所無處尋褒貶。《春秋》皆實錄也，其多一字少一字皆事實如此，不得不然，非夫聖人意為增減也。如書「公及邾儀父盟于蔑」，此實公及，不得不稱公也。又書「及宋人盟于宿」，此實非公及，不得稱公也。據事直書，何等明白。又如書爵書人皆實錄也，書爵者君，書人者大夫（按書爵是君，書人是大夫，獨至執諸侯則謂不擊於稱爵、稱人，當更詳之），何等明白。今自說者曰：「不稱公者，沒公也」，又曰：「此君也，貶，人之」，夫君也可貶而人之，然則人也亦可褒而君之乎？本有公者既可削而沒之，然則本無公者亦可增而有之乎？如書諸侯盟于扈亦可變而書公及諸侯盟于扈乎？以無為有，以虛為實，何以為《春秋》？！

四曰《春秋》多闕文。昔人云：「今之《春秋》非皆聖人親筆。」蓋傳授遞更，失其真者或多矣。《左氏》經文近古，乃自傳中抽出者；《公》《穀》二

經初皆口授，未書竹帛，是以闕誤頗多。王安石不喜《春秋》，詆為斷爛朝報，正謂此耳。然其脫文誤字，以義推之，今皆大畧可見。如桓之篇春正月無王不書秋冬，又如寔來及處父盟之類，皆是也。今自說《春秋》者好於闕文尋褒貶，正月無王不書秋冬則以為削之，寔來及處父盟則以為貶之。夫闕文，聖經之不幸也。然文雖闕而義可尋，不幸之中猶有幸焉。至於汨之以傳說、淆之以褒貶，一若闕誤為聖人有意為之者，支離破碎，穿鑿附會，此則聖經真不幸也已。

五曰《春秋》經文當從《左氏》。《左氏》記事近古，似非鑿空為之者，其於經文亦較完善。且《公》《穀》二經與《左氏》異者不過人名地名之類，非太義所關。昔朱子刻四經文字於漳郡，《春秋》經一從《左氏》，蓋以此與？然其間不無脫誤，賴《公》《穀》二經而明者，亦有矣。今斷以經從《左氏》，《左氏》闕誤乃從《公》《穀》。如紀子帛、吳入郱之類，是皆異文不可讀者也。單伯送王姬，以逆為送；次于聶北作曹伯，城邢又作曹師；會于承筐稱叔仲彭生，伐邾又稱叔彭生，是皆異文不可通者也。上書齊高固來逆叔姬，下書子叔姬，是闕文無其義者也。諸如此類，參用《公》《穀》以訂闕誤，其三經竝誤或俱闕，無從考正，則一仍其舊。

六曰左氏深於經，以其言褒貶少也。先儒謂《左氏》史學、《公》《穀》經學，竊謂不然。《春秋》聖人之筆，意思平厚，安得每書一字即有許多褒貶？《公》《穀》說經，乃字字求褒貶。夫字字求褒貶乃經生險薄之習，非聖人意也。《左氏》則異是，但敘本事，令人讀之褒貶自見，往往得聖人渾厚之旨。惟其間傳聞異辭，是非多謬。如稱族尊君命、舍族尊夫人之類，支離妄說；稱君君無道，稱臣臣之罪之類，謬戾背經，此則其蔽也。其曰《春秋》之稱微而顯、志而晦、婉而成章、盡而不汙、懲惡而勸善，此言亦非《公》《穀》所及。《公》《穀》之意，往往綜覈名實，及尋文究義，妄立褒譏，卒至名實顛倒，樊然淆亂，此說經求深之過也。故愚以為《左氏》為史而經明，《公》《穀》為經而經蔽。昔張大亨以《春秋》義問蘇氏軾，軾荅書云：「《春秋》儒者本務，然此書有妙用，學者罕能領會，多求之繩約中，乃近法家者流。苟細繳繞，竟亦何用？惟左丘明識其用，終不肯盡言，微見端兆，欲便學者自求之。」（見蘇籀《雙溪集》）蘇氏此言近得其實。

七曰說《春秋》者好緣傳生義，不顧經文，及說不去，則寧屈經而伸傳，終不肯舍傳而從經。如趙盾許止之事，按之經文書法，本無可疑，乃為說曰：「盾亡不越境，止坐不嘗藥」，遂令千載而下，都欲解免二賊，此尤害義傷教

之顯然者，而經生家猶謂傳未可廢。夫傳至悖理害經而猶謂未可廢，然則經顧可廢乎？《春秋》誅亂賊，此尤聖人重世翼教之大端。今按三傳往往故入人罪、輕出人罪。如盜殺衛侯之兄，本不知孰誰，而必實其人曰齊豹也；鄭伯髡頑書卒，而必證其事曰弒也。夫弒而書卒，是巨姦漏網矣。豹而書盜，得不令鬼哭含冤乎？竊謂說經當一以經為主，傳與經合則知其必可信也，傳與經違則知其不可從也。以此求之，三傳孰為得失，必有能辨之者。范武子曰：「傳以通經為主，經以必當為理。三傳殊說，擇善而從。既不俱當，庸得不竝舍以求宗，據理以通經？」又曰：「雖我之所是，理未全當，安可以得當之難而自絕於希通哉？」此言可為治經者法。

八曰《春秋》刑書也，刑書之例，一成不移，故法必行而人知畏。今自《春秋》之例朝令夕更，既云「君弒賊不討，不書葬」，而蔡景公書葬又云「君子辭也」；「大夫盟諸庚」，既云大夫伉，而諸侯之大夫盟袁僑又曰大夫張也；及宋人盟則曰微者，及齊高傒盟則又曰公也。然則《春秋》一萬八千言徒供舞文之吏顛倒是非、播弄口舌耳惡，足為聖人垂教之書乎？三傳之中，《左氏》例差簡，《公》《穀》則繁矣，胡氏又加繁。然輕重任情，紛更百出，所謂法令滋章者也。近日方望溪乃有《春秋解》，自以為頗得其要領，然蒙意觀之，其於新舊諸例過而存者尚多矣。故愚以為治《春秋》者，當如漢高帝三章約法，不當如狙公賦芧，朝四暮三。

九曰《春秋》聖人義理之書，本不待傳而明。如必待傳而明，則是《春秋》不足於經也。且聖人著經時寧知後世有傳乎？經待傳而明者十之一，不待傳而明者十之九，其因傳而汨者十之五六矣。如鄭棄其師、梁亡之類，是必待傳而明者也。上書狄入衛，下書諸侯救邢，則知入衛之後禍又及邢矣。上書戍鄭虎牢，下書楚公子貞救鄭，則知戍鄭之邑所以難鄭矣。如此之類，是不待傳而明者也。經言晉人、秦人伐鄭，傳言晉侯、秦伯；經言齊宋江黃盟貫，傳言諸侯皆來至；吳楚稱人則為進之，齊晉稱人又為貶之。如此之類，是經因傳而汨者也，以此求之，思過半矣。

十曰比事屬辭《春秋》教也。何謂比事？事同相比，事異相比，如救邢、救徐皆先次後救；公孫敖及諸侯之大夫救徐、叔孫豹及諸侯之大夫盟陳袁僑及齊大夫盟于蕆及晉大夫盟于扈，是皆事同相比，其義自明者也。如正月書公在楚，其在齊晉則不書公在齊晉；正月書公在乾侯，其居鄆則不書公在鄆；僖公之不雨以月舉，文公之不雨以時舉。是皆事異相比，其義自見者也。何謂屬辭？

辭同相屬，辭異相屬。上書宋人執鄭祭仲，下書突歸于鄭，則知突絜平仲矣；上書戎侵曹，下書赤歸于曹，則知赤絜乎戎矣。如此之類，辭同相屬者也。上書會于垂，下書璧假許田，則知為賂鄭矣；上書會于平州，下書取濟西田，則知為賂齊矣。如此之類，辭異相屬者也。雖然，治《春秋》者，屬辭之教易明，比事之類難通。通於其義，則可以斷天下之疑、成天下之務，故曰治世莫近於春秋（乾隆乙卯五月二十一日）。

　　◎郝懿行《曬書堂文集》卷二《與孫淵如觀察書》（戊辰）〔註9〕：又啟者，《竹書紀年》校正本此次勿勿未及呈政，再前二十年，著有《春秋說略》。其時未治漢學，但主於詮釋經文，及經中前後自有比例，持以銓衡三傳是非，不失毫釐。雖復拘迂，亦自謂不刊之作。而前數年復有《禮記箋》，專用鄭注以駁陳澔。屬稿未定，旋以他事廢閣。《韓詩外傳》《大戴記》俱有訂正，即今尚未脫稿。而拙荊王婉佺前著《葩經小記》未有定本；又校《列仙傳》二卷；輯《周宣夢書》一卷；近復欲注《列女傳》，將上繼曹大家之遺躅，亦未知能了此事不也。性頗疎散，不喜檢書，乃其有志，亦殊大善。如將來傳注龥就，並當寫本呈覽。《山海經疏》便擬奉寄。

　　◎郝懿行《郝氏遺書總目》〔註10〕：《爾雅義疏》全函八冊十九卷。《春秋說略》三冊十二卷。《春秋比例》一冊上下二卷。《山海經箋疏》四冊十八卷。阮序、姓氏、圖讚、訂訛、敘錄。《列女傳》四冊八卷（敘錄。校正）。《列仙傳》一冊上下二卷（仙錄。仙讚。夢書附）。《詩說》二冊上下二卷。《詩經拾遺》一冊。《書說》二冊上下二卷。《汲冢周書輯要》一冊。《易說》四冊十二卷。《易說便錄》附。《詩問》六冊。《國風》上下卷。《小雅》上下卷。《大雅》上下卷。《頌》附。《鄭氏禮記箋》十冊四十九卷。《竹書紀年校正》二冊十四卷。《晉宋書故》一冊。《補刑法／食貨志》一冊。《宋瑣語》三冊。《荀子補註》一冊上下二卷。《寶訓》三冊八卷。《燕子春秋》一冊。《蜂衙小說》一冊。《記海錯》一冊。《證俗文》六冊十九卷。《曬書堂文集》四冊十二卷、《外／別集》二冊上下二卷附《閨中文存》。《筆記》二冊上下二卷。時文一冊。《筆錄》四冊六卷。《詩鈔》二冊上下二卷。《試帖詩餘》一冊附《和鳴集》《祭財神詩》。《梅叟閑評》。已有成書而尚未付梓者謹列於後：《說文廣詁》、《小爾雅補註》、《鑑略》、《穆天子傳補註》、《漢書註》、《漢紀摘考》、《古文考證》

〔註 9〕摘錄。
〔註10〕各本次序不一。

《晉文鈔》、《文心雕龍補註》《讀書記》《偷閒錄》、《游文小史》、《四書補註》（內中惟此稿無存）。

◎李慈銘《越縵堂讀書記・經部・春秋類》：閱郝氏《春秋說略》。郝氏書以《爾雅義疏》為最精，其用力亦最久，儒者推為此書絕學，幾出邵氏《正義》之上。其書阮儀徵先刻入《學海堂經解》，至咸豐辛亥故兩江總督陸建瀛始刊版單行於江寧。癸丑陷城，遂燬焉，故流傳絕少。《春秋說略》多主《左氏傳》，而時有所匡正。其持議在涵泳經文自得其旨，不必強立義例，一洗自來以法家解經之蔽，亦可謂卓然獨立者矣。咸豐辛酉正月十八日。

◎孫葆田《山東通志》卷百二十七《藝文志》第十：是書有光緒辛巳進呈刊本。始乾隆壬子，迄嘉慶乙丑，稿凡三易。牟廷相序略云：「本之以慎而要之以通，慎於經故傳可黜也，通於理故例可蠲也。」自敘略云：「不以日月說，不以名爵說，不以書王不書王稱天不稱天說，凡所說者質而已，非有文也。」據本書。

◎趙爾巽《清史稿》卷一百四十五志一百二十《藝文》一：《春秋說略》十二卷、《春秋比》二卷，郝懿行撰。

郝懿行 郝氏春秋二種 十四卷 存

國圖藏道光七年（1827）趙銘彝刻本

◎括《春秋說畧》十二卷、《春秋比》二卷。

◎郝氏春秋總目：

春秋說畧：敘、例言；卷一隱公；卷二桓公；卷三莊公；卷四閔公；卷五僖公；卷六文公；卷七宣公；卷八成公；卷九襄公；卷十昭公；卷十一定公；卷十二哀公。

春秋比：敘；卷上王室會盟、王室伐救、王室禍亂、天王崩葬、王后王姬、王臣卒葬、王臣奔、王臣至魯、魯君朝王、魯臣如京師、魯君即位薨、葬魯夫人、內女、內大夫卒、魯君會盟、魯臣會盟、外會盟、諸侯遇、魯君侵伐、魯臣侵伐、魯被侵伐、外侵伐、魯君如、魯臣如、諸侯來、諸侯如、外臣來、外諸侯卒葬。卷下：內滅國取邑田、外取內邑田、歸田、外滅國、遷國邑、國遷、內外救、內外次、內外平、城戍、乞師、賊臣子、諸疾專殺、殺世子殺弟、外放大夫、兩下相殺、盜殺、殺鄰國大夫、內叛、外叛、內君奔入、內臣奔入、外君奔入、外臣奔入、納君大夫世子公子、諸侯相執、鄰國相執、內臣執、外

臣執、外君臣逃、魯郊、魯宮廟、魯雩、魯城浚、魯臺囿、魯毀作、魯蒐狩、
魯軍制、魯田制、魯水旱蟲饑、魯有年、魯災、魯異、外災異、日食、天地變
異、首時、異文、闕文。王圓照婉倅暨男雲鵠女文則同校。

　　◎刻郝氏春秋二種敘〔註11〕：道光旃蒙作噩之歲，郝蘭皋先生卒於京邸，
遺命其嗣以所著《春秋》《爾雅》屬余與比部李君月汀謀付諸梓。越月，其嗣
持《春秋說畧》《春秋比》二書來。時余與月汀為先生謀刻《爾雅》，未遑及也，
為寫副藏之。今歲夏，先生之中表弟大令趙君鳳崖謁選入都，談次及此，慨然
允出貲任剞劂。工既竣，屬余記其事。余竊惟《春秋》一經自左公穀三家各異
其說，迨後說者日滋。余嘗涉覽通堂所刻《春秋經解》三十餘種，率皆宋以後
之書。及考之宋明各史《藝文志》，而所刻者未及十之二三焉。又進考之隋唐
《志》，而其存於今者十無一二焉。何其作之多而傳之少也？豈非以無好古者
為之採布，僅貲鈔錄，孤存之本難不泯失歟？然作者敝精耗神竭數十年之心力
以成一書，其言縱不必盡合於經，要自多有足采者。而往往塵薶蠹蝕，與煙雲
同盡，良足哀也。今二書得大令鏤版以傳，不特先生含怡泉壤，而余與月汀承
先生垂歿之委託，亦可藉以告慰已！道光七年歲在強圉大淵獻八月，績溪胡培
翬譔。

何國材　左傳經世擇要　八卷　佚

　　◎同治《建昌府志·人物志》卷八：著有《心易圖測》《聖學入門》《研幾
錄》《左傳經世擇要》等書。

　　◎同治《建昌府志·藝文志》卷九：《心學釋疑》二卷、《心易圖測》一卷、
《研幾錄》一卷、《聖學入門》四卷、《左傳經世測要》八卷（俱新城何國材著）。

　　◎何國材，字維楚。江西新城（今黎川）人。諸生。年五十病卒。著有《心
易圖測》一卷、《左傳經世擇要》八卷、《心學釋疑》二卷、《聖學入門》四卷、
《研幾錄》一卷、《虛谷遺書》等書。

何烺　左氏一得　佚

　　◎道光《重修儀徵縣志》卷三十四《人物志》：著有《周易集說》《左氏一
得》《四書精萃》《拳石山房制義》《詠梅館試帖》。

〔註11〕　胡培翬《研六室文鈔》卷六亦收錄此序，惟末句作：時道光七年歲在強圉大淵
　　　　獻八月序。

◎道光《重修儀徵縣志》卷四十四《藝文志》：《周易集說》《左氏一得》《四書精萃》，何烺撰。

◎同治《續纂揚州府志》卷二十二《藝文志》上：《左氏一得》（何烺撰）。

◎何烺，字炳光，號擔雲。以歲貢官淮安訓導。著有《周易集說》《左氏一得》《四書精萃》《拳石山房制義》《詠梅館試帖》。

何琦 左傳讀本 佚

◎道光《滕縣志》卷八：所著有《易經講義》，錄萃諸家之說，以辨析於一是。又有《周禮/左傳》讀本，兼採眾說，附以己意。

◎孫葆田《山東通志》卷百二十七《藝文志》第十：是書見《縣志》。

◎何琦，字友韓，號幾軒。山東滕縣人。諸生。與張倬章為道義交。卒年九十二。著有《易經講義》《周禮讀本》《左傳讀本》。

何若瑤 春秋公羊注疏質疑 二卷 存

國圖、湖南藏光緒八年（1882）何雲旭刻何宮贊遺書四種本

國圖、湖南、常州、孔子博物館藏光緒二十年（1894）廣雅書局刻本

國圖藏 1920 年番禺徐紹棨匯印廣雅書局原輯刻廣雅叢書一百五十八種本

◎自序：今文《春秋》，至漢景帝時公羊氏始著竹帛，其後何氏注之、徐氏疏之，探摘是非，旁通曲鬯。然《公羊》得之傳聞，不無失實。而為之說者，順水曲折，益揚其波。又或變本加厲，有同皮傳。紬釋所積，蓄疑遂多。次而錄之，以質同好云爾。何若瑤自識。

◎陳璞《尺岡草堂遺集》卷一《何宮贊遺書序》：吾粵自阮文達公開學海堂以造士，士之治經史工詞章日以盛矣。然能治經或不能治史，能治經史或不工詞章，兼之者蓋難。吾邑則有四君焉，曰林君月亭、曰侯君君謨、曰陳君蘭甫、曰何君石卿。林、侯、陳三君皆學海堂士，惟石卿宮贊始則闇修一室，未嘗肄業於堂；繼則秉鐸雷陽，珥筆詞館，居羊城之日無幾，故堂課亦無與焉。性復沈默，寡交游，不喜自表襮，平昔所作不甚示人，以故時人知之者鮮，即林、侯兩君亦若不相識。宮贊既歿，蘭甫陳君語余曰：「山東道中嘗與宮贊同宿逆旅，作竟夜談。其論經史輒闡發奧奧，不知著有成書否？」甲寅之亂，宮贊以憂在籍，大府咨辦鄉團，余忝共事者兩年。事平，宮贊修嵐縣志，余復忝分纂，晨夕在局討論，盡得讀所著《公羊註疏質疑》《前後漢書考證》及詩文

集。因舉以對，並索遺稿於其家，以示陳君，陳君謂為必傳。今哲嗣少石以付手民，鋟版既成，而陳君歿矣，少石乃屬余書其簡端。余維《公羊》之學，國朝惟劉申受、孔㧑軒二家為最著，而宮贊復能於二家外抉何徐之藩籬，翦榛莽而達康莊。以《質疑》為名者，不敢自是耳。《兩漢注》自《刊誤》而後，國朝諸家搜剔幾盡，宮贊又實事求是，稽核於前人所未言。至其古文意高而體潔，其駢文沈博而茂密，尺牘超雋如讀容甫、稚存諸篇，詩則高曠似海雪、蒼渾若獨漉，固吾粵詩人之最也。然則宮贊之學雖不出於學海堂，而能治經史工詞章，與林、侯、陳三君同非古所云豪傑之士者哉？！爰括其大畧而序之如此。

◎陳璞《尺岡草堂遺集》卷四《擬廣東文苑傳》：生平勤學嗜古，所著有《公羊註疏質疑》《兩漢考證》《海陀華詩集／文集》等書（縣志稿）。

◎孫殿起《販書偶記》卷二：《春秋公羊注疏質疑》二卷，番禺何若瑤撰。光緒八年刊。光緒二十年廣雅書局刊。

◎趙爾巽《清史稿》卷一百四十五志一百二十《藝文》一：《公羊注疏質疑》二卷，何若瑤撰。

◎上海古籍出版社 2015 年《續修四庫全書總目提要‧春秋類》「春秋公羊注疏質疑二卷」：是書前有何氏自序云：「今文《春秋》，至漢景帝時，公羊氏始著竹帛。其後何氏注之，徐氏疏之，探摘是非，旁通曲暢。然《公羊》得之傳聞，不無失實，而為之說者，順水曲折，益揚其波。」故是書雖名為「注疏質疑」，實亦疑傳。故其治《春秋》，比事以求義，於三傳不主一家，若記事有異，必先推定之，而後求義理。故其屢言《公羊》失實，何休迂曲；若《公羊》義長，則申述發明之，以斷《左氏》、《穀梁》是非。然千載之後以裁定三傳之異，雖比之以書法，度之以情理，終不免於臆測，故三傳離之則美，強合則傷。況《公羊》自有家法，重義不重事，如祭仲非真能行權，而《公羊》借以明行權之義。何氏雖取《穀梁》「死君難臣道」以惡祭仲，實不足以難《公羊》也。且《公羊》之學，由例推義，何氏於此多有疏漏，如嗣君名例，傳明言「君薨稱子某，既葬稱子」，何氏以為「伯子男既葬亦稱名」，執此為說，不足以難傳注也。何氏之疑，率多類此。故以調和三傳觀之，是書頗有可取之處；若以《公羊》一家之學言之，則非入室操戈之論。此本據復旦大學圖書館藏清光緒八年何雲旭《何宮贊遺書》本影印。（黃銘）

◎何若瑤，字石卿。廣東番禺人。道光八年（1828）舉人，二十年（1840）大挑二等，選海康訓導。二十一年（1841）成進士。二十四年（1844）散館授

編修。二十八年（1848）大考二等，補授右春坊右贊善。咸豐三年（1853）丁母憂，遂不復出。創賣南書院，後主禺山講席。嘗總纂邑志，發凡起例，未成書而卒，年六十一。著有《春秋公羊注疏質疑》二卷、《兩漢考證》、《海陀華館詩集文集》等書。

何士玉 評點左傳 佚

◎汪正元、吳鶚光緒《婺源縣志》卷二十四《人物志・學林》：著有《學庸約》《評點左／國／兩漢古文／唐宋詩選》藏於家。

◎何士玉，字璞山。婺源（今江西婺源）在城人。受業於王己山。雍正七年（1729）魁南闈，名噪兩江。乾隆丁巳登明通榜，授太湖教諭。後薦掌教青蛇書院，以父病給假，尋丁艱。後教授三物書院，門下多名彥。乾隆辛未部選邑令，先補清河教職，未任病卒京都。著有《學庸約》《評點左／國／兩漢古文／唐宋詩選》藏於家。

何漱霜 左傳文法研究 存

國圖藏 1940 年商務印書館排印國學小叢書本

臺中文聽閣圖書有限公司 2008 年民國時期經學叢書第一輯影印 1940 年商務印書館排印國學小叢書本

◎目次：鄭莊之跋扈。齊桓霸業。宋襄圖霸。晉文建霸。秦穆霸西戎。楚莊爭霸。晉悼復霸。諸侯弭兵。吳闔廬入郢。越句踐滅吳。

◎何漱霜，著有《左傳文法研究》《孟子文法研究》。

何貽香輯 東萊博議刪本 不分卷 存

南京藏稿本

◎宋呂祖謙原撰。

何志高 春秋大傳補說 四卷 存

國圖藏光緒十四年（1888）刻西夏經義注釋十三種本

◎何志高，字西夏。四川萬縣人。閉門著書數十年，著有《周易本意》四卷首一卷末一卷、《易經圖說》一卷、《釋書》、《釋詩》、《春秋大傳補說》四卷等書。

何焯 重訂公羊穀梁合註 十二卷 存

雲南大學藏乾隆五十八年（1793）敦本堂刻本

◎一名《公羊穀梁春秋合編附注疏纂》。

◎何焯（1661～1722），字潤千，因早年失恃，改字屺瞻，號義門、無勇、茶仙，學者稱義門先生。長洲（今江蘇蘇州）人，寄籍崇明，為官後回遷長洲。康熙四十一年（1702），直隸巡撫李光地以草澤遺才薦，召入南書房。康熙四十二（1703）賜進士，改庶吉士。仍直南書房，授皇八子讀，兼武英殿纂修。連丁內外艱。久之，復以光地薦，召授編修。後解官，仍參書局。與笪重光、姜宸英、汪士鋐並稱為康熙帖學四大家。富藏書，有青陽齋、齎硯齋、德符堂、碧筠草堂、承筐書塾等藏書樓，有「直夫」「語古」「漢節」「逍遙遊」「青陽齋」「義門藏書」「香案小吏」「黃絹幼婦」「吾師老莊」「太學何生」、「吳下狂生」「不仕元後人」「閑官養不才」「家在鳳崗之北」「家在桃花西塢」「文殊師利弟子」諸藏印。工楷法。長於考訂，嘗校定兩《漢書》、《三國志》。著有《詩古文集》、《語古齋識小錄》、《道古錄》、《義門讀書記》五十八卷、《義門先生文集》十二卷、《義門題跋》一卷、《困學紀聞箋》、《何義門集》等。

賀長齡評選 春秋公羊傳摘鈔 一卷 存

湖南藏道光二十六年（1846）黔省大盛堂刻本

◎賀長齡（1785～1848），字耦耕，號西涯，晚號耐庵。湖南善化人。嘉慶十三年（1808）進士，累官廣西按察使，江蘇、福建布政使、貴州巡撫、雲貴總督。著有《春秋公羊傳摘鈔》一卷、《春秋穀梁傳摘鈔》一卷、《孝經輯注》一卷、《孝經述》二卷、《區田種法》一卷、《江蘇海運全案》十二卷、《耐庵奏議存稿》十二卷、《耐庵公牘存稿》四卷、《撫黔疏稿》、《耐庵文存》六卷、《耐庵詩存》三卷，與魏源輯《皇朝經世文編》一百二十卷。

賀長齡評選 春秋穀梁傳摘鈔 一卷 存

湖南藏道光二十六年（1846）黔省大盛堂刻本

◎羅汝懷《綠漪草堂文集》卷二十《兵部尚書雲貴總督善化賀公傳》：其為學以導養身心為主，日取先儒嘉言懿行以自淬厲。晚尤致力《周易》，時有獨得。郵書唐太常鑒，反覆論之，不為苟同。公餘專習草書，效孫虔禮，屬稿作劄皆用之，無一筆苟。所著書今編刻《耐庵文集》六卷《詩集》三卷，其奏疏劄示稿凡數十冊藏於家。劄示尤多可采，如謂屬吏察牘，率以儷語衍飾，無

裨實用，飭令據事直書，不用常行格套，即以行草親書，不用書手細楷，皆足破拘牽粉飾陋習，而意尤在覘其人之能否諳悉事理也。所輯書如《皇朝經世文編》百二十卷，學術治術皆備，風行海內，《孝經輯注》、《勸學纂言》、《望溪先生左傳義法舉要》，皆刊行。黔省所刻書，如《詩／書／禮記精義》、《左傳讀本》、《公穀摘抄本》、《陳文恭課士直解》、李立侯《淛噯存愚》，所重刻如顧氏《日知錄》、方氏《周官辨》，皆以黔中僻遠，書籍罕至，故廣為刊布，以惠來學，卒使黔士蒸蒸向學，風氣丕變。

賀大憝 左傳類對 二卷 存

青海藏乾隆五十三年（1788）宏恩堂刻本

◎賀大憝，字懋昭，榆林府神木（今陝西神木）人。乾隆三十九年（1774）武舉、四十年（1775）武進士，任貴州大定協守備，升雲南曲靖協都司。奉派出征興義軍營，撲敵受傷。敘功，賞戴藍翎。又調川省軍營，被賊槍傷右膝，得受功牌，回營養傷。委署荔波營遊擊。傷發，卒於任。著有《左傳類對》二卷。

賀瑞麟輯 春秋 四卷 附錄一卷 存

洛陽藏光緒十三年（1887）傳經堂刻西京清麓叢書本

◎賀瑞麟（1824～1893），原名賀均，榜名瑞麟，字角生，號復齋、中阿山人。陝西三原陂西鄉響劉村人。道光二十一年（1841）秀才。受業朝邑李桐閣，與山西芮城薛於瑛（仁齋）、朝邑楊樹椿（損齋）並稱關中三學正。同治初歸鄉設「有懷草堂」講習，後應知縣余庚陽之邀主講學古書院。同治九年（1870）創清麓精舍，光緒初命為正誼書院，主講正誼書院二十年。督學吳大徵奏請朝廷，奉旨授國子監學正銜，晉五品銜。精書法。曾刊印《清麓叢書》，著有《讀書錄要》《清麓文集》《誨兒編》《養蒙書》，編有《朱子五書》《女兒經》《信好錄》《三水縣志》《三原縣新志》。

洪榜 春秋公羊傳例 佚

◎江藩《國朝漢學師承記》卷六：其解《周易》，訓詁本兩漢，行文如先秦，又明聲均，撰《四聲韻和表》五卷、《示兒切語》一卷。江氏永切字六百十有六，是書增補百三十九字。又以字母見溪等字注於《廣韻》之目，每字之上以定喉吻舌齒脣五音。蓋其書宗江、戴二家之說而加詳焉。平生著述甚多，

皆未卒業。著有《周易古義錄》《書經釋典》《書經古義錄》《詩經古義錄》《詩經釋典》《儀禮十七篇書後》《春秋公羊傳例》《論語古義錄》《初堂讀書記》《初堂隨筆》《許氏經義》諸書。

◎民國《歙縣志》卷七《人物志・儒林》：粹於經術，因鄭康成《易贊》作《述贊》二卷。又著《明象》未成書，終於益卦。其解《周易》，訓詁本兩漢，行文如先秦。明聲均，作《四聲均和表》五卷、《示兒切語》一卷。先是，江永切字六百十有六，榜增補百三十九字。又以見溪等字母註於《廣韻》目每字之上以定喉吻舌齒脣五音。蓋宗江、戴二家說而加詳焉。著述甚多，未卒業有《周易古義錄》《書經釋典》《書經古義錄》《詩經古義錄》《詩經釋典》《儀禮十七篇書後》《春秋公羊傳例》《論語古義錄》《初堂讀書記》《初堂隨筆》《許氏經義》諸書，惟《新安大好紀麗》刊行。榜為人律身以正，待人以誠，孝友著聞鄉里，平生治學一宗戴震。震所作《孟子字義疏證》當時讀者不能通其義，惟榜稱其有功於六經孔孟之言甚大，使後之學者無馳心於高妙，而明察於人倫庶物之間，嘗貽書朱筠辨之。

◎洪榜（1745～1780），字汝登，一字初堂。安徽歙縣人。乾隆三十三年（1768）舉人。賜內閣中書。與兄洪樸稱二洪；又與兄洪樸、弟洪梧有「同胞三中書」之譽，時稱「三鳳」。與戴東原、朱笥河交厚。諸藝皆精，力辟釋老。尤擅經學，謂治經須從小學入手。惜遺文存者無多。著有《明象》、《易述贊》二卷、《周易古義錄》、《書經釋典》、《詩經古義錄》、《詩經釋典》、《儀禮十七篇書後》、《春秋公羊傳例》、《論語古義錄》、《四聲韻和表》、《許氏經義》、《示兒切語》、《初堂讀書記》、《初堂隨筆》諸書。

洪恩波 聖門名字纂詁 二卷 存

光緒二十三年（1897）金陵官書局刻本

◎補詁十三條坿詁二條。

◎洪恩波《曾廟從祀議薈》卷首湘鄉張通典序：桐城洪君晴川，勤學績文，垂老不倦，纂箸縣富，蓋有道之士而隱於下僚者也。余曩游秣陵，佐吾鄉曾忠襄公文幙，讀君《曾廟從祀議薈》而心識之。由是文酒往還，益知君深明篡隩，咀嚼經史，天性好善，闡揚忠義不遺餘力。

◎洪恩波，字晴川，號潛谿生。安徽桐城人。曾任桐城州同。著有《聖門名字纂詁》二卷、《曾廟從祀議薈》二卷。

洪德常 左策史漢約選 四卷 存

普林斯頓大學東亞圖書館、湖南、寧波藏康熙十八年（1679）洪琮世綸堂刻本

◎一名《洪谷一先生家傳左策史漢約選》。

◎卷首題：新安洪德常常伯輯，姪玕、男琮珣全校。

◎施璜《紫陽書院志》卷十二汪知默小傳：汪文學名知默，字聞增，號月巖，歙人。明末為邑諸生，後棄去。性拘執，不與流俗伍。冠婚喪祭，必持古禮。少與洪常伯德常講學，常伯著《中庸要領》《程朱五子學約》并會規六事，皆月巖為之折衷。

◎洪德常，字常伯。安徽歙縣人。著有《左策史漢約選》四卷、《中庸要領》、《程朱五子學約》。

洪嘉植 春秋解 二十卷 佚

◎嘉慶《重修揚州府志》卷六十二《藝文志》一：《春秋解》二十卷（洪嘉植撰）。

◎道光《徽州府志》卷十一之四《人物志·文苑》：著有《易說》十五卷、《春秋解》二十卷。

◎道光《徽州府志》卷十五《藝文志》：洪嘉植《春秋解》二十卷。

◎民國《歙縣志·儒林》卷七《人物志·文苑》：著有《易說》十五卷、《春秋解》二十卷。

◎民國《歙縣志》卷十五《藝文志·書目》：《匯邨易說》十五卷、《春秋解》二十卷、《去蕪詩集》四卷（俱洪嘉植）。

◎洪嘉植，字去蕪。安徽歙縣虹源人。以布衣而談理學，負時譽，名公卿嘗上章薦舉，辭以親老不就。著有《易說》十五卷、《春秋解》二十卷、《去蕪詩集》四卷。

洪聯璧 易書詩春秋輯解 佚

◎光緒《撫州府志》卷七十六《藝文志》：《易書詩春秋輯解》（洪聯璧撰）。

◎洪聯璧，乾隆十八年（1753）萬安教諭。著有《易書詩春秋輯解》。

洪亮吉 春秋十論 一卷 存

國圖、北大、上海藏光緒刻卷施閣集本

◎趙爾巽《清史稿》卷一百四十五志一百二十《藝文》一:《春秋左傳詁》五十卷、《春秋十論》一卷，洪亮吉撰。

◎張之洞《書目答問》卷一《經部》:《春秋十論》一卷（洪亮吉。《卷施閣集》續刻本）。

◎洪亮吉（1746～1809），初名洪蓮，又名禮吉，字君直，小字華鋒、稚存，號北江，別號又藥、天山戍客，晚號更生居士。江蘇陽湖（今常州）人。祖籍安徽歙縣洪坑。毗陵七子之一。文工駢體，與孔廣森並肩，學術長於輿地。與同里黃景仁、孫星衍友善，合稱「洪黃」「孫洪」。乾隆四十四年（1779）夏任四庫館校對。四十五年（1780）順天鄉試中舉。後往西安協編《續資治通鑒》，嘗充安徽學政朱筠、陝西巡撫畢沅幕。五十五年（1790）成進士，授翰林院編修，充國史館編纂官。五十七年（1792）任順天府鄉試同考官，後督貴州學政。嘉慶元年（1795）入直上書房。三年（1798）大考翰林詹事，撰疏力陳內外弊政數千言，為時所忌，以弟喪辭歸。四年（1799）與修《高宗實錄》，言事獲罪，免死戍守伊犁。五年（1800）釋還家中，著書立說。七年（1802）主安徽洋川書院、揚州梅花書院。著有《毛詩天文考》一卷、《春秋十論》一卷、《春秋左傳詁》二十卷、《公羊穀梁古義》二卷、《國語釋地》四卷、《比雅》十九卷、《漢魏音》四卷、《聲類輯》一卷、《六書轉注錄》十卷、《傳經表》二卷、《通經表》一卷、《曉讀書齋雜錄》、《四史發伏》四卷、《歷朝史案》、《伊犁日記》、《西海釋》、《崑崙山釋》、《天山客話》二卷、《外家紀聞》二卷、《萬里荷戈集》、《百日賜環集》、《貴州水道考》三卷、《天山紀程》二卷、《弟子職箋釋》一卷、《曉讀書齋初錄》二卷、《曉讀書齋二錄》二卷、《曉讀書齋三錄》二卷、《曉讀書齋四錄》二卷、《補三國疆域志》二卷、《東晉疆域志》四卷、《十六國疆域志》十六卷、《魏書地形志補正》四卷、《謝承後漢書辨誤》一卷、《乾隆府廳州縣圖志》五十卷、《北朝疆域考》、《西夏國志》十二卷、《西夏圖志》十六卷、《寧國府志》、《涇縣志》、《固始縣志》、《登封縣志》、《懷慶縣志》、《卷施閣甲集》十卷、《卷施閣乙集》十卷、《卷施閣詩集》二十卷、《鮚埼亭詩集》、《更生齋甲集》十卷、《更生齋乙集》四卷、《更生齋詩集》十六卷、《更生齋詩餘》、《兩晉南史樂府》二卷、《唐宋小樂府》一卷附《鮚軒詩》八卷、《洪北江全集》二十六卷、《北江詩話》八卷、《冰天雪窖詞》一卷、《機聲燈影詞》一卷、《羅浮草堂集》，與修《淳化縣志》三十卷、《長武縣志》十二卷、《澄城縣志》。中華書局 2001年《中國古典文學基本叢書》有《洪亮吉集》全五冊錄其詩文。

洪亮吉 春秋左傳詁 二十卷 存

國圖藏清抄本

國圖、北大、中科院藏嘉慶十二年（1807）陽湖洪貽孫刻本

國圖藏嘉慶十八年（1813）金陵刻本

國圖藏嘉慶十八年（1813）金陵刻道光八年（1828）印本

國圖、遼寧藏光緒四年（1878）洪用勤授經堂刻洪北江全集本

國圖、北大、中科院、上海、首都圖書館藏光緒十四年（1888）南菁書院刻皇清經解續編本

國圖、上海、首都圖書館藏光緒十五年（1889）上海蜚英館石印皇清經解續編本（一卷）

萬有文庫本

國圖、遼寧、貴州藏商務印書館1934年國學基本叢書據萬有文庫本排印本

四部備要據南菁書院續經解本

中華書局1987年十三經清人注疏李解民點校本

◎目錄：卷一：經（隱公至莊公）。卷二：經（閔公至文公）。卷三：經（宣公至襄公一）。卷四：經（襄公二至哀公）。卷五：傳（隱公至桓公）。卷六：傳（莊公至閔公）。卷七：傳（僖公一）。卷八：傳（僖公二）。卷九：傳（文公）。卷十：傳（宣公）。卷十一：傳（成公）。卷十二：傳（襄公一）。卷十三：傳（襄公二）。卷十四：傳（襄公三）。卷十五：傳（昭公一）。卷十六：傳（昭公二）。卷十七：傳（昭公三）。卷十八：傳（昭公四）。卷十五：傳（定公）。卷二十：傳（哀公）。

◎春秋左傳詁序：余少從師受《春秋左氏傳》，即覺杜元凱于訓詁地理之學殊疎。及長，博覽漢儒說經諸書，而益覺元凱之注其望文生義不臻古訓者十居五六，未嘗不歎漢儒專家之學至孫炎、薛夏、韋昭、唐固之後法已盡亡。自魏受禪至晉平吳之歲，不及百年，戎馬倥傯，著書者漸少。輔嗣既啟空疏之習，子雍復開飾偽之門，而孔門之弟子門人，一線相承不絕如縷者，至此始斷而不克續矣。然又竊怪元凱雖無師承，然其時精輿地之學者，裴秀、京相璠、司馬彪之儔，尚布列中外。即以訓詁論，《左氏》一經，陳元、鄭眾、賈逵、馬融、延篤、服虔、彭汪、許淑、穎容諸人之說俱在，倘精心搜采、參酌得中，何至師心自用若此？豈平吳之後位望既顯，心跡較麤，又一時諸儒學淺位下，不復能駁難故耶？自此書盛行千六百年，雖有樂遜《序義》、劉炫《規過》之書不能敵也，況今日去劉炫等又復千載，其敢明目張膽起而與之爭乎？然以後人證

前人之失，人或不信之；以前人以前之人正前人之失，則庶可釐然服矣。於是冥心搜錄，以他經證此經，以別傳校此傳，寒暑不輟者又十年。分經為四卷、傳為十六卷，遵《漢藝文志》例也。訓詁則以賈、許、鄭、服為主，以三家固專門，許則親問業於賈者也。掇及《通俗文》者，服子慎之所注與李虔所續者截然而兩，徐堅《初學記》等所引可證也。地理則以班固、應劭、京相璠、司馬彪等為主輔，而晉以前輿地圖經可信者亦酌取焉。又舊經多古字古音，半亡於杜氏。而俗字之無從鉤校者，又半出此書，因一一依本經與二傳暨漢唐石經、陸氏《釋文》與先儒之說信而有徵者逐件校正，疑者闕之，大旨則以前古之人正中古之失，雖旁證曲引，惟求中古人之旨而已，無預焉者也。卷中凡用賈／服舊注者曰「杜取此」、用漢魏諸儒訓詁者曰「杜本此」、用京相／馬彪諸人之說者曰「杜同此」以別之。書成，合為二十卷，藏諸家塾以教子弟焉。名為《春秋左傳詁》者，詁古故字通，欲存《春秋左傳》之古學耳。時嘉慶十二年歲在丁卯立夏日也。

　　◎跋：右《春秋左傳詁》二十卷，先師北江先生所著也。先生於學無所不貫，而於史精地理之學（有《補三國疆域志》《晉疆域志》《十六國春秋疆域志》《西夏域堡錄》《乾隆府廳州縣圖志》），於經精訓詁之學（有《漢魏音》《弟子職注》《比雅》《六書轉注錄》等書）。此書搜羅漢儒賈、服舊注及魏晉唐宋說經諸書所引漢儒說，間採近今治漢學者之論，無不參酌是正而後定之，尤先生畢生精力所萃者。培學淺陋，何足以測先生涯涘。顧從遊日久，請業請益之餘，所聞於先生不敢忘也。先生之言曰：「自孫炎反切起而漢魏之音亡，自杜預《春秋集解》出而漢儒訓詁失。然當陽名重當時，號稱左癖，況其書傳之已久，而欲校正其失，豈不難哉！則惟盡陳漢魏以前之說，而後儒之虛造者自見。吾非與杜氏爭勝，不過欲復漢儒說經之舊而已。」然則先生之書非以非杜氏，實以匡杜氏，且大有功於杜氏也。是書之成，先生手繕稿數通，及定本出，培與校錄盧焉。嗚呼，不數年而先生逝矣！令嗣孟慈孝廉克承先志，出篋以付棗梨，趨成厥事，今已竣工，附識原起於後。癸酉冬日，受業呂培謹識。

　　◎跋：曾大父自成所歸，主講洋川書院，精力薈萃，遲久而成是書。其明訓故、釋地理尤所精確，足洗魏晉以後虛造附會之習。先大父偕旌德呂先生培校定此本，開雕於金陵。甫訖工而相繼歸道山，板片迄未取回。迨道光戊子，板歸旌德呂氏，甫有印行之本。詎經兵燹，仍復燬失。茲幸購得呂氏別本，重刊行世，勉繼先志於萬一云。光緒四年四月，曾孫用勲校竣謹識。

◎乾隆五十一年袁枚《卷施閣文乙集序》：予幼時讀荀卿子《修身篇》曰：「其為人也多暇日者，其出人不遠矣。」予嘗執此以觀當世聰明才力之士，其有所成者，皆勤而不暇者也。洪君稚存幼孤，得母夫人訓，自力於學，年未二十，以貧客四方，迄今又二十年。傭書食力之外，即鍵戶誦述，研精覃思，過其外者，如無人焉。于經深《春秋》，所著有《春秋三傳古義》《左傳詁》二書。於史精地理，所著有《三國／東晉／十六國疆域三志》，刊《史記以下四史謬誤》十二卷。

◎王芑孫《淵雅堂全集・文續稿・洪稚存集序》：獨所為駢體文今世第一，蓋君詞章實足以高天下，誤隨風會作地理考證之學，世莫辨其疏密。君歿後，館臣修國史，以君入《文苑傳》，固得其真際云。

◎錢綺《左傳札記》卷一：近時陽湖洪稚存亮吉搜羅《正義》及他書中所引漢魏諸儒之說，分經為四卷、傳為十六卷，名《春秋左傳詁》；吾郡惠松厓棟亦采舊說為《左傳補注》六卷；嚴豹人蔚又有《春秋內傳古注輯存》三卷。三君所輯，雖僅得什一於千百，然能使賈、服諸家詁訓絕而復續、晦而復明。究心漢學者，允當奉為珠璧。至唐宋元明諸人論說，則有吳江朱鶴齡所纂《讀左日鈔》一書，亦足以廣異聞。

◎道光《徽州府志》卷十二之二《人物志・宦業》：君學無所不窺，詩文有逸氣。所著《左傳詁》十卷、《比雅》十二卷、《六書轉注錄》八卷、《漢魏音》四卷、《乾隆府廳州縣圖志》五十卷、《三國疆域志》二卷、《東晉十六國疆域志》六卷、詩文集若干卷行於時。見陽湖惲敬《大雲山房文稿・編修洪君遺事述》。

◎道光《徽州府志》卷十五《藝文志》：洪亮吉《春秋三傳古義》四卷、《春秋左傳詁》二十卷、《國語釋地》四卷。

◎張之洞《書目答問》卷一《經部》：《左傳詁》五十卷（洪亮吉。集外續刻本）。

◎王其淦、吳康壽光緒《武進陽湖縣志》卷二十八《藝文》：洪亮吉《春秋左傳詁》二十卷（存）、《三傳古義》四卷（佚）。

◎民國《歙縣志》卷七《人物志・文苑》：著有《左傳詁》、《比雅》、《六書轉注錄》、《漢魏音》、《乾隆府廳州縣圖志》、《三國疆域志》、《東晉十六國疆域志》、詩文集。子飴孫能承其學。

◎民國《歙縣志》卷十五《藝文志・書目》：《毛詩天文考》二卷、《公羊三傳古義》四卷、《春秋左傳詁》二十卷、《國語釋地》四卷、《比雅》十九卷、《六書轉注錄》八卷、《漢魏音》四卷、《聲類輯》一卷、《三國疆域志》二卷、《東晉疆域志》四卷、《魏書地形志補正》四卷、《十六國疆域志》十六卷、《西夏國志》十二卷、《謝承後漢書辨誤》一卷、《四史發伏》四卷、《乾隆府廳州縣圖志》五十卷、《貴州水道考》三卷、《天山紀程》二卷、《弟子職箋釋》一卷、《曉讀書齋初錄》二卷《二錄》二卷《三錄》二卷《四錄》二卷、《天山客話》二卷、《外家紀聞》二卷、《卷施閣甲集》十卷《乙集》十卷《詩集》二十卷、《更生齋甲集》十卷《乙集》四卷《詩集》十六卷、《兩晉南史樂府》二卷、《唐宋小樂府》一卷附《鮚軒詩》八卷、《北江詩話》八卷、《冰天雪窖詞》一卷、《機聲燈影詞》一卷（俱洪亮吉）。

◎吳錫麒《有正味齋駢體文續集》卷六《翰林院編修洪君墓表》：君則早通學海，畢貫經神，受寫定於禮堂，務折衷於浚長。所著有《左傳詁》二十卷、《公羊穀梁古義》二卷、《漢魏音》四卷、《六書轉注錄》八卷、《比雅》十二卷、《史記以下四史謬誤》十二卷、《三國疆域志》二卷、《東晉疆域志》四卷、《十六國疆域志》六卷、《西夏國志》十六卷、《乾隆府廳州縣志》五十卷、《貴州水道志》三卷、《天山客話》二卷《紀程》二卷、《外家紀聞》二卷附《鮚軒詩》八卷、《卷施閣文》甲集八卷乙集八卷詩十六卷詞二卷、《更生齋文》甲集四卷乙集二卷詩集四卷，而郡縣志與應奉文字、幕府箋奏不與焉。夥矣哉，其探纂前聞，牢籠萬有，久已聚將成庫，積可等身矣。若夫雷霆發榮，雲霞煥采，振轡於搏桑之表，迴瀾於積石之源，元神翕張，精氣迴幹，又何大哉，又何盛哉！

◎洪亮吉《更生齋詩》卷五《頻年著〈左傳詁〉已欲告成偶題一律》：頻年几案整精神，訓詁方輿勘較真。於世已疑成棄物，此經未愧號功臣。時將古意參前哲，不肯多端誤後人。紅豆一株今在否，莫教嘉種化為薪。

◎洪亮吉《更生齋詩》卷五《校禮圖為凌同年廷堪賦》：是時我有《左傳》癖，未暇從子研《周官》。

◎李慈銘《越縵堂讀書記・經部・春秋類》：

閱洪北江《春秋左傳詁》。其書務為杜難，搜尋古訓，具見苦心。然杜氏大病在於貶孔父仇牧諸人，誤會《春秋》之旨；又好傅會左氏稱國以弒稱人以弒之言。其他年月小差地理小失，俱不能以一眚之誤遂廢全書。賈、服之義又

盡零落，刺取諸義疏中所引單詞片語，或轉不足以勝杜說。洪氏惟述前賢，罕下己意，所詁經傳僅得十一，蓋亦尚待增訂，非成書也。同治丙寅十一月十五日。

閱洪氏《左傳詁》。其書頗多誤字，為隨筆校正數條。稚存好攻惠松崖氏，屢舉其《左傳補注》之失。然惠氏湛深古學，實非稚存所能及。此如虞刺鄭違、劉規杜過，雖可各存其說，終難遽掩前賢。同治丁卯七月初一日。

◎趙爾巽《清史稿》卷一百四十五志一百二十《藝文》一：《春秋左傳詁》五十卷、《春秋十論》一卷，洪亮吉撰。

◎上海古籍出版社 2015 年《續修四庫全書總目提要・春秋類》「《春秋左傳詁》二十卷」：是書凡二十卷，經四卷，傳十六卷。首有洪氏自序，謂杜預疏於訓詁、地理之學，望文生義，不臻古訓者十之五六，且於裴秀、京相璠、司馬彪等精輿地之學者之儔未精心采參，以致師心自用。然影響仍鉅，雖有劉炫等糾謬之作，卻無能敵者。作者是書依《漢志》例，訓詁以賈、許、鄭、服為主，地理以班固、應劭、京相璠、司馬彪等為主，晉以前輿地圖經可信者，亦酌取之。卷中凡用賈、服舊注者曰「杜取此」；用漢魏諸儒訓詁者曰「杜本此」；用京相璠、馬彪諸人之說曰「杜同此」以別之。舊經多古字古音，半亡於杜氏，而俗字之無從鈎校者，又半出此書，因一一依本經與漢唐石經、陸氏《釋文》與先儒之說，信而可證者，逐件校正，疑者闕之，大旨搜尋他經證此經，以別傳校此傳，以前古之人正中古之失，雖旁證曲引，惟求申古人之旨。詁者，古「故」字通，乃欲存《春秋左傳》之古學云云。自乾嘉漢學學風盛行以來，清儒以漢人治經為典範，杜注引文不注出處，於義理闡釋多有疏失，遭前所未有之批判。洪氏此書不僅探求杜注之源，並搜羅漢儒賈、服舊注及魏、晉、唐、宋說經諸書所引漢儒說，間采近今治漢學者之論，參酌是正，而後定之，駁證杜注之非。如卷一桓公二年洪氏詁曰：惠棟云：孔父，孔氏之先也，傳曰：「孔父嘉為司馬」，是「嘉」名「孔父」字。古人稱名字皆先字而後名，「祭仲足」是也。鄭有子孔名「嘉」。《說文》曰：「孔，從乙從子，乙請子之鳥也，乙至而得子嘉美之也。古人名嘉字子孔。」《說文》此訓蓋指宋、鄭兩大夫，故先儒皆謂善孔父而書字，杜注輒為異說，不可從。是書後有呂培、洪用勤跋，述成書、重刊過程。此本據上海辭書出版社圖書館藏清光緒四年授經堂刻本影印。（潘華穎）

洪亮吉 春秋三傳古義 四卷 佚

◎袁枚《卷施閣文乙集序》：予幼時讀荀卿子《修身篇》曰：「其為人也多暇日者，其出人不遠矣。」予嘗執此以觀當世聰明才力之士，其有所成者，皆勤而不暇者也。洪君稚存，幼孤，得母夫人訓，自力於學。年未二十，以貧客四方，迄今又二十年。傭書食力之外，即鍵戶誦述，研精覃思，過其外者，如無人焉。於經深《春秋》，所著有《春秋三傳古義》、《左傳詁》二書；於史精地理，所著有《三國》、《東晉》、《十六國疆域》三志，刊《史記》以下四史謬誤十二卷，又以宋李繼遷傳國逾百年，而事蹟闕略，復成《西夏國志》十六卷；於六書通諧聲，所著有《漢魏音》四卷，外為詩至二千首，文及雜著數百篇，而所修府州縣志及為幕府箋奏不與焉。洪君吾不能諒其所至，庶幾可為無暇日者矣。君善於漢魏六朝之文，每一篇出，世爭傳之。以倦於鈔寫，茲友人為刊其乙集四卷，以予素嗜其文，因請序於予。予前嘗欲錄亡友邵編修荀慈、胡徵君稚威暨君數人之作，合為一集，忽忽未暇也。今《玉芝堂集》及君此刻，並已刊成，老念藉以稍慰。至其文之淵雅、氣質之深厚，世皆能知之，予不贅述云。乾隆五十一年歲在丙午花朝日，錢塘袁枚序。

◎道光《徽州府志》卷十五《藝文志》：洪亮吉《春秋三傳古義》四卷、《春秋左傳詁》二十卷、《國語釋地》四卷。

◎王其淦、吳康壽光緒《武進陽湖縣志》卷二十八《藝文》：洪亮吉《春秋左傳詁》二十卷（存）、《三傳古義》四卷（佚）。

◎民國《歙縣志》卷七《人物志・文苑》：著有《左傳詁》、《比雅》、《六書轉注錄》、《漢魏音》、《乾隆府廳州縣圖志》、《三國疆域志》、《東晉十六國疆域志》、詩文集。子飴孫能承其學。

◎民國《歙縣志》卷十五《藝文志・書目》：《毛詩天文考》二卷、《公羊三傳古義》四卷、《春秋左傳詁》二十卷、《國語釋地》四卷、《比雅》十九卷、《六書轉注錄》八卷、《漢魏音》四卷、《聲類輯》一卷、《三國疆域志》二卷、《東晉疆域志》四卷、《魏書地形志補正》四卷、《十六國疆域志》十六卷、《西夏國志》十二卷、《謝承後漢書辨誤》一卷、《四史發伏》四卷、《乾隆府廳州縣圖志》五十卷、《貴州水道考》三卷、《天山紀程》二卷、《弟子職箋釋》一卷、《曉讀書齋初錄》二卷《二錄》二卷《三錄》二卷《四錄》二卷、《天山客話》二卷、《外家紀聞》二卷、《卷施閣甲集》十卷《乙集》十卷《詩集》二十卷、《更生齋甲集》十卷《乙集》四卷《詩集》十六卷、《兩晉南史樂府》二卷、

《唐宋小樂府》一卷附《鮚軒詩》八卷、《北江詩話》八卷、《冰天雪窖詞》一卷、《機聲燈影詞》一卷（俱洪亮吉）。

洪亮吉 公穀古義 未見

◎張之洞《書目答問》卷一《經部》：《穀梁大義述》三卷（柳興宗。有刻本未見。邵晉涵《穀梁古注》、洪亮吉《公穀古義》，未刊）。

◎李慈銘《越縵堂詩文集‧越縵堂文集補》卷一《國子監宜改立專經博士議》：《穀梁》自晉范氏注、唐楊氏士勖疏外無他學，楊疏碌碌，鮮可稱者。國朝邵氏（晉涵）輯《穀梁正義》、洪氏（亮吉）輯《公穀古義》，皆不傳，是待後起之學者矣。

洪若皋 左傳正業 六卷 佚

◎民國《台州府志》卷六十五《藝文略》二《經籍考》二《經部》二：《左傳正業》六卷，國朝洪若皋撰。若皋臨海人，事蹟具《宦業傳》。是書有康熙丙寅自序，略稱其書據經附傳，其有傳無經者，注經闕以別之。復采諸家論注，句析篇評，分為六卷，名曰《左傳正業》，以舉業家舍此無所取正。不幸丙申羅叛將之變，竟付灰燼，於今二十有餘年。今歲養病山中，重加蒐輯，鈔訂成集，爰付之梓云云。見其所著《南沙集》中。是此書本為舉業家著，當日有刻本，今未見。

◎民國《台州府志》卷一百十《人物傳》十一《宦業》五：所著有《南沙文集》、《文選越裁》、《臨海縣志》，已梓行。未梓者有《左傳正業》、《明文瓊液》、《國朝詩文彙選》、《樂府源流》、《詩韻四聲彙譜》諸書。

◎吳茂雲、鄭偉榮編著《台州古籍存佚錄》卷四《經部五‧春秋類》：《左傳正業》六卷，清臨海洪若皋撰，今未見。

◎洪若皋（1633～？），字敘叔，一字虞鄰，號南沙。臨海（今浙江臨海）人。洪頤煊五世祖。順治十二年（1655）進士。歷官戶部郎中、江南司員外郎、署福建按察司僉事。丁艱，後遂杜門不出。性嗜學，林居三十年，手不停披。著有《左傳正業》六卷、《梁沈約詩韻四聲彙譜》、《台州舊聞》一卷、《閩難記》一卷、《洪氏宗譜》、《釋奠考》一卷、《孝順解》一卷、《東壁園隨筆》一卷、《樂府源流彙書》二十一卷、《昭明文選越裁》十一卷姓氏一卷、《詞文采風》一卷、《南沙文集》八卷附錄一卷，與纂康熙《臨海縣志》十五卷，編有《明文瓊液》。

洪騰蛟 春秋摘鈔 佚

◎道光《徽州府志》卷十一之三《人物志・儒林續編》：著有《思問錄》《春秋摘鈔》《婺源埠乘》《鄣麓常談》《壽山存藁》《稽年錄》《壽山叢錄》共若干卷。

◎汪正元、吳鶚光緒《婺源縣志》卷二十四《人物志・學林》：所著有《思問錄》、《春秋摘鈔》、《婺源埠乘》、《鄣麓常談》、《壽山存藁》、《稽年錄》、《壽山叢錄》共若干卷。

◎洪騰蛟，字饒（鱗）雨，號壽山。婺源（今江西婺源）輪溪人。乾隆十五年（1750）舉人。博覽旁搜，潛心經學，綜覈注疏，理參乎數，經證以史，以心所解，悟身所體驗，發為著述。袁枚方之楊子行、井大春。阮蘿村見其《黑水說》，嘆為真讀書人。平生敦孝友、矜廉節。教授生徒，皆言行而身化之。嘗與修邑志。著有《春秋摘鈔》、《婺源埠乘》一卷、《鄣麓常談》、《壽山存藁》、《壽山叢錄》、《思問錄》、《稽年錄》。

洪頤煊輯 春秋決獄 一卷 存

嘉慶刻問經堂叢書・經典集林本

民國影印經典集林本

◎董仲舒原撰。

◎楊晨《台州經籍略・經部》：洪氏頤煊《禮經宮室答問》（近刻）、《喪服變除》、《石渠禮論》、《春秋決獄》、《孝經鄭注》、《五經通義要義》、《六藝論》（竝《集林》刻）。

洪頤煊輯 春秋土地名 一卷 存

嘉慶刻問經堂叢書本

民國影印經典集林本

◎晉京相璠原撰。

侯康 春秋古經說 二卷 存

天津藏道光三十年（1850）南海伍氏粵雅堂刻嶺南遺書本

光緒十四年（1888）南菁書院刻皇清經解續編本

光緒十五年（1889）上海蜚英館石印皇清經解續編本（一卷）

商務印書館 1937 年叢書集成初編排印道光三十年（1850）南海伍氏粵雅堂刻嶺南遺書本

◎春秋古經說序：《春秋》經一而已，自三傳分而經分，并其卷數亦分。《漢志》載《春秋古經》十二篇者，《左》經也；經十一卷者，《公》《穀》經也（說詳《四庫提要》）。今以三傳參校之，《左傳》莊三十年夏「次于成」，《公》《穀》作師次。以上三年公次于滑、八年師次于郎例之，無直言次者，則有師字是也。僖九年甲子「晉侯佹諸卒」，《公》作甲戌，以上文戊辰推之則甲戌是也。然大要古經為優。而自漢以來即有取《公》《穀》亂古經，若如昭十一年「齊國弱」，賈逵從《公》作酌之類。宋元諸儒避實蹈虛，尤好舍古經而用二傳。夫古經傳序相授非一世矣，公即位為公即立，已經後人竄改。古字古言不盡可見，乃並其幸留至今者亦屏棄弗錄，此毛氏《春秋簡書刊誤》、段氏《春秋左氏古經》所由述與？三傳異同有不必辨者，蝝則蟲之或體、遬則速之籀文是也。此外則形聲相近、假借通用之字居多。渝輸同訓、黎耒同音、郿微本一地、厲賴本一國，前人論之詳矣。《穀梁》出較先，其誤尚寡；《公羊》出最晚，其誤滋甚。口授愈久則愈離，不期然而然者也。毛氏動輒詆為有意變易，又豈通論哉？今剌取其義意可尋者，疏通證明之。至《說文》述《春秋左氏》，而衣部引公會齊侯于袳、品部引次于喦北、示部引石尚來歸祳，與古經皆不同，蓋又師談互異，今不復盡據為定云。

◎伍崇曜跋：右《春秋古經說》二卷，國朝番禺侯康君謨撰。按亡友侯君君謨，道光乙未舉人，湛深經術，兼工文筆，殆吾粵之孔顨軒、汪容甫也。考《漢志》稱《春秋古經》十二篇、《經》十一卷，註曰：「《公羊》《穀梁》二家」，則《左氏》經文不著錄矣。然陸德明《經典釋文》稱舊夫子之經與邱明之傳各異，杜氏合而釋之，則《左傳》當自有經。又徐彥《公羊傳疏》稱《左氏》先著竹帛，故漢儒謂之古學，則所謂古經十二篇即《左傳》之經，《經》十一卷《公》《穀》之經，刻《漢書》者誤連二條為一耳。是書以《左傳》經文與二傳校勘，而《左氏》義長者多。排比參訂，勒成二卷，亦毛氏《簡書刊誤》、段氏《春秋古經》之類，而間其疏舛闕略，簡要篤實殆欲過之。蓋《左傳》雖晚出，而其文實竹帛相傳；《公》《穀》雖先立學官，而其初皆經師口授。草野之傳聞，自不及簡編之紀載。或記憶之失真，或方音之遞轉，勢所必然，原無足異。又《春秋》有魯史舊文，有夫子特筆，左氏身為魯史，親見聖人。昔元趙汸《春秋集傳》自序稱陳傅良「誤以《左傳》為魯史舊文，不知策書有體，

夫子所據以加筆削者，左氏亦未之見」，恐未必然。知左氏所據以作傳者為魯史舊文、為聖人特筆，則凡以虛詞說經，而舍傳以從者，不攻而自破矣。數典不忘其祖，是書尤其第一義也夫！道光庚戌夏五，南海伍崇曜謹跋。

◎李慈銘《越縵堂讀書記・經部・春秋類》：閩番禺侯君謨孝廉（康）《春秋古經說》共二卷。經文以左氏古文為主，而辨公穀之異文。謂公穀得於口授，遠不若左氏明箸竹帛之可信，而公羊又出於穀梁之後，尤多臆說，人名地名之誤皆乖事實，條繫而辨之，說經鏗鏗，皆有堅據，較趙氏坦之《異文箋》、臧氏壽恭之《左氏古義》更為守之篤而論之精，世之左袒《公羊》者無容置喙矣。光緒甲申十一月二十五日。

◎張之洞《書目答問》卷一《經部》：《春秋古經說》二卷（侯康。《嶺南遺書》本）。

◎趙爾巽《清史稿》卷一百四十五志一百二十《藝文》一：《春秋古經說》二卷，侯康撰。

◎上海古籍出版社 2015 年《續修四庫全書總目提要・春秋類》「《春秋古經說》二卷」：《春秋》三傳，不惟解經之義不同，其所據之經文亦有異。如《公》、《穀》二傳之經文皆止於「哀十四年，西狩獲麟」，而《左傳》之經文則遲至「哀十六年，孔子卒」，其他文字上之古今差異，更不勝枚舉，遂有今古文經之別。《左氏》雖晚出卻先著於竹帛，故漢儒謂之古經。據《漢書・藝文志》載，其時《春秋經》有《古經十二篇》和《經十一卷》兩種題本。侯氏承前人之說，以《古經十二篇》即《左傳》之經文，《經十一卷》乃《公》、《穀》之經文。此書之作，在於參校三傳經文之異同，辨其優劣短長，以定其取捨從違。侯氏認為，《左傳》雖晚出而其文實竹帛相傳，《公》、《穀》雖先立學官，而其初皆經師口授。口傳之經文，由於記憶之失真或方音之遞轉，難免出現訛誤。故草野之口授終不及簡編記載之準確可信。且《春秋》有魯史舊文，有夫子特筆，左氏身為魯史，親見聖人，於此二者皆更能傳真。故相較二傳，《左氏》之義長者多。然《公》、《穀》亦有可匡正《左氏》者，如《左傳》莊三十年夏「次於成」，當依二傳作「師次於成」；僖九年「甲子，晉侯佹諸卒」，「甲子」當依《公羊》作「甲戌」之類。楊鍾羲稱此書「簡要篤實，義意明通」，其於史文之考據或不無裨益。然《春秋》之旨在大義不在史文，懸置大義而糾辨於史文細節，雖察於毫末亦不過買櫝還珠。昭十二年「伯于陽」之誤，孔子明知而不改，可見其制作之深意在彼不在此。且公、穀二家所口授者傳文也，非經

文，以口授不信責難之，未為篤論。此本據上海辭書出版社圖書館藏清道光三十年南海伍氏粵雅堂刻《嶺南遺書》本影印。（齊義虎）

◎侯康（1798～1837），原名廷楷，字君謨。廣東番禺人。道光十五年（1835）舉人。深於經史。著有《穀梁禮證》二卷、《春秋古經說》二卷、《後漢書補注續》一卷、《後補漢書藝文志》四卷、《三國志補注續》一卷、《補三國藝文志》四卷、《漢魏六朝禮儀》。

侯康 穀梁禮證 二卷 存

道光三十年（1850）伍氏粵雅堂刻嶺南遺書本
光緒十四年（1888）南菁書院刻皇清經解續編本
光緒十五年（1889）上海蜚英館石印皇清經解續編本
上海古籍出版社 2015 年清代春秋學匯刊點校本

◎跋：右《穀梁禮證》二卷，國朝番禺侯康君謨撰。按《左傳發凡》杜預謂皆周公禮典，韓起見《易象》《春秋》亦謂周禮在魯。孫復作《春秋尊王發微》，葉夢得譏其不深於禮學，故其言多自牴牾。蓋禮與《春秋》本相表裏，故自宋張大亨《春秋五禮例宗》、魏了翁《春秋左傳要義》，元吳澄《春秋纂言》，明石光霽《春秋鉤元》，國朝萬斯大《學春秋隨筆》、毛奇齡《春秋毛氏傳》、惠士奇《半農春秋說》，皆於典禮三致意焉，而三代之文章禮樂猶可以考見其大凡，然要皆詳於《左氏》而略於《公》《穀》。夫典制莫備於《左氏》而義理莫精於《穀梁》，惟《公羊》雜出眾師，時多偏駁耳。是書據《穀梁》以證《三禮》，而排詆《公羊》者獨多。惜其未完而竟卒，此絕學也。爰與孝廉弟子琴大令假得叢稿，釐為二卷，與《春秋古經說》並刊焉。道光庚戌大暑日，南海伍崇曜謹跋。

◎陳澧《東塾集》卷三《穀梁禮證序》：《穀梁禮證》者，吾友侯君模孝廉未成之書也。甲午歲，余治《穀梁春秋》，君模出示此編曰：「此傳今為絕學，君當努力，吾方治諸史，未暇卒業也。異時君書成，當以此相付。」因舉鄭康成、服子慎說《左傳》事語，相與歡笑。未幾而君模卒。今其弟子琴將刻君模遺書，屬余序此編。追憶曩昔語，愴然出涕。君模之學，最精《三禮》，以《三禮》貫串漢晉南北朝諸史志，精深浩博，為諸儒所未有。此編雖未成之書，亦略見一斑矣。自君模之歿，忽忽十二年，余學業無所成就。嘗欲撰《穀梁釋例》，屢作屢輟，負良友於地下。近有鎮江柳孝廉興恩、杭州曹秀才籀於此傳皆有所

述。二君見君模書，當恨與君模並世而不得相見也。余異時得讀二君書，或《釋例》竟可不作。但使海內有人明此絕學，何必其書之出於己耶！君模以《禮證》相付，亦此意也。

◎金錫齡《劬書室遺集》卷十《侯君謨穀梁禮證跋》：君謨與余先後遊月亭先生之門，同治經學，乙未同舉孝廉，同計偕入都。談及《皇清經解》千五百卷，《左氏》《公羊》皆有專家，而《穀梁》獨無，君謨因出所撰《穀梁禮證》見示。貫穿《三禮》，考據詳明，歎為精妙無比。慫恿其早日成書，公諸海內，君謨屬余為《穀梁釋例》共扶微學。時君謨年未強仕，余少其十餘歲，以為所業必成。惜君謨南旋後即捐館舍，余急向其弟子琴索取遺書，先將《穀梁禮證》釐為二卷，與《春秋古經說》二卷、《補後漢書藝文志》四卷、《補三國藝文志》四卷交譚玉生廣文刊入《嶺南遺書》。自足信今而傳後，非阿私所好也。而余學業蹉跎，倏忽年艾，所撰《穀梁釋例》尚未卒業。展讀是編，懷舊欷歔，其亦何能已也！

◎李慈銘《越縵堂讀書記・經部・春秋類》：閱侯君謨《穀梁禮證》共二卷。止於昭公八年秋蒐於紅之傳，蓋未成之書也。引史據經，古義鑿然。然自僖公以後止文五年傳會葬之禮於鄙上一條，而如二年作僖公主及大事於太廟躋、僖公四年逆婦姜於齊、六年閏月不告朔猶朝於廟、十有二年子叔姬卒、十有八年夫人姜氏歸於齊，《穀梁》皆據禮以發傳，而此悉略之，其下便接蒐於紅傳禮證四條。疑其書實至僖公而止，其文傳一事、昭傳四事，刻者掇拾繫於其後耳。伍崇曜跋言孝廉撰是書，未完而卒，假得其叢稿，釐為二卷，則非其次第本如是矣。光緒甲申十一月二十六日。

◎陳澧《東塾集》卷五《二侯傳》（摘錄）：侯君模名廷楷，更名康，君模其字也。其先江南無錫人，祖金鉉遷廣東，為番禺人。君模幼孤，好學，喜讀史。家貧無書，母張為稱貸得錢買十七史讀之，久，卷帙皆敝。愛南北朝諸史所載文章，為文輒效其體。阮文達公總督兩廣，開學海堂課士，賞其文，由是知名。後乃研精注疏，盡通諸經，而史學尤深。正史之外，窮搜羣籍，倣裴松之注《三國志》例注隋以前諸史。嘗曰：「國初以梅氏《算書》、顧氏《讀史方輿紀要》、李氏《南北史合鈔》稱天地人三奇書。論者謂李書未可鼎足，吾書成，其將取而代乎？」又曰：「注史修史異，注古史與注近史又異。史例貫嚴，史注宜博；注近史者羣書大備，注古史者遺籍罕存。當日為唾棄之餘，今日皆見聞之助，宜過而存之。為《後漢書補注續》一卷、《三國志補注》一卷。《後

漢》稱續者，以有惠定宇《補注》；《三國志》杭大宗補注未完善，故不稱續焉。又以隋以前古書多亡，著書者多湮沒不彰，補撰後漢三國晉宋齊梁陳魏北齊周十書《藝文志》而自注之；後漢、三國成經史子三部，餘未成。尤好《左氏傳》，謂近儒多尊賈、服而排杜解，然杜固有勝賈、服者，儒者說經，當求心之所安，毋徒博好古之名。欲著書以持其平，亦未成。又治《穀梁傳》，考其涉於禮者，為《穀梁禮證》。其餘羣經小學皆有論說，多前儒所未發。又考漢魏六朝禮儀，貫串三禮，著書數十篇。為人孝友惇篤，性兼狂狷，質直疏易，喜飲酒，招呼朋好，諧謔間作，不治家人生產，至不識算子。惟以授徒自給，體氣羸弱，不離藥物，而讀書恒至深夜，亦頗以此致疾云。以優貢生中道光十五年（1835）科舉人。會試歸，發病，逾年卒，年四十。弟度同年舉人，時稱為兩經師。

◎張之洞《書目答問》卷一《經部》：《穀梁禮證》二卷（侯康。伍元薇刻《嶺南遺書》本。馬宗槤《穀梁傳疏證》，未見傳本）。

◎趙爾巽《清史稿》卷一百四十五志一百二十《藝文》一：《穀梁禮證》二卷，侯康撰。

◎上海古籍出版社2015年《續修四庫全書總目提要‧春秋類》「《穀梁禮證》二卷」：《春秋》之法，誠於已亂；三代之禮，防於未然。然明刑弼教，本自一體，《春秋》與禮，實相為表裏。三傳之中，禮文之要詳於《左氏》而略於《公》、《穀》。鄭康成言：「《左氏》善於禮，《公羊》善於讖，《穀梁》善於經。」侯氏好史，不免由史觀經，以為典制莫備於《左氏》，而義理莫精於《穀梁》。至於《公羊》，則因其雜出眾師，時多非常可怪之論，視為偏駁，故排詆獨多。此書據《穀梁》以證三《禮》，緣禮義以逆禮制，雜引群書，考訂制度，辨析《穀梁》之禮與二傳之不同。李慈銘稱其「引史據經、古義鑿然」。惜其書未完，止於僖公，亦未定而卒，所疏證未能精備。書末之文公一條與昭公四條，以其不相連貫，疑乃刻者掇拾零散而繫於其後。此本據上海辭書出版社圖書館藏清道光三十年南海伍氏粵雅堂刻《嶺南遺書》本影印。（齊義虎）

侯廷銓 春秋列國考略 一卷 存

蘇州藏清刻本

◎光緒《寶山縣志》卷之十二《藝文志‧書目》：《春秋氏族略》（侯廷銓著。自序云：昔人謂《左傳》難讀，稱名、稱字、稱族，一篇之中錯出互見，即一族而又支分派別，尋流窮源，往往難之。《世本》一書最古，今已不可得，其散見於各經註疏

中者，零星散錦，無從貫穿。陳曙峯有《春秋氏族譜》，餘若李氏之《尚史》、馬氏之《繹史》、顧氏之《大事表》，於各國氏族罔不備列，而卷帙繁重，不能家有其書。近若河內范乙青之《釋人》，傍及女子小人，兼有駁正杜註之謬。辛未，留寓蕪湖，署中無事，因取諸家之書，采輯編次，為《氏族略》一卷、《列國始終考》、《春秋疑義》二卷，繁昌陳君見之，以為里塾中不可少之書。冬自鳩江歸，梓人索近著，因取以付之）、《列國始終考》（同上）、《春秋疑義》（同上）、《周易簡金》（同上）、《續大場志》（同上）。

　　◎光緒《重修寶山縣志・藝文志》下：《春秋氏族署》（補序）、《列國始終考》、《春秋疑義》、《周易簡金》、《大場志》（並侯廷銓撰）。

　　◎侯廷銓，字季華。寶山（今上海寶山區）人。侯秉仁子。嘉慶十年（1805）副貢生。精理學。著有《周易簡金》三卷、《四書彙辨》二卷續二卷、《春秋疑義》一卷、《春秋列國考略》一卷、《春秋氏族略》一卷，又續修《錢溪志》，又輯《宋詩選粹》十五卷。

侯廷銓 春秋氏族略 一卷 存

　　北大、蘇州、天津藏嘉慶十七年（1812）瑞寶堂刻本

　　◎光緒《寶山縣志》卷十《人物志・文學》：少好左氏學，著《春秋氏族攷》及《周易簡金》，《續修潛溪志》補柏氏所未備。

　　◎光緒《寶山縣志》卷之十二《藝文志・書目》：《春秋氏族略》（侯廷銓著。自序云：昔人謂《左傳》難讀，稱名、稱字、稱族，一篇之中錯出互見，即一族而又支分派別，尋流窮源，往往難之。《世本》一書最古，今已不可得，其散見於各經註疏中者，零星散錦，無從貫穿。陳曙峯有《春秋氏族譜》，餘若李氏之《尚史》、馬氏之《繹史》、顧氏之《大事表》，於各國氏族罔不備列，而卷帙繁重，不能家有其書。近若河內范乙青之《釋人》，傍及女子小人，兼有駁正杜註之謬。辛未，留寓蕪湖，署中無事，因取諸家之書，采輯編次，為《氏族略》一卷、《列國始終考》、《春秋疑義》二卷，繁昌陳君見之，以為里塾中不可少之書。冬自鳩江歸，梓人索近著，因取以付之）、《列國始終考》（同上）、《春秋疑義》（同上）、《周易簡金》（同上）、《續大場志》（同上）。

　　◎光緒《寶山縣志》卷之十《人物志・文學》：少好左氏學，著《春秋氏族考》及《周易簡金》，續修《潛溪志》，補柏氏所未備。

　　◎光緒《重修寶山縣志・藝文志》下：《春秋氏族署》（補序）、《列國始終考》、《春秋疑義》、《周易簡金》、《大場志》（並侯廷銓撰）。

侯廷銓 春秋疑義 一卷 存

北大、蘇州藏嘉慶十七年（1812）瑞寶堂刻本（與《春秋氏族略》《春秋列國考略》合刊）

◎光緒《寶山縣志》卷之十二《藝文志‧書目》：《春秋氏族略》（侯廷銓著。自序云：昔人謂《左傳》難讀，稱名、稱字、稱族，一篇之中錯出互見，即一族而又支分派別，尋流窮源，往往難之。《世本》一書最古，今已不可得，其散見於各經註疏中者，零星散錦，無從貫穿。陳曙峯有《春秋氏族譜》，餘若李氏之《尚史》、馬氏之《繹史》、顧氏之《大事表》，於各國氏族罔不備列，而卷帙繁重，不能家有其書。近若河內范乙青之《釋人》，傍及女子小人，兼有駁正杜註之謬。辛未，留寓蕪湖，署中無事，因取諸家之書，采輯編次，為《氏族略》一卷、《列國始終考》、《春秋疑義》二卷，繁昌陳君見之，以為里塾中不可少之書。冬自鳩江歸，梓人索近著，因取以付之）、《列國始終考》（同上）、《春秋疑義》（同上）、《周易簡金》（同上）、《續大場志》（同上）。

◎光緒《重修寶山縣志‧藝文志》下：《春秋氏族畧》（補序）、《列國始終考》、《春秋疑義》、《周易簡金》、《大塲志》（並侯廷銓撰）。

侯襄朝 春秋氏族譜 佚

◎光緒《湖南通志》卷二百四十六《藝文志》二：《春秋氏族譜》，安仁侯襄朝撰（《縣志》）。

◎侯襄朝，字寅卿。湖南安仁人。著有《春秋氏族譜》、《音韻辨義》、《祗遹堂詩稿》。

胡秉德 彙輯春秋列國本末 二卷 佚

◎嘉慶《績溪縣志》卷十《學林》：績學深邃，為文清真雅正，詩近陶謝。著有《彙輯春秋列國本末》二卷、《纂輯詩經註疏》十卷。

◎道光《徽州府志》卷十一之四《人物志‧文苑》：著有《彙輯春秋列國本末》二卷、《纂輯詩經注疏》十卷（《績溪縣志》）。

◎道光《徽州府志》卷十五《藝文志》：胡秉德《春秋列國本末》二卷。

◎胡秉德，字紹陽。安徽績溪宅坦人。增生。年八十餘，尤好學不倦。著有《彙輯春秋列國本末》二卷、《纂輯詩經注疏》十卷。

胡必豪　春秋讀本　三十卷　存

　　北大藏乾隆六十年（1795）三多齋刻本

　　◎胡必豪，安徽涇縣人。乾隆六十年（1795）歲貢。任候選訓導。著有《春秋讀本》三十卷。

胡必豪　全本春秋遵解　三十卷　存

　　北大、洛陽藏乾隆六十年（1795）三多齋刻本

　　洛陽藏乾隆慎怡堂刻本（存卷五、九、十二、十四、二十三）

胡承珙　春秋三傳文字異同考證　佚

　　◎胡承珙《求是堂文集》卷三《與小巖書》（摘錄）：僕在官，豪無展布，旋以病廢，量己揣分，不足以有裨於世，退而思與古人為徒，藉以遣日。歸田後專精《毛詩》，自注疏外，所見唐宋及近代說《詩》之書已七十餘種。大抵鑿空者多憑肊之談，徵實者亦未免好異之弊。平心而論，問高曾者必於祖父，談失火者必先里鄰，漢世四家，魯齊韓皆立學官，何以更歷魏晉六代，惟毛獨存？此其源流甚正，歷久愈尊，已可概見。拙著自謂頗有功於毛氏，今脫稿將畢矣，以卷帙過繁，將來無力付梓，尚須再加刊削耳。又前僅刻《儀禮》一種、《小爾雅》一種，尚有《爾雅古義》《春秋三傳文字異同考證》等見存篋中，未能雕板。所作詩古文辭，刪薙之餘尚有二十餘卷，亦已錄本。

　　◎胡承珙（1776～1832），字景孟，號墨莊。安徽涇縣溪頭都人。嘉慶十年（1805）進士，選翰林院庶吉士，散官授編修。任廣東鄉試副考官、御史、給事中，俱有聲。嘉慶二十四年（1819），授福建分巡延建邵道，編查保甲，設立緝捕章程八條，匪徒斂跡。調署臺灣兵備道。著有《毛詩後箋》三十卷、《儀禮古今文疏義》十七卷、《春秋三傳文字異同考證》、《爾雅古義》二卷、《小爾雅義證》十三卷、《求是堂詩文集》六卷。

胡承譜　春秋五測　佚

　　◎嘉慶《寧國府志》卷二十九《人物志·文苑》：著有《春秋五測》、《雙塵談》、《元峯詩鈔》四卷行世。

　　◎嘉慶《寧國府志》卷二十九《人物志·文苑》：著有《春秋五測》、《雙塵談》、《元峯詩鈔》四卷。

◎嘉慶《涇縣志》卷十八《文苑》：著有《春秋五測》、《雙塵談》、《元峯詩鈔》四卷行世。

◎胡承譜，字韻仲。安徽涇縣人。幼穎悟，讀書目數行下。弱冠舉於鄉，授廬江訓導、上元教諭，俱有聲。嬰瘻疾，遂乞休歸，以著書自娛。著有《春秋五測》、《元峯詩鈔》四卷、《雙塵談》。

胡鳳儀　春秋撮說　佚

◎光緒《湖南通志》卷二百四十六《藝文志》二：《春秋撮說》，興寧胡鳳儀撰（《縣志》）。

◎胡鳳儀，字嘉績。湖南興寧（今資興）人。著有《春秋撮說》、《五經解》、《學庸講義》。

胡賡善　春秋述傳　佚

◎道光《徽州府志》卷十一之四《人物志‧文苑》：著有《新城伯子文集》《春秋述傳》。

◎胡賡善，字受穀。安徽歙縣人。乾隆二十四年（1759）舉人。母歿，遂絕意仕進，杜門著述。著有《春秋述傳》《新城伯子文集》。

胡恆增輯　左傳精舍誌　一卷　存

肥城市史志辦 2000 年影印本

肥城市石橫鎮政府肥城市史志辦 2000 年排印左丘明史料選輯本

◎明王惟精原輯。

◎俞正燮《書左傳精舍誌後》〔註12〕：嘉慶壬戌冬過濟南，值肥城邱氏挾《左傳精舍誌》于上官，前有東漢人及宋明道時人記其譜系，言左邱明，太公後，奔楚又奔魯，裔孫左邱起後避王莽召改姓邱，明時立博士，後失爵。真荒誕之言。其書載中古人文而署「熏沐頓首拜」，載金人詩而云「請看廿一史」。乾隆初年一知縣作序贊之，稱「文水司馬」。檢譜，有捐職州同丘玉汜，殆此君倩無智之人撰者。向讀丘遲碑，言遲邱明後，始知邱明為丘氏。及讀《廣韻》，知吳興邱為姜裔，邱明後自在魯。又近人刊《元和姓纂》牽合左思為邱明後，檢《晉書》，則思家世儒學，自言齊左公子後，並不關邱明。因聚歙舊書推排

〔註12〕錄自俞正燮《癸巳類稿》卷十四。

之，信丘明後為山東邱氏，而《左傳精舍誌》所言則無一不偽。是非自有真，而自著書以亂之，《左傳精舍誌》《武城家乘》《建立伏氏博士始末》，是三書者皆所謂無是非之心者也。時官山東者欲挾《左傳精舍誌》入請世襲博士，嘗私言於司事者曰：「國家方立伏氏博士，邱氏事宜無不可。」然必不肯以世祿予偽者。邱明子孫在古書有端緒者，僅此一線，而《誌》以偽亂之，應札肥城送舊族譜，其族人必有能首作偽事者，則《誌》可毀、譜可出、博士可立。不先為之計，此書一出，即入掌故，或遭訐屬，鄉里愚人更毀舊譜滅其迹，賢裔不可復問矣。癸亥夏在掖縣又言之，不聽，以其書上，請交部議。時禮部不欲遽舉《誌》妄，札山東更求實據，畧引邱姓及墓數事致詰，而所說又誤。嘗為《左邱明事申雜難》一篇，理其所詰。甲子夏，山東頗采《申雜難》文答部駁。部員怒，摘《左傳精舍誌》妄語，粘籤進呈，事遂止，是年十月事也。請博士事當入史志，部員不能分別古書，山東官吏不能辨別偽書，邱氏子孫自誣其祖，三難具而累及先賢。故展轉乞得邱氏刊本，書其事藏之。能者但從禮部及山東撫院、學院檢得《左傳精舍誌》，未有不以邱氏為偽者。此所以不能已於言，欲使方來君子知邱氏真賢裔而為《誌》所誤。世之妄引古書及偽造譜牒、輕改先世遺文者，皆可引以為戒也。嘉慶十一年正月十六日。

胡匡衷 春秋列國職官譜 佚

◎嘉慶《績溪縣志》卷十一《書目》：《論語古本證異》四卷、《論語補箋》二卷、《周易傳義疑參考》、《春秋列國職官譜》三卷、《儀禮釋官》六卷、《周禮井田圖考》一冊、《井田出賦考》一篇（俱胡匡衷）。

◎道光《徽州府志》卷十一之三《人物志・儒林》：幼受易庭訓，著《周易傳義疑參》十二卷發明宋學，而謂先天圖非經所有，不敢信也。禮經著有《三禮札記》《周禮井田圖攷》《井田出賦攷》《儀禮釋官》等書，其論井田也，多申鄭義。而授田一事，以《遂人》言田萊之數是鄉遂制，《大司徒》言不易一易再易之數是都鄙制，鄭氏注自相違戾，作《畿內授田攷實》列于卷首。積算多精密。其論賦法，謂畿內采地雖畫井，仍是稅夫，不立公田，故《周禮》無助法。謂《太宰》之九賦不皆田稅，而斷無口錢。其論官制也，謂《周禮》為惟《儀禮》是周初之制，且多諸侯之官，可藉以考當日侯國設官之舊。《左傳》官職每出東遷後所僭設，《禮記》並有秦漢職名，因為《侯國官制考》二卷《表》一卷附于《釋官》之後。又為《春秋列國職官譜》、《禮記官職考》一篇。孔穎

達《左傳正義》於賈、服等說必盡駁以從杜。匡衷以為非持平之論，且謂今之杜注唐以前書亦有引為服注者，足見《集解》多本舊誼，因著《左傳翼服》。又謂《論語》自齊魯毛三家傳本各異，迨後鄭、何注本又殊，《釋文》載舊本及皇氏《義疏》本異字異句尤多，然間存古義，未可盡廢，因著《古本證異》《論語補箋》。又著有《莊子集評》《離騷集注》。生平所作古文詩共為一編，曰《樸齋存稿》。匡衷之學實事求是，以經證經，不苟與先儒同異，卓然可信於後。

◎道光《徽州府志》卷十五《藝文志》：胡匡衷《春秋列國職官譜》三卷、《春秋翼服》二卷。

◎胡匡衷（1728〜1801），字寅臣（成），號樸齋。安徽績溪人。歲貢生。候選儒學訓導。歷任承德郎、戶部廣東司主事、資政大夫。後以孫培翬貴，貤贈內閣中書。幼承家學，遍讀諸經，必究所以，不妄苟同，尤深於易。績學篤行，以孝友為鄉里所重。精積算。著有《周易傳義疑參》十二卷、《三禮劄記》、《周禮井田圖考》、《井田出賦考》、《儀禮釋官》、《禮記職官考》、《春秋列國職官譜》、《侯國官制考》二卷，《侯國職官表》一卷、《左傳翼服》、《論語古本證異》、《論語補箋》、《莊子集評》、《離騷集注》、《樸齋存稿》、《樸齋生集》等書。

胡匡衷 左傳翼服 佚

◎胡培翬《研六室文鈔》卷四《與吳子方論釋文鄭注譌字書》：先大父樸齋公撰《左傳翼服》。

◎嘉慶《績溪縣志》卷十《人物志‧文苑》：少時即以倫常經濟為己任，讀書遇疑義必進究其所以然，雖儒先傳說不苟異同。諸經于易尤深，嘗謂先圖雖有至理，恐非經所有，不敢信。於漢儒孟、荀諸家說抉擇亦極謹嚴。論井田多宗鄭旨。而授田一事，謂《遂人》所言田萊之數是鄉遂之制，《大司徒》言不易一易再易之數是都鄙之制，鄭氏注《載師》以都鄙授田制為鄉制，與經義相違戾，因為《授田攷實》以弁其首。又謂《儀禮》官制與《周禮》《左傳》不合，《儀禮》是周初侯國之制，而《左傳》多東遷後所僭設，不足據，因蒐輯諸書之言官制者，萃為一編，以證明之，精核足補注疏所未及。同郡汪萊序其書，以為古來治《儀禮》者所未有之作，而實不可少之作。生平嗜古不倦，至老彌勤。獎掖後進，寒士賴以成學者尤夥。所選述有《周易傳義疑參考》、《儀禮釋官》、《論語古本證異》、《論語補箋》、《莊子集評》、《離騷集注》、《樸齋存稿》。

◎道光《徽州府志》卷十一之三《人物志‧儒林》：幼受易庭訓，著《周易傳義疑參》十二卷發明宋學，而謂先天圖非經所有，不敢信也。禮經著有《三禮札記》《周禮井田圖攷》《井田出賦攷》《儀禮釋官》等書，其論井田也，多申鄭義。而授田一事，以《遂人》言田萊之數是鄉遂制，《大司徒》言不易一易再易之數是都鄙制，鄭氏注自相違戾，作《畿內授田攷實》列于卷首。積算多精密。其論賦法，謂畿內采地雖畫井，仍是稅夫，不立公田，故《周禮》無助法。謂《太宰》之九賦不皆田稅，而斷無口錢。其論官制也，謂《周禮》為惟《儀禮》是周初之制，且多諸侯之官，可藉以考當日侯國設官之舊。《左傳》官職每出東遷後所僭設，《禮記》並有秦漢職名，因為《侯國官制考》二卷《表》一卷附于《釋官》之後。又為《春秋列國職官譜》、《禮記官職考》一篇。孔穎達《左傳正義》於賈、服等說必盡駁以從杜。匡衷以為非持平之論，且謂今之杜注唐以前書亦有引為服注者，足見《集解》多本舊誼，因著《左傳翼服》。又謂《論語》自齊魯毛三家傳本各異，迨後鄭、何注本又殊，《釋文》載舊本及皇氏《義疏》本異字異句尤多，然間存古義，未可盡廢，因著《古本證異》《論語補箋》。又著有《莊子集評》《離騷集注》。生平所作古文詩共為一編，曰《樸齋存稿》。匡衷之學實事求是，以經證經，不苟與先儒同異，卓然可信於後。

◎道光《徽州府志》卷十五《藝文志》：胡匡衷《春秋列國職官譜》三卷、《春秋翼服》二卷。

胡茂秀 春秋經解 佚

◎光緒《湖南通志》卷二百四十六《藝文志》二：《春秋經解》，武岡胡茂秀撰（《州志》）。

◎胡茂秀，字松岩。湖南武岡人。乾隆五十六年（1791）歲貢。授徒零陵，門下多有成就。著有《春秋經解》。

胡夢發 春秋存要 佚

◎甘鵬雲等《湖北文徵》卷六：著有《易經纂解》《書經校注》《春秋存要》等書。

◎胡夢發，字卜子。湖北大冶人。胡繩祖子。康熙四十四年（1705）舉人。著有《易經纂解》《書經校注》《春秋存要》等書。

胡銘紳　麟經提要　佚

◎嘉慶《續溪縣志》卷十《文苑》：晚尤篤志麟經，宗《胡安國傳》，參以《左氏》《公》《穀》，纂錄成帙，名曰《麟經提要》。

◎嘉慶《續溪縣志》卷十一《書目》：《麟經提要》一冊（胡銘紳）。

◎胡銘紳，字又書。安徽續溪市東人。歲貢生。平居教授生徒，善於推獎，質頑者亦能開啟，爭自濯磨，一時有河汾弟子之目。著有《麟經提要》。

胡鳴玉　三傳傾液　佚

◎光緒《青浦縣志》卷十九《人物三・文苑傳》：所著《三傳傾液》、《國語國策搴芳》、《老莊取炎》、《行飯龐言》、《耕餘偶輯》諸書。以晚歲書序被誣，家人懼焚，不傳，惟《訂譌雜錄》已行世，尚存。

◎胡鳴玉，字廷佩。松江府青浦縣（今屬上海）人。恩貢生。彌見洽聞，工詩賦。雍正十二年（1734）詔舉博學鴻詞，巡撫高其倬、學政張廷璐薦之。乾隆元年（1736）召試，以痁疾發報罷。既歸，弟子日進，領袖騷壇者三十年。生平精讎校，人有以詩文集質者，必瘁慮覃思，正其譌誤無諱。長洲沈德潛稱為古道。著有《三傳傾液》、《國語國策搴芳》、《訂譌雜錄》、《老莊取炎》、《行飯龐言》、《耕餘偶輯》諸書。

胡清聚　春秋兩端　二卷　佚

◎道光《徽州府志》卷十五《藝文志》：胡清聚《春秋兩端》二卷。

◎嘉慶《續溪縣志》卷十《文苑》：所著《四書著說參證》一書，歸安姚修撰文田稱其推闡道源，補苴罅漏，洵為諸子功臣；而性情之辨尤足正兩漢以來詮解之誤。平生篤於至性，家庭無間言，行止語默皆有程度。晚年絕意進取，杜門著述。所著尚有《尚書存真》《詩經積疑》《春秋兩端》《禮經辨誤》及文集詩集等書藏于家。

◎胡清聚，字思平。安徽續溪人。胡廷機第三子。歲貢。卒年七十三。著有《尚書存真》、《詩經積疑》、《春秋兩端》二卷、《禮經辨誤》。

胡瑞臨　春秋提要　佚

◎嘉慶《續溪縣志》卷十《學林》：專治《春秋》，而于諸經皆通。常以經誨諸生，故門下多名士。著有《春秋提要》《敬勝齋文稿》。

◎道光《徽州府志》卷十一之四《人物志・文苑》：專治《春秋》，著有《春秋提要》《敬勝齋文集》（《續溪縣志》）。

◎胡瑞臨，字宜吉。安徽績溪市東人。幼即有志經學，督學張榕端梓其文以行世。楊中訥以經解首拔。著有《春秋提要》《敬勝齋文集》。

胡嗣運 春秋述凡 佚

◎胡嗣運（1835～1915），字鵬南，號雲門，晚號半僧老人。安徽績溪城廂遵義胡氏人。光緒八年（1882）副貢。候選直隸州判。家富藏書，深通《春秋》傳義及群經章句。畢生以講學授徒為業。曾國藩駐軍祁門時，曾函招入幕，婉謝。晚年掌教東山學堂，任經學教員。同治末任《安徽通志》續溪採訪。著有《易經問答》、《易經粹言》、《書經問答》十六卷、《詩經問答》十四卷末一卷、《三禮問答》、《春秋述凡》、《春秋問答》十六卷末一卷、《讀經途徑指迷詩》二卷、《鵬南初稿》、《鵬南文抄》十六卷續十二卷首一卷末一卷補遺十二卷、《鵬南詩抄》十卷補遺一卷、《梅花百詠》八卷首一卷、《鵬南詩粹》二卷、《豐僧老人筆記》、《嘉慶縣志補正》諸書。

胡嗣運 枕菲齋春秋問答 十六卷 末一卷 存

天津、湖北藏光緒三十四年（1908）鵬南書屋鉛印本

◎孫殿起《販書偶記》卷二：《枕菲齋春秋問答》十六卷，續溪胡嗣運撰。光緒戊申鵬南書屋刊木活字本。

胡天游 春秋夏正 二卷 存

國圖、上海、南京、浙大、湖北、重慶藏道光十年（1830）石笥山房木活字印本

國圖藏光緒十六年（1890）黃梅梅氏慎自愛軒梅雨田輯刻清芬堂叢書四十九種本

國圖、遼寧大學藏光緒三十年（1904）孫谿朱記榮槐廬家塾輯刻校經山房叢書本

哈佛大學藏式訓堂叢書第二集本

商務印書館 1936 年叢書集成初編本

台灣商務印書館 1966 年王雲五主編叢書集成簡編排印本

◎目錄：春秋夏正總目：卷一春王正月、史歷、郊祀、畋狩、城築、田功。卷二天節、物異、人事、春秋三統論三篇。

◎春秋夏正序：不知《春秋》之時則亂經，亂經則孔子之義失、文武之道敝，故學《春秋》者必先知時，推周復夏，以合乎《春秋》，然後文立而義正。春秋之時，或習勿能疑、疑勿能辨、辨勿能抉、抉勿能核，久哉！瞢而無廓也！予既作《三統論》欲究義類，復撰斯編。首春王正月，繼以史歷，郊祀次之，畋狩次之，城築次之，田功次之，天節次之，物異次之，終以人事，凡九等。推史歷之失紀，觀當時之所由，考諸人事之作為，參稽載籍之博喻，則春王正月仲尼所書，非緣周者。猶盤劙刀、閉解欜，庶《春秋》可從治。凡徵舉經傳，或備不備，唯取明時有所兼明，義亦比及。若論說已具，頗不復出云。山陰胡天游序。

◎春秋夏正跋：族伯父雲持先生，人品學問，推重一時。迄今耳先生名者，無不樂購其著作，珍為拱璧。嘉慶辛巳，予至先生家求其遺書。其孫湘出先生所著《春秋夏正》一帙，書法稍帶行體，手澤宛然。因假歸，鈔錄藏弄于家。今年春，族中咸請校勘付梓，以公同好。予惟先生天才挺出，海涵地負，無所不有。世祖知先生長于詩古文詞，見重鴻博。而不知其經術湛深，讀書得間，直欲前無古人。國朝如顧崑山、毛西河諸考據家，猶睥睨視之，謂《春秋》經尼山筆削，左氏為素臣，其經傳歲月並用夏正，以五經為證據，輔以《竹書紀年》。自餘諸史子集之外旁及緯、說部，無不觸類旁通，佐其驅使。廓杜氏拘墟之見，發後人千載之蔀。昔左氏為麟經功臣，杜預為左氏功臣，先生非特為杜氏之諍臣，實亦杜氏之功臣也。他日天祿石渠購求祕笈，其能遺之也乎？！茲因剞劂告峻，為識其緣起如此。道光十年暮春三月，族姪光文謹書。

◎趙爾巽《清史稿》卷一百四十五志一百二十《藝文》一：《春秋夏正》二卷，胡天游撰。

◎張維屏《松軒隨筆》：稚威先生自言，所作當在儲畫山、方望溪、李穆堂三人之上……其平日負氣不肯下人，即此可見。

◎胡天游（1696～1758），初姓方，名遊，後改姓胡，名駿，字稚威，復取方外天遊之意，名天遊，號雲持，又號傲軒、松竹主人。浙江山陰（今紹興）人。雍正七年（1729）副貢，乾隆元年（1736）舉博學鴻詞，補試病罷。十四年（1749）舉經學，再因病罷。大學士史貽直薦充三禮館纂修，《三禮義疏》

成，授直隸州同知。客遊山西，依侍郎田懋。蒲州守周景柱聘修《蒲州府志》，卒於蒲州。著有《春秋夏正》二卷、《蒲州府志》十二卷、《石笥山房文集》六卷、《文補遺》一卷、《詩集》十一卷、《詩餘》一卷、《詩補遺》二卷、《續補遺》二卷及《雲持居士集》等。

胡廷玉 春秋管見 佚

◎汪正元、吳鶚光緒《婺源縣志》卷二十六《人物志・文苑》二：潛心經史，旁及星經地志、六壬勾股方程諸書。著有《春秋管見》，博採諸儒粹語而折衷之。夏彗甫、方子箴兩先生序其端，僉謂有禆經術。又有《漱芳文集》《宜菊軒詩集》。

◎汪正元、吳鶚光緒《婺源縣志》卷五十五《藝文志・典籍》：胡廷玉著（《春秋管見》）。

◎胡廷玉，號古梅。婺源（今江西婺源）清華人。嘉慶二十四年（1819）副貢生。署廣德州學正不就，居鄉成就後學。著有《春秋管見》《漱芳文集》《宜菊軒詩集》。

胡文光 左氏文評 四卷 佚

◎民國《重修新城縣志》卷十七《人物志》五：著有《隸字辨體》一書、《左氏文評》四卷、《秋園古今體》二卷。

◎民國《重修新城縣志》卷二十五《藝文志》二：《隸字辨體》一卷、《左氏文評》四卷、《秋園古今體》二卷，右胡文光著。

◎孫葆田《山東通志》卷百二十七《藝文志》第十：《府志》載是書，稱其精三傳，尤嗜《左氏》。

◎胡文光，字燦章，號秋園。山東新城（今桓臺）人。乾隆元年（1736）歲貢。學精三傳，書法趙文敏，兼工隸。著有《左氏文評》四卷、《隸字辨體》、《秋園古今體》二卷。

胡文楷 東萊呂太史春秋左傳類編校勘記 一卷 存

常熟瞿氏鐵琴銅劍樓藏舊抄本

民國涵芬樓輯印四部叢刊續編景常熟瞿氏鐵琴銅劍樓藏舊抄本

◎目錄：綱領。周。齊。晉（齊晉）。楚（晉楚）。吳越。夷狄。附庸。風俗。禮。氏族。官制。財用。刑。兵制。地理。春秋前事。論議。

◎胡文楷（約 1899～1988），字世範。江蘇昆山人。中華書局編輯所校對。著有《歷代婦女著作考》《廣西省閨秀述作目錄》《昆山胡氏仁壽堂閨秀書目》《昆山胡氏懷琴室藏閨秀書目》《清錢夫人柳如是年譜》，選訂《歷代名媛文苑簡編》等。

胡纕蘭 春秋左傳鈔義 三十五卷 佚

◎道光二十五年張同聲修、李圖纂《重修膠州志》卷二十《藝文》：胡湘蘭《春秋左傳鈔義》三十五卷。

◎孫葆田《山東通志》卷百二十七《藝文志》第十：是書見《州志》。

◎胡纕蘭，字少海，一字乙臯。山東膠州人。法坤宏門人。乾隆三十九年（1774）舉人。歷官花縣知縣。著有《春秋左傳鈔義》三十五卷。

胡序 春秋簡融 四卷 存

上海、南京、嵊州、中科院藏乾隆五十六年（1791）兩齋木活字本

四庫未收書輯刊影印乾隆五十六年（1791）兩齋木活字本

◎封面題：乾隆五十六年春鐫，諸暨胡習珊述《春秋簡融》。

◎題辭：歲戊申，詔令舉子通習五經，輪流考試。辛亥科考、壬子鄉試俱用《春秋》，而一時學者於此尤汲汲焉。案自左氏以來，傳是經者百數十家，而明代立於學官，貢舉取士以家文定公《傳》為宗。本朝因之，久已奉為圭臬矣。及伏讀欽定《傳說彙纂》，知文定之傳不無穿鑿附會之處。因摘錄其要旨，而為之簡其繁，更取《集說》以融冠之。仍於欽定本外不敢妄加一字。始於己酉九月，訖於庚戌八月。編既成，名曰《簡融》，命兒子洵然楷法靜寫，置諸案頭，聊為紺珠之用。而諸同人以謄寫為煩，率爾醵錢鳩工，刷印散布，勢不能禁，姑聽之，其實掛一漏百，不直方家一噱云。乾隆五十六年春三月，七十六歲兩奎老生胡序自題。

◎凡例：

一、本經比事屬辭，文雖不聯而意實相承，故傳可節而經必不可刪。今悉照監本不敢芟動一字，非惟尊經，亦便按時考核也。

一、是編全為應試計，非敢謂窮經也。或一句一字諸說詮解互異，今只折衷一說。以作文不容騎墻，即參用眾說，亦必一氣融冠，不使自相矛盾。至所錄之說不復標明某氏某氏，亦仍如行文法也。

　　一、塲中命題類多襃予嘉美之句，及間有冷落微小者，今則詮註特詳。至一切薨卒殺刺敗獲災變概從其畧。然如韋濮邲鄢諸戰等類為全經大轉關，仍詳釋之。

　　一、向例闈中四藝，每三公內命一題。今用其法分為四卷。至所擬之題則於經上標識之，頂擬用◎，上擬用○，次擬用△。若無標識而不註之者，則特備之而已。

　　一、向來習是經而文定無傳者，或用寄傳或用借傳，今則欽定《彙纂》每句有說，不必更用寄借。

　　一、是經事詳《左傳》，是編取其簡便易記，不復俻載。以塲中作文所貴說理也。若欲考核典故，則欽定《彙纂》載之已詳，原當平時熟讀，此不過等之兔園冊子耳。

　　◎跋：《春秋》宗《胡傳》，功令也。明天理，正人心，扶三綱，敘九法，卓然不磨，宜其為萬世宗法。然朱子嘗議其義理穿鑿，且謂有過當初。欽定《傳說》《彙纂》多有指摘，甚則刪之。如晉遏殺師，繼父業也，而傳則譏其以喪服興戎；吳僚篡弒，後日事也，而傳則預譏於季子來聘。義之難通若此類者，屢見於策，而欽定悉刪正之以歸於醇，此真以見傳心之要典矣。舅氏胡兩垒先生，爰為下士秉資椎魯者計，約之又約，會通欽定本之全，而於命題之要者簡以該之，融以釋之，記誦較易，學者稱便，爰集資以付諸梓。或者曰：「日月既出，何燼火為？既經欽定，何更述為？」余曰：不然，非別有所述也，特專崇欽定而使人易從耳，正以昭為下不倍之義，庸何傷？且其所以為此者，第為舉子發軔之資也。若進此而發聖人之蘊，則自有欽定之全函在。乾隆辛亥竹秋，甥趙槩謹跋。

　　◎陳遹聲、蔣鴻藻修纂光緒《國朝三修諸暨縣志》卷四十六《經籍志・經部》：此書鑴於乾隆五十六年。其自序云：「歲戊申，詔令舉子通習五經，輪流考試。辛亥科試、壬子鄉試俱用《春秋》，而一時學者於此尤汲汲焉。」蓋亦操觚家餧貧糧，非有意著述也。其書以《胡傳》為宗，而參以《欽定傳說彙纂》之說，錄其要而刪其繁，更取而融貫之，故名《簡融》。雖兔園冊子，而大旨不乖。

　　◎胡序，字集三，號習珊。諸暨（今浙江諸暨）人。歲貢生。著有《春秋簡融》四卷。

胡薰 春秋通解 二十卷 佚

◎甘鵬雲等《湖北文徵》卷八：著有《周易晰言》十卷、《尚書集義》五十九卷、《詩經詳詁》二十九卷、《特牲饋食禮》一卷、《禮記纂錄》四十九卷、《儀禮經傳通解正續》十六卷、《春秋通解》二十卷、《四書輯說》三十九卷、《鄉黨義考》七卷。

◎陳詩《胡蘭亭先生墓誌銘》〔註13〕：嘉慶四年六月十七日，蘭亭先生以疾終於里門。余時在荊州，聞之，哭失聲曰：先生沒，吾邑中治經之士無所問業矣。又數月，歸造其廬，撫棺一慟。於是其孤子願稽顙以請曰：「卜葬有時，請所以誌其墓者。」予泣而應之。念鄉黨姻好中，知余者莫若先生，知先生者亦莫若余。然則銘幽之文，非余其孰能為之。先生姓胡氏，諱薰，字輿載，蘭亭其號也。世為湖北蘄州（今蘄春）人。先世皆有陰德，自先生考東山府君出後其從父，孝友如故時。本生諸子姪雍雍穆穆，不肅而自嚴。余嘗誌其從子鳳池墓，具載於篇，其家教然也。先生性坦易，不言而飲人以和。雖悍且詐者，每就見輒獻其誠。而勃窣窮經，自少至老，未嘗一日廢。於先儒經說一一味其義根，手自鈔纂，彙成卷軸。執經問難之侶，無不各得其意以去。弱冠補諸生，又數年以副榜貢太學，又數年登賢書。旋以臨場改經，見黜於功令。而攻苦下帷，不以挫折故少懈。如是者垂三十年，先生之學可謂安且篤者矣。先生生於雍正十年十二月二十二日，得年六十有六。配繆氏。子一，即願，邑優廩生，與余為姻家。孫二人：榮本，邑庠生；榮紳。曾孫七人。以卒之明年十一月二十日葬於中林書屋之左偏，從治命也。著有《四書輯說》三十九卷、《鄉黨義考》七卷、《周易晰言》十卷、《尚書集義》五十九卷、《詩經詳詁》二十九卷、《特牲饋食禮集訓》一卷、《禮記纂錄》四十九卷、《春秋通解》二十卷藏於家。余既述先生學行大略，而具以兩人情好繫之於銘。其詞曰：余見先生，始由號舍。瀟灑風簷，笑言啞啞。越十四年，爰始造門。印證經義，猶鍼芥然。自時厥後，以心相友。一出一要，動則必偶。每歲發春，往輒踰旬。冬暮還里，來止逡巡。粵戊申歲，授經同地。月數過從，語合符契。晰義賞文，排難解紛。以通以介，經緯則均。人亦有言，奚其為政。先生道行，與物無競。自我遠遊，君亦歸休。胡寧忍予，乃赴九幽。往與君語，資以待老。今失先生，七十猶夭。人生奇樂，莫如相知。我雖有懷，今當訴誰。吁嗟已矣，歲行在己。遺書具存，以貽孫子。胡敬之衝，馬鬣是封。九原不作，吾將焉從。

〔註13〕錄自甘鵬雲等《湖北文徵》卷八。

◎胡薰，字輿載，號蘭亭。湖北蘄州（今蘄春）人。乾隆戊子舉人。舉孝廉方正不就。著有《周易晰言》十卷、《尚書集義》五十九卷、《詩經詳詁》二十九卷、《特牲饋食禮》一卷、《儀禮經傳通解正續》十六卷、《禮記纂錄》四十九卷、《春秋通解》二十卷、《四書輯說》三十九卷、《鄉黨義考》七卷。宣統《湖北通志・文學》有傳。

胡瑤光 春秋傳本 十二卷 存

嘉興、臺灣大學藏康熙綸錫堂刻本

◎一名《二刻春秋心典傳本》。

◎胡瑤光，號闓山。浙江海昌（今海寧）人。著有《禮記心典傳本》三卷、《春秋傳本》十二卷。

胡元玉 駁春秋名字解詁 一卷 存

國圖、陝西師範大學藏光緒十三年（1887）長沙梁益智書局刻胡元玉輯鏡珠精舍雜撰九種本

光緒十四年（1888）南菁書院刻皇清經解續編本

光緒十五年（1889）上海蜚英館石印皇清經解續編本

國圖藏光緒通鑒堂刻長沙胡氏叢書本

光緒長沙益智書局刻胡氏四種本

國圖出版社 2009 年賈貴榮宋志英輯春秋戰國史研究文獻叢刊影印光緒十四年（1888）南菁書院刻皇清經解續編本

◎敘：六經資故訓以明，故訓緣聲音而顯，是故不知古音不足與言假借，不知假借不足與治經。第假借之術實有二端：一曰古假借起于未造本字之先，最初之假借也。上古字少，一字恆假為數字之用，後世始各就其事類益以偏旁以為本字。至許君時，本字孳乳寖多，故往往《說文》有本字而經典猶用古借字者，如噬齊、齊盛、攝齊、齊戒，經典同用「齊」字，《說文》則各有作齌、作齍、作䶜、作齋之本字，即其例矣。一曰傳寫通假，或以聲義並近而相通，或專取聲近而相假，起于既造本字之後，而非所謂本無其字依聲託事之假借也。二者並由聲起，皆學者所宜知，然而輕重懸殊矣。蓋實從一字得聲之字有窮，而僅聲近之字無窮，苟本字有所難通，不先求之古假借而專求之聲近通假，則其弊必至使本字茫乎無據，如譯音之無定字而無不可附會之謬說矣。故以聲近破本字，非于經文上下實有明證不可。近儒混而一之，

不別白其輕重，此所以小學日隆而支離破碎之風亦因以日盛也。高郵王氏，小學巨儒，諸所譔述喜言聲近，《名字解詁》破字尤多，雖合于古假借者不少（如云句與拘通、周讀為輖、帶讀為憂之類皆是），而專取同音之字為說者，頗不免輕易本字之失，人之名字非若詩書，文理不屬，難可尋繹。全棄本字，悉取同音，心所不安，病之久矣。今以左氏授從弟輩講古人名字相輔之故，乃取此書駁正數十人。先錄元文，次下己意，俾覽者得以參校得失。其疑而無說易之者，則置不駁。略施匡弼，以遏流弊。趣舍既明，固不必一一求通也。王氏元有闕疑未釋者二十五人，今亦仍其舊目，悉為補之。光緒甲申，胡元玉題記。

◎孫殿起《販書偶記》卷三：《鏡珠膏雜譔》七卷（長沙胡元玉撰。光緒甲申長沙益智書局刊。《春秋名字解詁》一卷，《雅學考》一卷，《漢音鉤沈》一卷、《敘例》一卷、《附記》一卷，《鄭許字義異同評》二卷。又名《鏡珠精舍雜譔》）。

◎趙爾巽《清史稿》卷一百四十五志一百二十《藝文》一：《駁春秋名字解詁》一卷，胡元玉撰。

◎上海古籍出版社 2015 年《續修四庫全書總目提要・春秋類》「《駁春秋名字解詁》一卷」：是書前有胡氏自敘，謂假借之術，實有二端，一是古詩字少，未造本字前，假借他字；二是依聲托事之假借。高郵王氏《春秋名字解詁》釋春秋人物名、字之關聯，破字尤多，雖合於古假借者不少，而專取同音之字為說，頗不免輕易本字之失，人之名字，不若詩書文理，不當全棄本字，故作是書，以駁王氏之誤云云。是書前有胡氏自敘，謂假借之術，實有二端，一是古詩字少，未造本字前，假借他字；二是依聲托事之假借。高郵王氏《春秋名字解詁》釋春秋人物名、字之關聯，破字尤多，雖合於古假借者不少，而專取同音之字為說，頗不免輕易本字之失，人之名字，不若詩書文理，不當全棄本字，故作是書，以駁王氏之誤云云。其舊目，悉為之補。「魯縣成字子祺」，小字注曰，上與「榮旂字子祺」相連，疑因此誤衍「字子祺」三字。胡氏補曰：《爾雅》、《說文》皆云：祺，吉也。《詩・摽有梅》、《天保》傳、《說文》皆云：吉，善也。《禮記・檀弓》、《王制》、《少儀》注皆云：成，尤善也。「成」、「祺」義近，不必以「字子祺」三字為誤衍。雖以「駁」名書，然多立論堅實，條辯清晰，俾覽者得以參校得失，且補王氏闕疑，實有功學林。此本據清光緒十四年南菁書院刻《皇清經解續編》本影印。（潘華穎）

◎胡元玉，字子瑞。湖南湘潭人。治經學，精訓詁。光緒十四年（1888）

優貢。官教諭。民國官國史館總纂。著有《胡氏四種》（含《駁春秋名字解詁》一卷、《鄭許字義異同評》二卷、《漢音鉤沉》一卷敘例一卷附記一卷、《雅學考》一卷）、《壁沼集》四卷、《胡氏雜著》（一名《鏡珠膏匯刻》）、《胡元玉優貢卷》，輯有《東山書院課集》、《沅水校經堂課藝》、《研經書院譚藝》、《授經簃課藝》。

胡元玉 駁春秋名字解詁補 一卷 存

◎文二篇，原載《清經解續編》卷一四二七。

胡宗一 春秋列國年表 不分卷 存

溫州藏稿本

胡遵昭 春秋天文考 八卷 佚

◎民國《當塗縣志·人物志·文學》：著有《春秋天文考》八卷、《春秋輿地考》八卷、《禹貢會箋補正》四卷……著《經解纂要》《經義析疑》各四十卷，甫脫稿，考經者爭相贄賃。

◎民國《當塗縣志·藝文志》：《春秋天文考》八卷（清胡遵昭著。昭以《春秋》為胡氏家學，首用曆法推演二百四十年之朔望節氣日月蝕等，時日分秒分列圖表，朗若列眉。書燬於兵）。

◎胡遵昭，字守亭。安徽當塗采石人。孝廉國樞子。博通羣籍，尤邃於經，兼精天文、地理、音韻、勾股、術數、格物之學。學使沈維鐈重其學，造廬與談，有書櫥之目。丁酉選中拔萃科，攜至京，顏其廬曰「問典處」，一時聲譽赫然。性狷介，恥倖進退。後讀藏經於寶積寺，譯其音義，未竟卒，年僅三十七。著述經兵燹俱佚，時論惜之。著有《春秋天文考》八卷、《春秋輿地考》八卷、《禹貢會箋補正》四卷、《經解纂要》四十卷、《經義析疑》四十卷。

胡遵昭 春秋輿地考 八卷 佚

◎民國《當塗縣志·人物志·文學》：著有《春秋天文考》八卷、《春秋輿地考》八卷、《禹貢會箋補正》四卷……著《經解纂要》《經義析疑》各四十卷，甫脫稿，考經者爭相贄賃。

◎民國《當塗縣志·藝文志》：《春秋輿地考》八卷（清胡遵昭著。昭按一百四十國之疆域山川郊邑等地釋以今名，詳其沿革，而成是書，惜燬於兵）。

胡□　左傳分國紀事　十二卷　佚

◎道光《桐城續修縣志》卷十七《人物志‧篤行》：長子遐福、次子鴻壽俱以髫齡補諸生。其子□□著有《左傳分國紀事》十二卷、《周禮論要》十二卷、《詞林連珠》三十三卷。

◎胡□，安徽桐城人。胡晟子。諸生。著有《周禮論要》十二卷、《左傳分國紀事》十二卷、《詞林連珠》三十三卷。

華長卿　春秋三傳異同考　四卷　佚

◎俞樾《春在堂襍文五編》卷四《開原縣訓導華君墓表》：所著有《古本周易集注》十二卷、《尚書補闕》一卷、《毛詩識小錄》四卷、《春秋三傳異同考》四卷、《說文形聲表》六卷、《說雅》六卷、《正字原》六卷、《韻籟》四卷、《兩晉十六國年表》二卷、《輿地韻編》五卷、《唐晉陽秋》六卷、《史駢箋注》八卷、《查初白張船山年譜》二卷、《盛京通志稿》三十六卷、《東觀堂文鈔》八卷、《梅莊詩鈔》三十二卷、《騰香館詞鈔》二卷，都凡一百四十四卷，可謂富矣。

◎華長卿（1805～1881），榜名長懋，字枚宗，號梅莊，又號鎦庵，晚自號米齋老人。直隸天津人。道光十一年（1831）舉於鄉，俄丁父憂里居，與寶坻高寄泉、任邱邊袖石訂交，學益進，山陽丁儉卿稱為畿南三子。自道光二十一年（1841）後居金陵十載。道光二十四年（1844）大挑一等，以教職銓選。三十年（1850）署房山縣教諭，未及赴。咸豐三年（1853）冬選授奉天開原縣訓導。總纂《奉天通志》，在局三年，成書三十六卷，局費告匱未究其事。光緒五年（1879）以右耳重聽乞休。詔賞加國子監學正銜。與李蘭孫、瞿端卿、王子梅、全椒馬鶴船、山陽楊蓮卿、日照許印林、江寧端木子疇、曲阜孔繡山、懷寧方小東交善。著有《古本周易集注》十二卷、《尚書補闕》一卷、《毛詩識小錄》四卷、《春秋三傳異同考》四卷、《說文形聲表》六卷、《說雅》六卷、《正字原》六卷、《韻籟》四卷、《兩晉十六國年表》二卷、《輿地韻編》五卷、《唐晉陽秋》六卷、《史駢箋注》八卷、《查初白張船山年譜》二卷、《盛京通志稿》三十六卷、《東觀堂文鈔》八卷、《梅莊詩鈔》三十二卷、《騰香館詞鈔》二卷。

華希閔　春秋集說　十卷　佚

◎王鎬等修、華希閔等纂乾隆《無錫縣志》卷三十九《著述》：《易／書／詩／春秋集說》各十卷（華希閔）、《論語講義》二卷（華希閔）、《中庸剩語》一

卷（華希閔）、《通鑑地理今釋》四十二卷（華希閔）、《廣事類賦》（華希閔）、《性理註釋》（華希閔）、《延綠閣集》（華希閔）、《三角箄法》（華希閔）。

◎光緒《無錫金匱縣志》卷三十九《著述》：《性理註釋》（華希閔）、《易／書／詩／春秋集說》各十卷（華希閔）、《中庸賸語》《論語講義》共三卷（華希閔）。

◎華希閔（1672～1751），字豫原（芊園），號劍光。江蘇無錫人。康熙三十年（1691）副貢、五十九年（1720）舉人，授涇縣訓導。雍正十三年（1735）舉博學鴻詞不赴。乾隆十六年（1751）賜知縣銜，尋卒。著有《易集說》十卷、《書集說》十卷、《詩集說》十卷、《春秋集說》十卷、《中庸賸語》一卷、《論語講義》二卷、《通鑑地理今釋》四十二卷、《玩辭初筆》二卷、《性理四書注釋》、《重訂廣事類賦》、《延綠閣集》、《三角箄法》等書。

華學泉　春秋經傳日抄　二十八卷　佚

◎王鎬等修、華希閔等纂乾隆《無錫縣志》卷三十九《著述》：《讀易偶存》六卷（華學泉）、《春秋經傳日抄》廿八卷（華學泉）、《春秋類》十二卷（華學泉）、《春秋疑義》二卷（華學泉）、《增訂周禮集解》二十四卷（華學泉）、《儀禮喪服或問》一卷（華學泉）、《老子疏義》二卷（華學泉）、《冷嚴疏鈔》十卷（華學泉）、《霞峯文抄》二卷（華學泉）。

◎華學泉，字天沐，號霞峰。江蘇無錫鵝湖鎮人。順治中布衣。顧棟高舅父。與兄學瀚、弟學潛，並敦孝友。年四十餘，鍵戶一室，讀書窮日夜不倦，足未嘗躡廳事。與黃瑚、陸楣共為古文，而學泉尤以經學著。所著《儀禮喪服或問》，高愈極稱之。儀封張伯行撫吳，屬教官某延主東林講會，謝不赴。後數年卒，年七十六。著有《讀易偶存》六卷、《春秋經傳日抄》二十八卷、《春秋類》十二卷、《春秋疑義》二卷、《增訂周禮集解》二十四卷、《儀禮喪服或問》一卷、《老子疏義》二卷、《冷嚴疏鈔》十卷、《霞峰文抄》二卷。

華學泉　春秋類考　十二卷　佚

◎王鎬等修、華希閔等纂乾隆《無錫縣志》卷三十九《著述》：《讀易偶存》六卷（華學泉）、《春秋經傳日抄》廿八卷（華學泉）、《春秋類》十二卷（華學泉）、《春秋疑義》二卷（華學泉）、《增訂周禮集解》二十四卷（華學泉）、《儀禮喪服或問》一卷（華學泉）、《老子疏義》二卷（華學泉）、《冷嚴疏鈔》十卷（華學泉）、《霞峯文抄》二卷（華學泉）。

◎李慈銘《越縵堂讀書記・經部・春秋類》：華氏字霞峯，顧復初《春秋大事表》嘗稱之。所著尚有《讀易偶存》六卷、《春秋類考》十二卷，俱未刻。

◎提要：其書取《春秋》大事分八十門以類排比，每事之下附以諸家之注間綴己說。大旨崇尚宋儒，尤多主《胡傳》。

◎《皇朝文獻通考》卷二百十五《經籍考》五：《春秋類考》十二卷、《春秋疑義》一卷，華學泉撰。學泉字天沐，無錫人。

◎秦瀛《小峴山人文集》卷三《華師道先生集序》（節錄）：先君子言吾邑通經學古之士曰華霞峰先生。霞峰於六經無所不通，又善治古文，以諸生終。其甥曰顧震滄祭酒，其學得之霞峰，乾隆初年以經學薦，所著書嘗經進，賜國子司業銜，加祭酒。而華師道先生則震峰從孫而受經於祭酒者也……先君子又言祭酒著《春秋大事表》，其書甚鉅，實先生與其族父有條、弟師茂參訂之力為多。三人者皆不遇如霞峰，豈造物者以學問豐華氏，而特嗇其遭耶！

華學泉 春秋疑義 二卷 存

嘉慶十九年（1814）璜川吳氏真意堂刻璜川吳氏經學叢書本

北大、清華、北師大、上海、首都圖書館藏道光十年（1830）寶仁堂刻璜川吳氏經學叢書本

◎卷末題：吳縣後學吳志忠校刊。江寧周啟友監刻、江錦脩書樣。

◎刻春秋疑義敘：庚午秋，有以惠半農先生《春秋說》版來售者，予因《春秋說》刻已數十年而猶未有敘，乃僭而補敘之。《春秋說》，我家舊刻也。英先祖容齋先大夫江西歸田後課子，從兄竹嶼於家塾，時英未生也。聞竹嶼少時所與遊多當世知名士，故容齋公墓志惠松厓先生所作也。惠氏自研谿先生以至於松厓先生，窮經數世，文驚海內外矣。然刻惠氏書者甚少，半農《易說》《禮說》《春秋說》皆竹嶼刻，而敘跋俱無。殆以為惠氏書出，人自珍之，何必敘爾。去年春，予於友人家見華霞蜂《讀易偶存》六卷、《春秋類考》十二卷、《春秋疑義》二卷，得鈔而藏焉。讀其書，經術湛深，比於惠氏無多讓矣。然世之人知我吳惠氏矣，而未必盡知梁谿華氏也。梁谿華氏之學見於顧復初《春秋大事表》矣，然未必見華氏之書也。惠氏書刻者猶鮮，況華氏之書乎？忠兒請先為刻《春秋疑義》，今夏始刊畢。夫《春秋疑義》不過九十葉書，然於聖人之旨時有所自得，折前人之衷。學《春秋》經者，既有《春秋說》，又不可無《春秋疑義》也。予昔既補《春秋說》敘，今於《春秋疑義》豈可亦令其將

數十年而後人乃敘之邪？！至於《春秋疑義》與《春秋說》二書之孰賢，英烏足以知之！嘉慶甲戌歲午月望，後學吳英拜書。

◎提要（題一卷）：其《疑義》一卷則專抒《類考》中未盡之蘊。然有無庸疑而疑者。如謂「司馬法一甸五百一十二家，而出兵車一乘、甲士步卒七十五人。若萬二千五百人為軍，當八萬五千三百家而後足一軍之數。天子六鄉止七萬五千家，不能供一軍。」不知一甸五百一十二家出七十五人，此采地出軍之法也；每一家即出一人者，鄉遂出軍之法也。天子六軍出自六鄉，不出自采地，六鄉以七萬五千家而出七萬五千人，何患不足六軍之數！學泉混二法而為一，宜其疑也。如此之類頗為失考。近時顧棟高著《春秋大事表》體例亦略仿此書。而大致皆不出宋程公說之《春秋分紀》，疑二人皆未見公說書也。

◎《皇朝文獻通考》卷二百十五《經籍考》五：《春秋類考》十二卷、《春秋疑義》一卷，華學泉撰。學泉字天沐，無錫人。

◎趙爾巽《清史稿》卷一百四十五志一百二十《藝文》一：《春秋疑義》二卷，華學泉撰。

華允誼 春秋傳載記纂疏 佚

◎康熙《江南通志》卷四十四《人物・華允誼》：著有《三像粹精》、《春秋傳載記纂疏》等書。

◎華允誼，字汝正，晚自號後菴，學者稱龍超先生。江蘇無錫人。允謀仲弟。初偕其弟允誠受《易》于毘陵錢一本，繼見高攀龍於東林，聞其教，憬然有得。著有《三像粹精》、《春秋傳載記纂疏》等書。

黃炳垕 麐史秭準 四卷 未見

◎孫殿起《販書偶記》卷二：《麐史秭準》四卷（餘姚黃炳垕撰。光緒甲午留書種閣刊）。

◎黃炳垕（1815～1893），字慰廷（蔚亭）。浙江餘姚人。宗羲七世孫。同治九年（1870）舉人。精曆算。嘗任寧波辨志精舍天算齋齋長。光緒十四年（1888）賞內閣中書銜。著有《麐史秭準》四卷、《曆學南鍼》、《兩太交食捷算》四卷、《五緯捷算》四卷、《測地要志》四卷、《誦芬詩略》三卷、《黃氏世德傳贊》二卷、《方平儀象》一卷、《忠端公年譜》三卷、《黃梨洲先生年譜》三卷。

黃朝槐 黃朝桂 廣春秋人地名對 一卷 存

國圖藏清末鈔西園讀書記四種本

黃金臺 左國閒吟 一卷 佚

◎光緒《平湖縣志》卷十七《人物・列傳》三：著有《木雞書屋文集》三十卷、《詩集》六卷、《左國閒吟》一卷已刊行，今文愜盛藻集未梓（新纂）。

◎許瑤光修，吳仰賢等纂光緒四年《光緒嘉興府志》卷五十九《列傳十・平湖縣》：刊有《木雞書屋駢文集》三十卷，《詩集》六卷，《左國閒吟》一卷。又有《今文愜盛藻集》未刊（新纂）。

◎黃金臺（1789～1861），原名森，嘉慶十年（1805）改今名，字鶴樓。浙江平湖新倉人。歲貢生。綺歲遊庠，才名噪甚，顧困於棘闈，十赴秋試，遂殫心著述，博極群書，學無不貫。嘗從武康徐熊飛遊，與之上下其議論，故所作詩文皆有法度。文體宗徐、庾，而兼通百家。江南北士夫之有著撰者，弁首文，金臺手筆居多。好交遊，繪《扁舟訪友圖》，名流題詠。主講蘆川書院數年。咸豐七年（1857）臨川李聯琇督學江蘇，延之入幕。生平廉潔自守，剛腸嫉惡，雖面刺人過失不諱，遇流俗，不妄交一言，而後進有片長，輒樂為延譽。咸豐十一年（1861），平湖再陷，憂憤成疾，卒年七十三。著有《左國閒吟》一卷、《左證》、《木雞書屋文集》三十卷、《木雞書屋詩集》六卷、《聽鸝館日識》、《今文愜》、《盛藻集》、《駢體正聲》、《國朝新樂府選》、《國朝七古詩鈔》、《國朝七律詩鈔》、《蘆川竹枝詞》、《紅樓夢雜詠》。

黃金臺 左證 佚

◎光緒《平湖縣志》卷二十三《經籍》：《左證》（黃金臺。木雞書屋藏稿，未刊。《日誌》云：以春秋時事與廿一史中相類者比而列之，共二百三十一條）。

黃侃 春秋名字解詁補誼 一卷 存

1908年國粹學報4卷4期本

黃侃論學雜著附本

◎序：高郵王君為《春秋名字解詁》，訓誼塙固，信美矣。蓋闕而不說者，無慮二十事。德清俞君作為《補誼》，猶未盡詮明。湘潭胡元玉者，奮筆正王君之誤，此二十事亦赫然具陳，然穿穴傅會，徒以破字文為勔，卒又自亂其例（如謂楚公子貞之貞為騰之叚藉），蓋無足觀。侃以為名雖有五，字則要曰自

證其名之誼。故《白虎通德論》曰:「聞名即知其字,聞字即知其名」,亮非回互繳繞使人難通。破字而誼章,孰與拘牽而誼晦?矧以聲音轉迻簡冊變易,本字如是,何道知之?明明王君,蓋非元玉所可議也。居多暇日,於此二十事,亦嘗為之考索,又時有所聞於師。俞君舊解,頗有增易。要求其是,不敢自謂能補二君之闕。次而錄之,以待正於大雅宏達之君子。著雍涒灘修病之月(山居少書比對,未審所說與前人同否。然絕非勦襲。胡元玉不知師法,於其說未嘗徵引)。

◎黃侃(1886~1935),初名喬鼐,後更名喬馨,字梅君,後改名侃,字季剛,又字季子,晚年自號量守居士。湖北蘄春人。光緒三十一年(1905)留學日本,師事章太炎於東京,受小學、經學。曾任教北京大學、中央大學、金陵大學、山西大學。精文字、聲韻、訓詁之學。歿後藏書五千冊捐湖北省圖書館,有《黃季剛先生遺書目錄》。著有《春秋名字解詁補誼》一卷、《音略》、《說文箋識四種》、《說文略說》、《說文注》、《爾雅略說》、《爾雅郝疏訂補》、《廣韻注》、《古韻譜》、《切韻表》、《反切解釋》上編、《字正初編》、《集韻聲類表》、《文心雕龍劄記》、《日知錄校記》、《黃侃論學雜著》、《黃季剛先生遺書》、《量守遺文合鈔》、《文選黃氏學》等數十種。

黃崇光 春秋纂要 佚

◎尋霖、龔篤清編《湘人著述表》著錄。

◎黃崇光,字謙山。湖南安化人。嘉慶十六年(1811)進士,選庶吉士。歷任寶慶府學教授、朗江書院講席。著有《春秋纂要》、《毛詩鈔略》、《續子史輯要》,與纂《邵陽縣志》四十九卷首一卷,參與校對《清朝通典》。

黃淦 春秋精義 四卷 首一卷 存

國圖、南京、浙江、山西、吳江區、吉林社科院藏嘉慶九年(1804)慈谿養正堂刻本

七經精義本(嘉慶刻、道光刻、光緒刻)

學苑出版社1994年古典善本精義叢書

◎自序:五經中惟《春秋》當以理兼勢論,前此為西周,後此為戰國。自平王東遷以來,列侯創霸,功罪參半,不得謂霸者有罪無功。設當時無霸,春秋早變為戰國矣,此天下大勢也。至諸侯國各有盛衰,大夫家不無強弱,而其間忽盛忽衰,忽強忽弱,又不可以一例論,皆勢為之也。《春秋》自左氏、公、

穀作傳後，先儒各種疏說，累千萬卷。予幼讀《左繡》，見其編首摘馮天閑先生《左貫》數條，輒喜擇錄。因又采《胡傳》、周氏《左國輯要注》、陳氏《春秋讀》各數十條。庚子歲，予館關東皋太翁家，見《國朝匯纂》及馬氏《繹史》、姜氏《讀左義》諸書，廣為搜輯。近又於前賢論說《春秋》經義，擇其精鑿者，手錄增訂，匯成此編以付梓。若夫《左傳類對賦》等書，辭雖工麗，與《春秋》經旨奚涉？且無與制義，概置弗取焉。時嘉慶九年孟夏望日，武林黃淦緯文氏自序。

　　◎黃淦，字緯文。武林（今浙江杭州）人。著有《周易精義》四卷首一卷續編一卷、《春秋精義》四卷首一卷、《春秋旁訓增訂精義》四卷。

黃淦 春秋旁訓增訂精義 四卷 存

　　五經旁訓增訂精義本（光緒毓秀草堂刻、清狀元閣刻）
　　◎徐立綱旁訓，竺靜甫、竺子壽增訂。

黃鞏 春秋述禮 佚

　　◎《續四庫總目提要》：鞏所著有《五經述禮》，曰《周易述禮》，曰《尚書述禮》，曰《詩經述禮》，曰《春秋述禮》，曰《論語述禮》。今四書皆無流傳，梓行者僅此一種。

　　◎黃鞏，字子固。清末湖南長沙人。善研兵法。著有《五經述禮》（一名《黃注五經述禮》，括《周易述禮》三卷首一卷、《尚書述禮》、《詩經述禮》、《春秋述禮》、《論語述禮》）、《管子編注》六卷、《孫子集注》附《新法韻語》。

黃桂芳 春秋集解 佚

　　◎一名《春秋提要集解》。
　　◎同治《祁門縣志》卷二十六《人物志・文苑》：著有《春秋集解》藏於家。
　　◎同治《祁門縣志》卷三十五《藝文志・書目》：黃桂芳《春秋提要集解》。
　　◎道光《徽州府志》卷十一之四《人物志・文苑》：著有《春秋集解》藏於家（道光《祁門縣志》）。

　　◎黃桂芳，字含芬。安徽祁門人。乾隆恩貢。幼日記千言，通經史，尤精《春秋》之學，為文宗先正典型，立品高潔，人不敢干以非義。不求仕進，築館金粟庵旁，課徒自樂。善誘掖後進，成就甚多。著有《春秋集解》。

黃國鼎 左國迂評 佚

◎道光《晉江縣志》卷七十《典籍志》：黃國鼎《四書質問》《易經初解》《左國迂評》《奏疏》《詩文集》。

◎乾隆《泉州府志》卷四十四《人物列傳》：所著正集外，有《四書質問》《易經初解》《左國迂評》。

◎黃國鼎，字敦柱，號九石。福建晉江人。著有《四書質問》《易經初解》《易初進解》《左國迂評》《奏疏》《詩文集》諸書。

黃鶴 春秋傳說辨正 佚

◎郭嵩燾《郭嵩燾日記》光緒八年七月初九日：王逸吾、劉牧村、黃鏡亭過談。鏡亭為黃漢皋之子，並攜到黃漢皋《尚書集傳異同商》《春秋傳說辨正》二種。詢知黃玉屏為其從侄，鏡亭赴省時，玉屏尚未抵家也。

◎黃鶴，字漢皋，湖南新化人。道光五年（1825）拔貢。任寧鄉縣教諭。專研經學，溯源注疏，兼采各家經解，互相參酌，時發己見。巡撫毛鴻賓贊為漢儒功臣、宋儒良友。絕意仕進，兩薦於朝，均以年老辭，終老學署。著有《尚書集傳異同商》、《春秋傳說辨正》、《春秋傳義》、《四書異同商》二十八卷、《四書異同商補訂》七卷、《四書遺文異字考》一卷、《五經異同商》。

黃鶴 春秋傳義 佚

◎郭嵩燾《郭嵩燾日記》光緒十三年三月廿三日：賴子佩、黃伯屏、巢子誠、曾藎臣過談。黃伯屏傳其從父黃錫九之意，索還黃漢皋所著《周易／尚書異同商》及《春秋傳義》，並以交之。

黃洪憲 春秋左傳釋附 二十七卷 佚

◎《明史》卷九十六《志》第七十二《藝文》一《春秋》：黃洪憲《春秋左傳釋附》二十七卷。

◎許瑤光修，吳仰賢等纂光緒四年《光緒嘉興府志》卷八十《經籍一》：黃洪憲《春秋左傳釋附》二十七卷（《明史·志》《經義考》。《自序》略曰：考訂其全文，略采諸家箋釋，而擇《公》《穀》之有文者附之）。

◎羅振玉《經義考目錄》卷六《春秋》三十九：黃氏（洪憲）《春秋左傳釋附》二十七卷（存）。

◎黃洪憲（1541～1600），字懋中（忠），號葵陽，自稱碧山學士。秀水（今屬浙江嘉興）人。黃綜子。隆慶五年（1571）進士。授翰林院編修。萬曆三年（1575）參修《大明會典》，十年（1582）使朝鮮，十四年（1586）充經筵講官。十五年（1587）升右春坊右庶子兼侍讀，充日講官。十六年（1588），升詹事府少詹事兼翰林院侍讀學士，掌院事。後遭劾罷。著有《周易集說》四卷、《學詩多識》、《讀禮日抄》、《春秋左傳釋附》二十七卷、《四書石床隨筆》二卷、《朝鮮國記》、《箕子實紀》一卷、《輶軒錄》、《明文獻》、《明文憲》、《玉堂日鈔》三卷、《性理要刪》三卷、《壬午皇華集》、《碧山學士集》二十一卷《別集》四卷、《離騷解》、《老子解》、《蠻坡制草》五卷等。

黃奭 春秋三傳源流考 未見

◎尋霖、龔篤清編《湘人著述表》著錄。

◎黃奭（1873～1951），字麓舜，號岑人，又號岑道人、紅豆漁翁。湖南祁陽人。曾任湖南省參議員、祁陽勸學所所長。著有《禹貢發微》、《禮記發微》、《戴禮三記發微》、《春秋三傳源流考》、《中庸發微》四卷、《彝雅》四卷、《易元命響》八卷、《大學發微》一卷、《泰古春秋》四卷、《涪溪尚友錄》、《瓷史》二卷、《中華民族西來考》四卷、《歷代漁隱列傳》二卷、《浯溪通志》十八卷、《大同新論》四卷、《存一書齋文集》十二卷、《山居隨筆》六卷、《宣夜述遺》四卷首一卷末一卷、《殷曆箋釋》、《評康有為大同書》、《甲乙避寇錄》、《瀟湘樓志》、《祁陽縣志》、《寥天一閣初集》十二卷、《孝經注》五卷。

黃茂秀 左傳事類韻編 一卷 佚

◎孫葆田《山東通志》卷百二十七《藝文志》第十：《縣志》載是書，稱其蒐采宏富，裁對工巧。

◎黃茂秀，字子穎。山東益都人。諸生。著有《左傳事類韻編》一卷。

黃培芳 春秋左傳翼 三十卷 佚

◎黃培芳（1778～1859），字子實，號香石，自號粵嶽老人，學者稱粵嶽先生。廣東香山縣荔山（今珠海斗門縣）人。嘉慶九年（1804）副貢生，道光二年（1822）充補武英殿校錄官，道光十年（1830）授乳源、陵水縣教諭，陞肇慶府訓導，封內閣中書銜。以詩文知名，與張維屏、譚敬昭並稱為粵東三子，

又列「粵東四（七）子」。亦工書畫。富藏書，改先祖黃佐寶書樓為嶺海樓，並編纂《嶺海樓書目》，著錄藏書頗多，然民初大多散佚。著有《說易大旨》一卷、《易宗》九卷、《書訓纂》十二卷、《尚書漢學》十卷、《詩義參》二十卷、《國風詩法舉隅》一卷、《禮記鄭注翼》十二卷、《春秋左傳翼》三十卷、《十三經或問》十三卷、《四書闡註闡》十九卷、《四書考釋》十九卷、《增訂四庫全書字辨》四卷、《十七史詳節補訂》二百七十三卷、《香山志》一卷、《史傳事略》一卷、《朝貴府君年譜》、《端州金石略》二卷、《碑帖偶跋》一卷、《志劄》一卷、《永思錄》一卷、《粵岳子》二卷、《縹緗雜錄》一卷、《雲泉隨劄》二卷附錄一卷、《虎坊雜識》四卷、《浮山小志》三卷、《良方偶存》一卷、《日下偶筆》四卷、《嶺海樓刻本》三卷、《嶺海樓文鈔》十二卷、《嶺海樓詩鈔》十二卷、《藤蔭小記》一卷、《唐賢三昧集抄》、《香石詩話》二卷、《北遊日記》、《香山志》一卷、《重修香山縣志》八卷、《重修肇慶府志》二十二卷、《重修新會縣志》十四卷。

黃培英　讀春秋傳注說　十卷　佚

◎尋霖、龔篤清編《湘人著述表》著錄。

◎黃培英，字子璘。湖南寧鄉人。光緒五年（1879）鄉試副榜。究心經世之學。著有《讀春秋傳注說》十卷、《涉經拾唾》一卷、《音原考略》一卷、《粵遊紀程》、《度隴紀程》、《張掖幽州紀程》、《雙觀黃氏譜》、《族譜釋例》、《漢宋性理字誼同原考》八卷、《讀管子注說》二卷、《古今里畝尺步考》一卷、《區田策》一卷、《鄉團旱雩錄》一卷、《書黃黎洲明夷待記錄》一卷、《書王船山黃書噩夢俟解》三卷、《九黨育嬰小識》一卷、《守一室文集》四卷、《蝱蚾子文集》一卷、《蝱蚾子詩集》二卷。

黃汝成　春秋世紀攷　佚

◎黃汝成《袖海樓雜著四種・袖海樓文錄》〔註14〕卷二《春秋世紀攷序》：《春秋三傳》皆釋經書也，自漢以後，雖論說不同，而皆堅守傳注。至唐啖助攻傳文，而北宋孫明復、劉原父輩創為棄傳從經，務為貶削之論。胡安國益張其義，而古學寖絕。《左傳》多本舊文，述諸事實，《公羊》《穀梁》則緣日月名字以為予奪。三家雖頗膠固穿鑿，而經師相傳說，精義多具。今屏絕而逞一己之私見以求合聖人之筆削，其無所徵信，非以空言厚誣古人，則以苛說蒙錮

〔註14〕西溪草廬清道光十八年（1838）刻本。

後世，徒分門戶，率無師承，夫奚取是糾紛為哉！近世為《左傳》《公羊》學者，援舉浩博，論辨明邃，多得微文奧義。予友毛君生甫又思重為《穀梁傳疏》，義例益明，三家之學幾于備矣。然余嘗思之，平王四十九年當魯隱公元年，《春秋》本魯史舊文，託始隱元，迄哀公十四年為敬王三十九年，由平王迄敬王凡十有三世二百四十年，為春秋始末，是《春秋》因魯史而脩之，非專為魯作也。平王東遷，在位五十一年，不能復興先王之業，王政衰矣。孟子曰：「王者之跡熄而《詩》亡，《詩》亡而後《春秋》作。」太史公既為《周本紀》，復為《十二諸侯年表》，亦此意也。余因以王朝列國為經，以年為緯，名曰王朝世紀、魯國世紀、同異姓諸國世紀，凡月日閏朔土地爵姓官制田賦軍旅刑賞吉凶大禮征伐會盟，則從王朝列國條比其經間，列三傳論說，折衷閎通，貫其始末于下。至于褒貶進退，則一本于《春秋》，不為附會輕重之詞。蓋從其經而稽之則王朝列國之世次正體具焉，從其緯而察之則王朝列國之政事得失見焉。雖非專門名家詁訓之學，然較之宋元來馳騖辨論之談，頗自謂得其統紀，少合于書事微指者焉。古者為學左圖右史，蓋圖明其分史綜其合，此書或庶幾近矣。至于聖人之行藏、諸子之論斷，其所以微顯之義，夫豈膚末者所能窺測哉！道光十二年某月日。

◎黃汝成（1799～1837），字庸玉，號潛夫。太倉嘉定（今上海）人。廩貢生。樂善好施，豪邁輕財。入粟，議敘通判銜。後入貲選安徽泗州直隸州訓導，以憂未赴。著有《春秋世紀攷》、《春秋外傳疏補諸經正義》、《日知錄集釋》三十二卷、《袖海樓雜著》十二卷（《日知錄刊誤》四卷、《古今歲實考校補》一卷、《古今朔實考校補》一卷、《袖海樓文錄》六卷）。

黃汝成 春秋外傳疏補諸經正義 佚

◎李兆洛《養一齋文集》續編卷五《黃潛夫家傳》：學不泥章句而務合體用，自古昔禮樂德刑以及賦稅田畝、職官選舉、錢幣權量、水利河渠、漕運鹽鐵諸事，參校理勢，損益遷嬗，而折衷於顧氏《日知錄》，條比義類及所以施設者，居間復以聲音訓詁名物度數之學，纂述為《春秋外傳疏補諸經正義》，名實益高，尤為今宮保兩江總督安化陶公、今江西巡撫江夏陳公所知重。乃殫竭心力，以體過肥，猝疾作弗治，殤年止三十九。

◎道光十八年受業弟子秦汝卓《袖海樓雜著》卷前述目：先生研心六藝，博志九流，蔚為篇章，多窮奧邃。論說經傳則許鄭是宗，發揮書序則韓柳為鵠。

而又性資高亮，內行淳篤，惟事譔述以為體用。《易》曰：「修辭立其誠」，又曰：「君子以言有物而行有恆」，先生其庶克盡焉。壯年既纂成《日知錄集釋》三十二卷《栞誤》四卷、《歲實／朔食考校補》各一卷，又思補作《春秋外傳》義疏，蓋於名物訓詁尤心達其微眇者矣。

黃汝成 左氏國語正義 佚

◎劉聲木《桐城文學撰述考》卷二「黃汝成撰述」：《古今歲時考校補》一卷、《古今朔實考校補》一卷、《日知錄集釋》三十二卷、《左氏國語正義》（未成）、《日知錄刊補合刊》四卷、《春秋世紀考》、《篋遺集》二卷（已刊）、《諸經正義》□卷、《春秋外傳疏補》□卷。

黃式三 春秋釋 四卷 存

同治十二年（1873）浙江書局刻本

國圖藏光緒十四年（1888）定海黃氏家塾刻儆居遺書本〔註15〕

國圖藏光緒十四年（1888）南菁書院刻皇清經解續編本（一卷）

國圖藏光緒十五年（1889）上海蜚英館石印皇清經解續編本（一卷）

續修四庫全書影印光緒十四年（1888）定海黃氏家塾刻儆居遺書本

國家圖書館出版社2014年晁岳佩宋志英選編春秋研究文獻輯刊影印同治光緒刻本

國家清史編纂委員會・文獻叢刊・黃式三黃以周合集本

◎目錄：

釋一：釋春秋經傳同異，釋救、執，釋人，釋名，釋族，釋盜，釋以，釋殺，釋歸人，釋王不偏天，釋大夫會盟諸侯例，釋兄弟，釋聘，釋天，釋偏兩卒伍。

釋二：桓王事提要，莊王僖王事提要，惠王事提要，襄王事提要，頃王匡王事提要，定王事提要，簡王事提要，靈王事提要，景王事提要，敬王事提要。

釋三：隱公事提要，桓公事提要，莊公事提要，閔公事提要，僖公事提要，文公事提要，宣公事提要，成公事提要，襄公事提要，召公事提要，定公事提要，哀公事提要。

〔註15〕卷一末題：後學丹徒陳慶年初校，孫家炳、臣煥復校。卷二末題：後學金壇林之祺初校，孫家岱、家光復校。卷三、四末題：後學江陰邢世章初校，孫家驚復校。

釋四：宋穆殤莊公事始末，宋公子魚事始末，晉隨武子事始末，管仲子產論，百里奚論，晏子論，宋魚石止華元論，衛元咺論，食子爨骸論，亂賊懼春秋說，讀劉氏權衡，讀呂氏博議，讀顧氏朔閏表，讀戴氏即位改元考，讀江氏春秋兵農已分論。

◎敘：定海清貧好學之士，有黃薇香其人者。甲午甫見之，叩所學，有《論語後案》二十卷。已而來驥村，又以《尚書啟幪》四卷示。余謂二者《書》說為精，薇香自謂《論語後案》之所繫者大也。今又以《春秋釋》示，何撰著之不倦能如是？蓋其所蘊者粲矣。薇香貌樸言吶且謙，獨與言《春秋》《左傳》之舊例不足信則齗齗如不伸其說不止。以為今《春秋》說之行于世者，輕駁《左傳》凡例，皆亂道也，余聆其言而怖之。今讀其《春秋釋》一卷，乃知其說之不誣。其二三卷論周魯之時事，《春秋》之大綱也。四卷則襍著也。論事之平允，攷校古書之實事求是，文法之謹嚴，讀者自知之，不待余言。鐵橋嚴可均。

◎自敘：《春秋》之義不明，由儒者之不信《左傳》也。《左傳》之不信，由儒者之拘成見而昧舊史之凡例也。舊史凡例，孔子不能不因之，而讀《春秋》者，挾《左傳》不可信之見，于是經之大義炳然著于傳者，或且無所忌憚妄肆駁庌，而五十凡例誰復細繹之乎？式三少時忢讀《左傳》，先君子既以杜《注》及姜氏《補義》授之，且告之曰：「姜氏注《左》而駁《左》，是可疑耳。姜氏之學，豈能勝于左氏？」式三既聆訓不敢忘，及長，搜求各書有能解《左氏》疑義者，尋一義如尋異寶。久之乃知《左氏》之于《春秋》，信乎傳授之不差也。爰舉其大綱凡例，約略言之，為杜氏釋例，證其是、校其失，以此補姜氏之《補義》。于學者或有小補云爾。若夫拾啖、趙之餘唾，駁《左》甚于姜氏者，豈敢信哉！道光甲辰正月，黃式三自敘。

◎摘錄卷四《讀顧氏朔閏表》：顧氏震滄作《朔閏表》一卷，分四卷；復作《長厤拾遺表》一卷以徵成之，可謂詳於攷古矣。書言杜氏失，不置閏，今增置者三：桓公四年閏十二月、莊公二十年閏十二月、成公十二年閏五月。攷之杜書，桓公五年閏正月，顧書足以改正杜書，原非增置一閏；莊、成兩閏皆杜書所有，書又言杜氏錯置閏。今削去者一：莊公二十九年閏五月。攷之杜書，此年本無閏。書又言杜氏置閏稍有後先，今改正者五：攷之杜書，文八年之閏杜書本無之，九年閏七月，顧書與杜畫闇合，非杜書之有譌。僖公八年、昭公元年八年、哀公五年之閏，顧書實改杜書。顧氏未見杜書，祇據趙東山汸之《春

秋屬辭》而為之。趙書謬譌，遂啟顧氏之疑而多為之辨。彼譌書真可恨矣，而顧氏藉此攷正經傳之日月，可不謂之勤乎哉！當顧氏作《拾遺表》之時，杜氏《長曆》不可得見，方謂吉光片羽流傳于斷楮殘墨之間，學者宜寶悆而珍惜之。今杜書之在《永樂大典》中者，幸已編輯裒布，合杜書顧書校攷得失羽翼經傳，真學者之寶也。而陋者拘執閏在歲終之例，杜書既束高閣而顧書此二卷人莫之睹矣。聖經賢傳霾沈于褊淺之談，殽襍于庸俗易行之說。而如此書者，或嫌其紛賾，莫能參攷諟正，為之遙望古人而慨惜久之。

◎摘錄卷四《讀戴氏即位改元攷》：《春秋》隱、莊、閔、僖四公不書即位，賈、服諸儒謂四公行即位禮史書之，而孔子不書。杜氏謂不行即位，禮史不書，孔子因史案隱公十一年《左傳》曰「宋不告命」，故不書；又曰：「滅不告敗，勝不告克，不書于策」，此言孔子修《春秋》列國征伐之事有不書者，由史之不書于策也。傳曰：「不書即位，未見其史不書策之實。即位見羣臣禮不容已。十二公蓋皆行之，惟時有常變，遂禮有詳略。孔子書其備禮者，不書其不備禮者，以見隱公有讓位之心。莊、閔、僖三公得遭變殺禮之意，其遭變不殺禮者，由是見其失焉。謂四公同行即位之禮，杜氏已譏之；謂四公不行即位之禮，戴氏復非之。書此備諸儒之所未言也。

◎摘錄卷四《讀江氏春秋兵農已分論》：齊管仲參國伍鄙之法見諸《國語》，江氏慎修解之曰：「齊三軍出之士，鄉十有五，公與國子、高子分率之，而鄙處之農不與也。」式三以為不然。管仲三分其國為二十一鄉，工商之鄉六，韋宏嗣所謂不從戎役者也；士鄉十有五，其制十軌五十家，家出一人從兵役，以五十人為小戎也。五分郊外而置五屬，《國語》不言其出兵之制，此依成周之制，八家出一卒，無所變更者也。五屬之農一井八家，出一卒一成，百井出一乘，此古寓兵于農之善政也。十五鄉之三軍多其軍役，必減其租稅，此後世府兵屯田之所自仿寓農于兵者也。班氏孟堅謂管仲隨時苟合以求欲速之功不能充王制，以此耳，豈如江氏之論野處之農不為兵，判分兵農為二哉！《左傳》載晉之軍制，始則一軍，既而作二軍作三軍，又作三行作五軍，既舍二軍旋作六軍，以新軍無帥而復三軍。江氏為之說曰：「其既增又損也。蓋除其軍籍使之歸農，若軍盡出于農，則農民固在，安得屢易軍制乎？」此江氏未恖練閱調發之殊而為此言也。禮曰：「制，國不過千乘」，乘百人，十乘千人，百乘萬人，千乘十萬人，練閱之數如此。大國三軍祇用三萬七千五百人，調發之法如此。晉之調發或多或寡，作軍舍軍之所以殊也。《傳》曰：「楚國荊尸而舉」，商農

工賈不敗其業，言供役而不擾也。而江氏謂楚之農不從軍，豈足信耶？江氏慎修，達人也，戴氏東原為作事實狀，俙是說江氏鄭堂作《漢學師承記》復述焉，恐其惑後學也而辨之。

◎趙爾巽《清史稿》卷一百四十五志一百二十《藝文》一：《春秋釋》一卷，黃式三撰。

◎孫殿起《販書偶記》卷二：《春秋釋》四卷，定海黃式三撰。光緒戊子黃氏家塾刊。

◎像贊〔註16〕：猗與先生，進道以勇。鍼隱貶微，誠憂誠恐。窮居治經，群說兼總。漢宋交注，折衷於孔。史兮左支，文接韓踵。表充里粹，天職優寵。詔告揭誠，開蒙決壅。莘莘甬隅，刀俎豆世奉。年家子烏程施補華謹譔。

◎黃式三《周季編略》卷首楊昌濬序：先生於羣經皆有撰述，以周兄弟排纂目錄。

◎上海古籍出版社 2015 年《續修四庫全書總目提要·春秋類》「《春秋釋》四卷」：是書前有嚴可均序、黃氏自序。卷一載釋《春秋》經傳同異、釋救執、釋人、釋名、釋族、釋盜、釋以、釋殺、釋歸入、釋王不稱天、釋大夫會盟諸侯例、釋兄弟、釋聘、釋天、釋偏兩卒伍共十五篇，於杜氏《釋例》之譌，言《春秋左傳》之舊例不足。卷二載《春秋》時周十王事提要，卷三載魯十二公事提要，皆敘《春秋》時事之大綱。卷四載宋穆殤莊公、宋公子魚、晉隨武子等三事始末，及管仲子產論、百里奚論、晏子論、宋魚石止華元論、衛元咺論、倉子爨骸論、亂賊懼《春秋》說、讀劉氏《權衡》、讀呂氏《博議》、讀顧氏《朔閏表》、讀戴氏《即位改元考》、讀江氏《春秋兵農已分論》等十二篇，雜著各家之說，論事平允，考校謹嚴。黃氏自敘以為，《春秋》之義不明，由儒者之不信《左傳》也。《左傳》之不信，由儒者之拘成見而昧舊史之凡例，乃著是書破諸見以彰《左氏》之說云云。此本據上海辭書出版社圖書館藏清光緒刻《儆居遺書》本影印。（徐峰）

◎黃式三（1789～1862），字薇香，號儆居。浙江定海廳紫微鄉（今舟山定海區）人。道光十二年（1832）歲貢生。道光十四年（1834）鄉試丁母憂，誓不復應試，以歲貢生終。於學不立門戶。子以愚、以周能世其學。著有《易傳通解初稿》不分卷、《論語後案》二十卷、《詩叢書》一卷、《詩序說通》二卷、《詩傳箋考》二卷、《書啟蒙》四卷、《春秋釋》二卷、《鄭君粹言》（一名

〔註16〕錄自黃式三《周季編略》卷首。

《漢鄭君粹言》）一卷、《史說》一卷、《讀通考》二卷、《讀子集》三卷、《周季編略》九卷、《翁州紫微莊墩頭黃氏譜》、《黃氏宗譜》一卷、《儆居集經說》四卷、《儆居雜著》四卷、《黃氏塾課》（一名《經外緒言》）三卷、《炳燭錄》二卷、《朱呂問答》一卷、《古體詩》一卷、《復禮說》、《崇禮說》、《約禮說》。

黃奭輯　春秋　一卷　存

道光刻漢學堂叢書本

道光刻王鑒修補、朱長圻補刻黃氏逸書考本

◎黃奭（1809～1853），原名錫麟，字右（有）原。江蘇甘泉（今揚州）人。監生。少肄業揚州安定書院，後從師江藩。以貲入為刑部浙江司郎中，道光十二年（1832）欽賜舉人。輯有《黃氏逸書考》。《清史列傳》卷六十九、《清儒學案》、民國《甘泉縣續志》有傳。

黃奭輯　春秋　一卷　存

道光刻漢學堂叢書本

道光刻王鑒修補、朱長圻補刻黃氏逸書考本

◎三國魏宋均原注。

黃奭輯　春秋保乾圖　一卷　存

道光刻漢學堂叢書本

道光刻王鑒修補、朱長圻補刻黃氏逸書考本

◎三國魏宋均原注。

黃奭輯　春秋感精符　一卷　存

道光刻漢學堂叢書本

道光刻王鑒修補、朱長圻補刻黃氏逸書考本

◎三國魏宋均原注。

黃奭輯　春秋穀梁傳注　一卷　存

道光刻漢學堂叢書本

道光刻王鑒修補、朱長圻補刻黃氏逸書考本

◎三國魏糜信原撰。

黃奭輯 春秋合誠圖 一卷 存

道光刻漢學堂叢書本

道光刻王鑒修補、朱長圻補刻黃氏逸書考本

◎三國魏宋均原注。

黃奭輯 春秋後傳 一卷 未見

◎晉樂資原撰。

◎趙爾巽《清史稿》卷一百四十五志一百二十《藝文》一：漢嚴彭祖《春秋盟會圖》一卷，晉樂資《春秋後傳》一卷，以上均黃奭輯。

黃奭輯 春秋考異郵 一卷 存

道光刻漢學堂叢書本

道光刻王鑒修補、朱長圻補刻黃氏逸書考本

◎三國魏宋均原注。

黃奭輯 春秋盟會圖 一卷 存

道光刻漢學堂叢書本

道光刻王鑒修補、朱長圻補刻黃氏逸書考本

◎漢嚴彭祖原撰。

◎趙爾巽《清史稿》卷一百四十五志一百二十《藝文》一：漢嚴彭祖《春秋盟會圖》一卷，晉樂資《春秋後傳》一卷，以上均黃奭輯。

黃奭輯 春秋命曆序 一卷 存

道光刻漢學堂叢書本

道光刻王鑒修補、朱長圻補刻黃氏逸書考本

◎三國魏宋均原注。

黃奭輯 春秋內事 一卷 存

道光刻漢學堂叢書本

道光刻王鑒修補、朱長圻補刻黃氏逸書考本

◎三國魏宋均原注。

黃奭輯 春秋潛潭巴 一卷 存

道光刻漢學堂叢書本

道光刻王鑒修補、朱長圻補刻黃氏逸書考本

◎三國魏宋均原注。

黃奭輯 春秋說題辭 一卷 存

道光刻漢學堂叢書本

道光刻王鑒修補、朱長圻補刻黃氏逸書考本

◎三國魏宋均原注。

黃奭輯 春秋土地名 一卷 存

道光刻漢學堂叢書本

道光刻王鑒修補、朱長圻補刻黃氏逸書考本

◎晉京相璠原撰。

黃奭輯 春秋握誠圖 一卷 存

道光刻漢學堂叢書本

道光刻王鑒修補、朱長圻補刻黃氏逸書考本

◎三國魏宋均原注。

黃奭輯 春秋文耀鉤 一卷 存

道光刻漢學堂叢書本

道光刻王鑒修補、朱長圻補刻黃氏逸書考本

◎三國魏宋均原注。

黃奭輯 春秋演孔圖 一卷 存

道光刻漢學堂叢書本

道光刻王鑒修補、朱長圻補刻黃氏逸書考本

◎三國魏宋均原注。

黃奭輯 春秋元命苞 一卷 存

道光刻漢學堂叢書本

道光刻王鑿修補、朱長圻補刻黃氏逸書考本

◎三國魏宋均原注。

黃奭輯　春秋運斗樞　一卷　存

道光刻漢學堂叢書本

道光刻王鑿修補、朱長圻補刻黃氏逸書考本

◎三國魏宋均原注。

黃奭輯　春秋左氏解詁　一卷　存

道光刻漢學堂叢書本

道光刻王鑿修補、朱長圻補刻黃氏逸書考本

◎漢賈逵原撰。

黃奭輯　春秋左氏傳解誼　一卷　存

道光刻光緒印漢學堂叢書本

道光刻王鑿修補、朱長圻補刻黃氏逸書考本

◎漢服虔原撰。

黃奭輯　春秋左氏傳述義　一卷　存

道光刻光緒印漢學堂叢書本

道光刻王鑿修補、朱長圻補刻黃氏逸書考本

◎隋劉炫原撰。

◎趙爾巽《清史稿》卷一百四十五志一百二十《藝文》一：隋劉炫《左氏傳述義》一卷，黃奭輯。

黃奭輯　春秋佐助期　一卷　存

道光刻漢學堂叢書本

道光刻王鑿修補、朱長圻補刻黃氏逸書考本

◎三國魏宋均原注。

黃奭輯　發公羊墨守　一卷　存

國圖（清黃克校）藏道光二十三年（1833）黃奭刻高密遺書本

道光刻王鑒修補、朱長圻補刻黃氏逸書考‧通德堂經解本

◎漢鄭玄原撰。

黃奭輯　公羊治獄　一卷　存

道光刻漢學堂叢書本

道光刻王鑒修補、朱長圻補刻黃氏逸書考本

◎漢董仲舒原撰。

黃奭輯　穀梁傳例　一卷　存

道光刻漢學堂叢書本

道光刻王鑒修補、朱長圻補刻黃氏逸書考本

◎晉范寧原撰。

◎趙爾巽《清史稿》卷一百四十五志一百二十《藝文》一：晉范寧《穀梁傳例》一卷，黃奭輯。

黃奭輯　規過　一卷　存

道光刻王鑒修補、朱長圻補刻黃氏逸書考本

◎隋劉炫原撰。

黃奭輯　釋穀梁廢疾　一卷　存

國圖藏道光二十三年（1843）黃奭刻高密遺書本（清黃克校）

道光刻王鑒修補、朱長圻補刻黃氏逸書考‧通德堂經解本

◎漢鄭玄原撰。

黃奭輯　緘左氏膏肓　一卷　存

國圖藏道光二十三年（1843）黃奭刻高密遺書本（清黃克校）

道光刻王鑒修補、朱長圻補刻黃氏逸書考‧通德堂經解本

◎漢鄭玄原撰。

黃叔琳　宋元春秋解提要　無卷數

◎提要：是編雜採宋元諸家之說，而不加論斷。前有總論、凡例，亦皆採集舊文。卷首有自注脫落未寫者四十二條，書中亦多空白。蓋與其《宋元易解提要》均未竟之槀也。

◎黃叔琳（1672～1756），幼名偉元，字昆圃，又字宏獻，號金墩、北硯齋，晚號守魁，世稱北平黃先生。本歙縣程氏，以父華蕃為舅氏黃爾悟後，從黃姓，為順天大興（今北京）人。康熙三十年（1691 年）進士，授編修。歷官山東學政、太常寺卿、內閣學士、吏部侍郎、詹事、浙江巡撫，以文學政事受知康雍乾三朝。著有《硯北易鈔》十二卷、《周禮節訓》六卷、《夏小正注》一卷、《詩經統說》、《史通訓故補》二十卷、《黃昆圃年譜》一卷、《硯北雜錄》十六卷《劄記》一卷、《硯北叢錄》無卷數、《文心雕龍輯注》十卷、《顏氏家訓節鈔》二卷、輯有《國朝御史題名錄》。

黃思誠 春秋錄要 十二卷 存

北大藏光緒七年（1881）岳陽昭祜堂刻本

◎李元度《天岳山館文鈔》卷二十三《贈奉政大夫縣學生黃高岡先生墓表》：所著曰《易經錄要》《春秋錄要》，皆手寫無一筆苟；《詩經》未卒業。

◎黃思誠（1806～1863），原名魁九，字維一，號羅山；易名思誠，字汝思，別字高岡。安徽歙縣人。黃元吉長子。從金雲五遊，傳其學。子海儀、本頤。著有《周易錄要》十二卷首一卷、《春秋錄要》十二卷。

黃嗣節 春秋擬要 佚

◎同治《金谿縣志》卷三十二《藝文志》一：《易經釋義》《禹貢通解》《春秋擬要》（黃嗣節撰）。

◎光緒《撫州府志》卷六十《人物志》：所著《禹貢通解》行世，《易經釋義》《春秋擬要》藏於家。

◎黃嗣節，字甘象。江西金溪人。廩生。與同邑明經蕭復遠、太史馮詠為文字交，稱莫逆。年五十五卒。著有《易經釋義》《禹貢通解》《春秋擬要》。

黃暹 春秋宗旨 佚

◎嘉慶《重修揚州府志》卷五十一《人物》六：著有《四書／詩經說約》《春秋宗旨》諸編（《江都縣志》）。

◎黃暹，字曉齋。江都（今江蘇揚州）人。生平好行義。嘗刲股以療母疾。下帷續學。著有《詩經說約》《四書說約》《春秋宗旨》。

黃業 春秋管見 佚

◎民國《盧陵縣志》卷十九上《耆獻志》：箸有《易義蠡測》《春秋管見》《驥洲古文》。

◎黃業，字懋成。江西盧陵（今吉安）人。康熙十一年（1672）舉人，授德化教諭，陞南昌教授。學契濂洛關閩之旨，力求實踐。與同邑張貞生、鄒一泉相切劘。卒年八十二。

黃永 春秋觀牛 佚

◎乾隆《泉州府志》卷七十四《藝文》：黃永《五經發明》《五經指南》《春秋窺豹》《春秋觀牛》《道學源流》《延平問答錄》《朱子文集選》《先儒學紀》《省身要言》《歷代紀年》《寡過編》《陟三詩文集》。

◎黃永，泉州人。著有《春秋觀牛》《春秋窺豹》《五經發明》《五經指南》《道學源流》《延平問答錄》《朱子文集選》《先儒學紀》《省身要言》《歷代紀年》《寡過編》《陟三詩文集》。

黃永 春秋窺豹 佚

◎乾隆《泉州府志》卷七十四《藝文》：黃永《五經發明》《五經指南》《春秋窺豹》《春秋觀牛》《道學源流》《延平問答錄》《朱子文集選》《先儒學紀》《省身要言》《歷代紀年》《寡過編》《陟三詩文集》。

黃永年 春秋四傳異同辨 一卷 存

光緒刻陶福履輯豫章叢書本

商務印書館 1936 年叢書集成初編本

中華書局 1985 年新 1 版叢書集成初編本

新文豐出版公司叢書集成新編據豫章叢書排印本

江西教育出版社 2007 年點校豫章叢書本

◎卷首云：吾治《春秋》左氏、公羊氏、穀梁氏、胡氏四家言，日撝其怪迂踳駁拘牽附會牴牾與經旨相亂者，稍為折衷；而闕其不可信。已復廢卷嘆也，曰：嗚呼！六經獨《春秋》孔子所自作，孟子敘堯舜禹湯文武周公聖人之業，必曰「孔子成《春秋》」，而孔子自言亦曰「知我罪我」、「其義則丘竊取之」，蓋未嘗不自矜慎貴惜也。當時七十子之徒，道術莫醇於游、夏，聖人宜授之使卒業於此，何以屬之丘明？游、夏之徒且曰一辭莫能贊？以轉授

其弟子，顧能發明之無謬於聖人之旨耶？是聖人之《春秋》一再傳而已為郢書燕說捕風捉影，何有於千百世之後？此不可解者也。諸儒之失，其大者在於學不得其統宗，以方隅之見求聖人之經於訓釋，又參以臆見傳聞之雜出，故多不軌於正、要於一，而善言《春秋》者惟孟子。後之學者，因是猶得有所尋逐，彼其去聖人之世近，而學得其統宗故也。嗚呼！今吾去聖人二千數百歲之久，識聖人之書於燒焚散亡，後儒區區補綴之餘，其文字篆隸屢更，書縑紙再易，謬訛脫失附會，莫可究詰，烏從盡信之！以為皆聖人之舊與？！此百家之論所以尤貴於深思而慎擇也。故善治經者，當如孟子論王制封建井田諸侯喪禮等曰：「此其大略也」，又曰：「吾於武成，取二三策而已矣」，噫！抑不獨《春秋》為然矣。

◎卷末云：黃永年曰：四氏之文，左氏病於誣妄，公、穀好為鑿新，胡氏之病不能闕疑。《傳》曰：「《春秋》之失亂」，誣妄鑿新，疑不能闕，此必亂者也。求是經之治，無至于亂而已矣。

◎陳昌圖《南屏山房集》卷十八《百尺樓雜錄》：四氏之文，左氏誣妄，公、穀穿鑿，胡氏不能闕疑，廣昌黃永年有《春秋四傳異同辨》。

◎黃永年，字靜山，自號崧甫。江西廣昌人。乾隆元年（1736）進士。彭紹升《二林居集》卷十有《常州知府黃君墓表》。著有《春秋四傳異同辨》。

黃玉儀 春秋讀存 一冊 佚

◎尋霖、龔篤清編《湘人著述表》：《經耕堂存稿》，凡三十餘篇，皆記序論說傳志祭文之屬。卷末有其子士及跋，稱所著有《周易蘊元》十一冊，《易略》二冊，《辨疑》一冊，《詩經讀存》三冊，《春秋讀存》一冊，《書經讀存》六篇，《周易讀存》七篇，別有《周官便覽》、《詩初稿》，俱已刊行，今皆未見。

◎黃玉儀，湖南善化人。著有《周易蘊元》十一冊、《易略》二冊、《辨疑》一冊、《詩經讀存》三冊、《春秋讀存》一冊、《書經讀存》六篇、《周易讀存》七篇、《周官便覽》、《響玉堂文集》、《求正詩集》一卷、《湘舲堂楛草》二卷、《詩初稿》、《經耕堂存稿》。

黃育 春秋傳類纂 四卷 存

臨海市博物館藏清抄本

◎吳茂雲、鄭偉榮編著《台州古籍存佚錄》卷四《經部五‧春秋類》:《春秋傳類纂》四卷,清臨海黃育撰,清抄本,今存臨海市博物館。

◎黃育,字文彬,一字曾照,號明星。臨海(今浙江臨海)人。著有《春秋傳類纂》四卷、《梓里遺聞》二卷、《漱玉集》、《舊學齋示兒編》一卷、《舊學齋隨筆》一卷。

黃元 春秋釋例 四卷 佚

◎道光《徽州府志》卷十一之四《人物志‧文苑》:居平好學不倦,手不釋卷。所著有《春秋釋例》四卷、《盱山紀勝》二卷、《澄碧齋詩文集》十二卷(《公舉事實》)。

◎汪正元、吳鶚光緒《婺源縣志》卷二十六《人物志‧文苑》二:著有《春秋釋例》四卷、《盱山紀勝》二卷、《澄碧齋詩文集》十二卷。

◎汪正元、吳鶚光緒《婺源縣志》卷五十五《藝文志‧典籍》:黃元著(《春秋釋例》《盱山紀勝》《澄碧齋詩文集》)。

◎黃元,字亮采,號梅岑。婺源(今江西婺源)潢川人。乾隆三十三年(1768)中式南闈副榜,為當塗、盱眙、滁州、舒城等處廣文,所至教士先器識而後文藝,士風為之一變。居平好學不倦,手不釋卷。子啟泰、啟道、啟蘇均邑庠生。著有《春秋釋例》四卷、《盱山紀勝》二卷、《澄碧齋詩文集》十二卷。

黃越 黃太史訂正春秋大全 三十七卷 年表序論圖說 一卷 存

國圖、陝西、南開、孔子博物館、寧波市天一閣博物館藏康熙五十六年(1717)豫章東邑書林王氏郁郁堂刻本

◎明胡廣等原撰。虞大復糸訂。

◎《四庫提要》「《退谷文集》十五卷、《詩集》七卷(兩江總督採進本)」:國朝黃越撰。越字際飛,上元人。康熙己丑進士,改庶吉士。所著《四書大全合訂》,及選刻制義如《明文商》、《今文商》、《墨卷商》、《考卷商》之類,皆盛行一時。蓋平生精力注於講章、時文,此集所著詩、古文,乃以餘暇兼治者。其《尚書古今文辨》惟以蔡《傳》折服諸家,《三傳得失辨》惟以《胡傳》斷制眾論,亦仍舉業繩尺也。

◎黃越,字際飛。江蘇金陵上元(今南京)人。康熙四十八年(1709)進士,改庶吉士。著有《尚書古今文辨》、《黃太史訂正春秋大全》三十七卷《年

表序論圖說》一卷、《三傳得失辨》、《四書大全合訂》、《明文商》、《今文商》、《墨卷商》、《考卷商》、《退谷文集》十五卷、《退谷詩集》七卷。

黃瓚 春秋長曆補正 六卷 佚

◎民國《蕭山縣志稿》卷十九《人物》六：通虞氏易，不假師授，繩牀上銼，兀兀窮年，洞微發奧，成《漢易通義》八卷附《略例》一卷，於宋後之說概屏不錄。湯紀尚為之序，謂為虞氏功臣。其言足以匡翼惠棟、張惠言所不逮。今傳於世。瓚又著有《春秋長曆補正》六卷，凡十易稿迺成，燬於洪楊之亂。

◎黃瓚，字�莊。浙江蕭山人。諸生。年七十餘卒。著有《春秋歲月日通考》、《春秋長曆補正》六卷、《雪洲集》十二卷續集二卷。

黃瓚 春秋歲月日通考 存

國圖藏朱絲欄抄本

黃宅中 春秋精義彙鈔 六卷 存

咸豐四年至七年（1854～1857）稿本

◎黃宅中（1796～1863），字惺（心）齋，號圖南，自號農莊病叟。山西河曲人。黃廷幹子。道光二年（1822）恩科進士。授翰林院庶吉士。道光九年（1829）任侯官知縣，後授福州海防同知，署邵武府知府。任內廉勤，有令名。道光十五年（1835）以母喪歸。道光二十年（1840）起，用為湖南永順府古丈坪同知，後權守常州、德州、衡州及永順府、寶慶府。道光二十四年（1844），升貴州大定府知府。咸豐元年（1851）護理貴四道，二年（1852）授浙江杭嘉湖道，三年（1853）奏請開缺回籍調理。歸里後杜門謝客，專事著述。與林則徐、梅曾亮交善。嘗主修道光《大定府志》，參修《寶慶府志》。著有《春秋精義彙鈔》六卷。

黃正憲 春秋翼附 二十卷 存

北京大學藏明刻本

續修四庫全書影印北京大學藏明刻本

◎目錄：卷之一隱公。卷之二桓公。卷之三莊公上。卷之四莊公下、閔公。卷之五僖公上。卷之六僖公中。卷之七僖公下。卷之八文公上。卷之九文公下。卷之十宣公上。卷之十一宣公下。卷之十二成公上。卷之十三成公下。卷之十

四襄公上。卷之十五襄公中。卷之十六襄公下。卷之十七昭公上。卷之十八昭公下。卷之十九定公。卷之二十哀公。

◎春秋翼附序：余友黃懋容氏通經博古，于六籍各有疏義。初刻《易象管窺》成，屬余序諸簡端。愧余非善易者，不能深言之也。茲復以《春秋翼附》問序于余。余不敏，幼好讀《左氏傳》，直艷其事與詞為千古文人嚆矢云爾。間亦取《公》《穀》及康侯傳讀讀之，然于《春秋》之旨懵如也。蓋自漢以來迄于國朝，說《春秋》者亡慮千百家，而四傳為最著。丘明與夫子生同時，按魯史為傳，當不甚謬剌，然不亡牽合附會之失。夫子以《春秋》屬商，齊公羊高、魯穀梁赤俱本自西河，宜闕疑傳信，不詭于筆削之旨。乃細瑣刻深，若酷吏之斷獄，夫子不若是苛也。彼矛盾者，一是必一非矣。《胡氏傳》立于學宮，士人類墨守其說，顧安國去古益遠，臆斷于千百年之後，若射覆然，能一一懸中乎哉？！蓋不佞每思取漢以來諸說《春秋》家，一獄究之，而未逮也。夫深于《春秋》者，斯能言《春秋》也，余不敏，不敢言其所不知，又不敢虛懋容之請，乃取四傳及家藏《春秋》訓釋一二十種參互之，畢五日之力始卒業隱公，舉一隱公而十二公可槩也，竊于《春秋》窺其大指云。善哉乎！懋容氏之說《春秋》也！夫《春秋》，夫子修魯史以存王迹者也。夫其修魯史也，而魯宗國也，其褒貶類為魯設也。其存王迹也，而周天王也，其褒貶類為宗周設也。其有繫于魯與周者，而夫子筆之，無繫于魯與周者，而夫子削之。孟子所謂「魯之《春秋》，而其義丘竊取之，游、夏所不能贊一詞」者也。得是說而存之，于《春秋》思過半矣。蓋據事筆削，褒貶自見，非拘拘于日月爵氏以為袞鉞也。拘拘于日月爵氏之間，求所謂袞鉞者，而有合有不合，于是曲為正例、變例之說。至云美惡不嫌同辭，說愈繁而愈晦矣。凡此，雖四氏不能破其藩，他無論已。即以隱公論宰喧之賵仲子也，失在天王賵諸侯之妾也，非以書名為呾貶也。武氏子之來求賵也，失在魯諸侯不賵天王之喪也，非以父卒子未命為武氏子譏也。癸未之葬宋穆公也，失在天王葬而不會，而會葬與國也，非以危不得葬而書日也。衛州吁之弒其君也，失在隱公不能請命討賊如夫子之請討陳恒也，非以削其屬籍為莊公尤也。齊侯之使其弟來聘也，失在齊侯僭天子之禮而魯侯猥受之也，非以其寵愛基禍而變文書弟也。凡伯川來聘而戎伐之以歸也，失在魯不朝又不能衛天使以歸也，非獨以衛地為衛罪也。初盟宋以伐鄭，既平鄭以伐宋，紛紜征伐，率不自天子出而諸侯奸之，皆不容于盛王之世者也。若嗜利捐好，又在末減矣。凡此皆據事筆削，褒貶自見，而非拘拘于日月爵氏以為袞鉞

也。又如惠公仲子為惠公之仲子，非惠公與仲子也。石碏誠純臣，夫子何以畧不書也？叛逆譎詐如鄭莊，胡得以有禮稱也？諸如此類，藉令左氏復生，當為首肯，彼三氏之心折，又可知已。善哉乎！懋容氏之說《春秋》也，有功四傳，羽翼聖經，即稱《春秋翼》可也，附云乎哉！夫尊古而卑今、貴名而賤實，自昔然矣。懋容杜門著述，不為名高，人亦罕有知之者。驟語人曰：懋容之說《春秋》，有功于三氏，信耳者必駭。復語人曰：懋容之說《春秋》，有功于左氏，信耳者必大駭。此安可與耳食者道也？！綜今論之，高、赤與丘明孰優？人亡不艷稱左氏者，乃漢初《公》《穀》之學大行而《左氏》絀，至董仲舒、劉歆始尊明之。國朝絀《三傳》獨尊康侯，然究其指歸，不能躋公、穀，況出左氏上哉？！經術之通塞，亦有幸有不幸耳。雖然，古今不相遠，名實自有真，楊雄有言：「後世有子雲，當知子雲。」善哉乎！懋容之說《春秋》也，異日者當與四傳並列于學宮，請以余言為左券云。懋容索序甚，亟聊書此以復。其不能深言，猶《易》也。不佞行且舉十二公盡獄究之，當更為商訂序次，共成麟經千古一大快，懋容肯少俟之否？友弟賀燦然伯闇甫譔。

◎春秋翼附序：《春秋》，吾夫子刑書也。然刑由情生，情以法檢，故左氏準經以附情，公、穀破情以比法。顧準之過則病濫，破之過則病謬，為病則等。第公、穀視左為較甚耳。三氏之學無慮數十百家，總之交口譁訟，了無結證。一旦胡安國氏排眾說起，遂舉二千許年未竟之獄一成而牢不可移，後之鴻生舊學，奉若功令，未有能平反之者。余家季懋容，以世不我用，乃用其世于二百四十二年之間，自四傳而外，漢疏而下，凡足以羽翼聖經者，靡不考證糾駁，斷以己見，名曰《春秋翼附》，志不敢擅也。余觀其書，大都以情不徇法、法不戾經始合于聖人之旨，故其論說多有發先儒之所未發。如天王狩于河陽為復覩會同、躋僖公非猶子繼父、成風有大造于莊公得稱夫人、徒人費三人取其死節，此于天常人紀固皆大有關係。又如稱蔡昭侯復祖父之讐、雪子叔姬不白之冤之闡幽微也，杞子來朝自降為子、徐子章羽不與書名同例之辨名爵也，日食三十六祗為應變而書、甲戌己丑以甲戌為歲之言天時也，杞伯姬與聞國政、慶父謀立閔公之因事見端也，狄人入衛謂其非滅、伯姬歸杞謂非桓公女之援證足據也，其他若紀侯慷慨去國、公子買刺之為刺、曹沫劫盟之誣、華亥恭倨之辯、衛侯五罪、趙盾五失之類，咸足輔翼聖經，啟示來學，庶幾哉能平反于深文之後而有裨四傳者乎！余與季皆六旬餘，暮年兄弟，種種繫懷，因勸付之剞劂，與《易象管窺》先公諸海內，亦見生平力學苦心云耳。伯兄正色譔。

◎春秋翼附凡例：

一、經斷也，傳案也，然孔子作經、丘明作傳，未知孰先孰後。劉歆謂丘明親見孔子，好惡與聖人同，然傳以核事，未免有鶩博浮靡之弊。故季本氏極力排詆，謂盡出誣妄，不足證據，則幾于刻矣。至其文辭富艷，逴絕千古，誰能置喙哉。憲是編，專主說經，蘄不悖于聖人之旨，並不敢剿襲蕪詞。況今學士大夫及庶民之家業舉子者，即三尺豎子皆知肄習《左氏》，安用更為採錄。

一、公羊高、穀梁赤師門授受，同出西河，故多恂恂儒者之言。但義例拘牽，問答煩碎，讀者未免厭倦，往往敝帚棄之。然其間名言奧論，時有發左氏所不能發、與聖經默契者。故先學士兄特加采輯，以附《左氏》之末，觀者便焉，可為二氏生色矣，因置不錄。

一、宋儒胡安國作傳，專以存天理、遏人欲、防微杜漸、撥亂反正之義闡洩宣聖之旨，故其言悉軌于道，似非左丘、公、穀所能仿佛者。然排斥眾說，歸斷成獄，未免傷于刻覈，或失當世行事之實，與聖經不盡符合。故不嫌糸酌，間有平反，亦期與先儒互相發明耳，非敢立異論為矛盾也。

一、漢唐宋諸儒及我朝理學名臣，說《春秋》者不下百家，凡其言足以羽翼經傳者，悉為採錄。其間獨近儒金壇王氏《輯傳》、山陰季氏《私考》足稱全書，持論亦正，故採取較多，實非有私于鄉達先生也。

一、《春秋》聖人經世之書，微言奧旨，雖先儒雅稱淵睿者，或多齟齬，矧正憲孤陋寡聞，黯淺末學哉！然童而習之，白首而稍得其梗概，遂忘其固陋，勒成一編，名曰《附翼》，以就正于海內大方。凡以按字起例者，皆臆見云。

◎《明史》卷九十六《志》第七十二《藝文》一《春秋》：黃正憲《春秋翼附》二十卷。

◎四庫提要：是書大旨以胡安國傳未免過於刻覈，因博采舊聞，自唐孔穎達以下，悉為折衷。於明世諸家則多取山陰季本《私攷》、金壇王樵《輯傳》二書。今觀其所論，如謂尹氏卒為吉甫之後，非即詩家父所刺者；仲孫蔑會齊高固于無婁地，非牟婁，亦間有攷證，然核其大體，則未能悉精確也。

◎許瑤光修，吳仰賢等纂光緒四年《光緒嘉興府志》卷八十《經籍一》：黃正憲《春秋翼附》二十卷（《明史‧志》《經義考》《四庫存目》。《采集書錄》曰：正憲謂前人拘拘於日月爵氏為褒貶，曲為正例、變例及美惡不嫌同辭之類，愈繁愈晦，茲特取其不詭於筆削之旨者錄之，所采於明人王樵、季本之說較多）。

◎《浙江採集遺書總錄・乙集・經部・春秋類》：《春秋翼附》二十卷（刊本），右明諸生嘉興黃正憲撰。謂前人拘拘於日月爵氏為褒貶，曲為正例、變例及美惡不嫌同辭之類，愈繁愈晦，如射覆然。茲持取其不詭於筆削之旨者錄之。所采於明人王樵、季本之說為多。

◎阮元《文選樓藏書記》卷一：《春秋翼附》二十卷，明諸生黃正憲著。嘉興人。刊本。是書折衷四傳，兼及唐宋諸家，於明人王樵、季本之說採錄尤多。

◎上海古籍出版社 2015 年《續修四庫全書總目提要・春秋類》「《春秋翼附》二十卷」：是書前有黃氏友人賀燦然及署名「伯兄正色」二序，其後凡例、目錄。是書收入《四庫全書總目》春秋類存目，提要謂是書大旨，蓋以胡安國《春秋傳》過於刻覈，因博采舊聞，自唐孔穎達以下悉為折衷，於明世諸家，則多取山陰季本《私考》、金壇王樵《輯傳》二書。今觀其所論，如謂尹氏卒為吉甫之後，非即《詩》家父所刺者；仲孫蔑會齊高固於無婁地，非牟婁，亦間有考證。然核其大體，則未能悉精確云云。此本據北京大學圖書館藏明刻本影印。（曾亦）

◎黃正憲，字懋客，號廣寓居士。嘉興秀水（今浙江嘉興）人。黃綜子、黃洪憲弟。有才不第。著有《易象管窺》十五卷、《春秋翼附》二十卷。

黃植 春秋大義 二卷 佚

◎孫葆田《山東通志》卷百二十七《藝文志》第十：是書見《採訪冊》。

◎同治《即墨縣志》卷九《人物》：其經學、理學當世推尊，以為不可及。

◎黃植，字靜軒。山東即墨人。黃如璧子。乾隆三十七年（1772）恩貢。著有《周易淺說》（一名《周易講義》）三卷、《春秋大義》二卷、《論語會說》、《學庸記疑》、《孟子析義》、《水湄草堂集》十二卷。

黃中瑄 胡左集要 佚

◎王其淦、吳康壽光緒《武進陽湖縣志》卷二十八《藝文》：黃中瑄《胡左集要》（佚）。

◎黃中瑄，常州府武進（今江蘇常州）人。順治九年（1652）進士。著有《胡左集要》。

黃中瓚 春秋戰國合分圖說 佚

◎林達泉、譚泰來、曹文煥等主修，李聯琇等纂修光緒《崇明縣志》卷之十六《藝文志》：黃中瓚《禹貢匯參》、《春秋戰國合分圖說》（李兆洛序）。

◎黃中瓚，江蘇崇明（今屬上海）人。同治四年（1865）進士。著有《禹貢匯參》、《春秋戰國合分圖說》、《莆陽刺桐黃氏續修族譜》不分卷。

黃宗傑 春秋正解體要 二十一卷 存

湖北藏乾隆五十七年（1792）擷雲書屋刻本

◎雷夢水《販書偶記續編》卷二《經部·春秋總義類》：《春秋正解體要》二十一卷，清閩中黃宗傑輯。乾隆壬子擷雲書屋刊。

◎黃宗傑，號五華先生。光澤（今福建光澤縣）人。乾隆三十年（1765）拔貢，選補正紅旗官學教習。滿秩以知縣用揀發廣東，後署吳川縣，兼鹽場官。又護廉州府同知，旋改署化州知州。因照實改判奪職流貴州，乾隆五十六年（1791）年遇赦復官。嘗主雲南五華書院。著有《春秋正解體要》二十一卷、《信天堂文集》。

黃宗羲 春秋日食曆 一卷 佚

◎《南雷文定》五集卷四附錄《先遺獻文孝公梨洲府君行略》：所著書《孟子師說》，以蕺山有《大學統義》《中庸慎獨義》《論語學案》，師其意以補未備也。《易學象數論》六卷，以易之象數久為異說所掩，如焦、京之徒以及《太玄》《洞極》《潛虛》《壬》《遁》之流，紛紜錯雜，論其依附於易似是而非者為內編，論其顯背於易，而自擬於易者為外編。《明儒學案》六十二卷，此有明一代學術所關也。《明文案》二百一十七卷、《明文海》四百八十二卷，此有明一代之文章也。《南雷文案》十一卷、《吾悔集》四卷、《撰杖集》四卷、《蜀山集》四卷，後增刪為《南雷文定》共若干卷、《南雷詩歷》四卷。南雷，昔晉謝遺塵所居之地，去吾家數里，府君取以自號也。《待訪錄》一卷，此弼帝匡王之略也。《宋史補遺》三卷，《冬青引註》一卷、《西臺慟哭記註》一卷〔註17〕錄三卷、《海外慟哭記》一卷。《汰存錄》一卷，汰夏彝仲之《幸存錄》也。念昔日之交遊而追憶之，則作《思舊錄》。以水道變遷非桑、酈時舊，作《今水經》。壬午同二三叔父遊四明山，攀蘿附葛，藤竹窮搜，作《四明山志》。告羅

〔註17〕周按：此下原空兩格。

黃巖，以其暇游天台、燕宕，作《台宕紀游》。庚子游匡廬，作《匡廬行腳錄》。讀書所至，關涉本邑者，另分摘之，為《姚江文略》《姚江逸詩》《姚江瑣事》。宗支日衍，一本追思，作《黃氏家譜》。玄冠不弔，勞心棘人，作《黃氏喪服制》。其曆律算數諸學，則有《春秋日食曆》《授時曆故》《大統曆推法》《授時曆假如》《回曆假如》《西洋新法假如》《律呂新義》《玄珠密語》《氣運算法》《勾股圖說》《開方命算測圖要義》，以至納甲納音、太乙壬遁等，皆有成書。其未成者，《宋元儒學案》《宋元文案》已有稿本，未經編輯，遺命不孝百家成之。

◎光緒《餘姚縣志》卷十七《藝文》下：《春秋日食曆》一卷（全祖望曰：據《三統曆》以上推《春秋》日食，辨衛樸所言之謬）。

◎黃宗羲（1610～1695），字太沖，一字德冰，號南雷，別號梨洲老人、梨洲山人、藍水漁人、魚澄洞主、雙瀑院長、古藏室史臣等，學者稱梨洲先生。浙江紹興餘姚人。著有《易學象數論》六卷、《洞極蓍法》一卷、《郭氏蓍法考正》一卷、《洪範蓍法》一卷、《六家蓍法》六卷、《啟蒙蓍法》一卷、《潛虛蓍法》一卷、《春秋日食曆》、《孟子師說》、《明儒學案》六十二卷、《明文案》二百一十七卷、《明文海》四百八十二卷、《宋元學案》、《葬制或問》、《破邪論》、《思舊錄》、《明文海》、《行朝錄》、《明夷待訪錄》一卷、《宋史補遺》三卷、《冬青引註》一卷、《西臺慟哭記註》一卷錄三卷、《海外慟哭記》一卷、《汰存錄》一卷、《思舊錄》、《今水經》、《四明山志》、《台宕紀游》、《匡廬行腳錄》、《姚江文略》、《姚江逸詩》、《姚江瑣事》、《黃氏家譜》、《黃氏喪服制》、《授時曆故》、《大統曆推法》、《授時曆假如》、《回曆假如》、《西洋新法假如》、《律呂新義》、《玄珠密語》、《氣運算法》、《勾股圖說》、《開方命算測圖要義》、《四明山志》、《南雷文案》、《南雷文定》、《南雷文約》、《南雷詩歷》四卷。浙江古籍出版社 2005 年有《黃宗羲文集》十二冊。

惠棟 公羊古義 二卷 存

國圖藏潮陽縣署刻九經古義本

1919 年重修道光吳江沈氏世楷堂沈廷鏞刻昭代叢書・甲集・甲集補本（一卷）

◎惠棟（1697～1758），字定宇，號松崖，學者稱小紅豆先生。元和（今江蘇蘇州）人。與祖周惕、父士奇三世傳經。乾隆十五年（1750）詔舉經明行修之士，大吏薦之，不果。課徒著述，終身不仕。尤精漢易。晚年就揚州鹽運

使盧見曾。著有《易大義》一卷、《易漢學》八卷、《易例》二卷、《易微言》二卷、《增補鄭氏周易》三卷、《周易本義辨證》六卷附錄一卷、《周易古義》二卷、《周易講義合參》二卷、《周易述》二十三卷、《周易爻辰圖》一卷、《後漢書補注》二十四卷、《荀子微言》一卷、《松崖文鈔》二卷、《漁洋山人精華錄訓纂》十卷總目二卷年譜註補二卷《金氏精華錄箋註辨訛》一卷《訓纂補》十卷首一卷、《范氏後漢書訓纂》二十五卷、《後漢書補注》二十四卷、《國語解訂譌》一卷、《漢事會最》二十四卷、《漢事會最人物志》三卷、《松崖筆記》三卷、《九曜齋筆記》三卷、《松崖雜鈔》一卷、《山海經補註》五卷、《太上感應篇注》二卷。又輯《尸子》二卷，補注汪琬《汪氏說鈴》二卷。

惠棟 古文春秋左傳 十二卷 存

國圖藏清抄本（陳鱣、吳騫、吳昂駒校補。王大隆跋）

上海藏稿本（一卷）

◎漢賈逵、漢服虔等原撰。宋王應麟輯。惠棟考訂。

◎王大隆跋：此宋王伯厚輯《春秋左傳》古注及《論語》鄭注，皆吾吳惠定宇徵君所託名者也。前人雖有知之，而不能甚悉。故袁陶軒於《論語》又疑為出於嚴厚民，惟勞季言決其為惠氏輯本，並言鮑以文曾有刻本。今未見《春秋》，則余昔於亡友丁君初我處見原稿本，想即此本之所自出也。頃以嚴豹人輯《左傳注》、宋于廷輯《論語注》與此本比勘，大致皆無異。嚴、宋二家序中皆不言有惠氏書，二人素稱藏書家，又為同郡後學，於惠輯本不但未見，且又未知，豈以託名伯厚，故遂無注意及之者耶？嘗思惠氏託名伯厚之故，其以伯厚輯有《鄭氏易》《三家詩》，故託以為重耶？以惠氏之篤古，似不宜出此。或本非定本，未經付刊，偶題古人之名，而後之傳鈔者遂亦仍而未改歟？固與有心作偽者有異矣，且較攘竊他人著述而自名者何如也！余服膺惠氏之學，近輯松崖《讀書記》，觀書於瞿氏鐵琴銅劍樓，鳳起吾兄出此見示，以余審知其詳，屬為跋尾。遂書臆見於此。乙亥三月十一日，王大隆記。

惠棟 穀梁古義 一卷 存

道光刻昭代叢書本

惠棟 左傳補注 六卷 存

上海藏稿本（四卷。丁祖蔭跋）

湖北藏張爾耆過錄批校春秋左傳注疏本

國圖、清華、上海〔註18〕、浙江、濟南、暨南大學、吉林社科院藏乾隆三
十七年（1772）胡亦常刻、乾隆三十八年（1773）順德張錦芳續刻、乾隆三十
九年（1774）李文藻潮陽縣衙刻本

南京藏乾隆五十四年（1789）周永年刻貸園叢書初集〔註19〕本（清盧文弨
校跋，清丁丙跋）

黑龍江大學乾隆四十三年（1778）刻本

四庫本

復旦大學、南京、天津藏嘉慶十四年（1809）海虞張海鵬刻墨海金壺本

北大藏日本天保八年（1837）玉山堂刻本

國圖藏道光二十四年（1844）金山錢氏刻守山閣叢書本

國圖藏咸豐十一年（1861）增刻道光九年（1829）廣東學海堂皇清經解本

光緒十七年（1891）上海鴻寶齋石印皇清經解本（一卷）

上海博古齋1921年影印張氏刻墨海金壺本

國圖藏1940年補刻乾隆成都薛崇禮堂刻貸園叢書初集本

中華書局1991年叢書集成初編本

◎一名《春秋左傳補注》。

◎卷一、卷二、卷三末題益都李文藻覆挍。卷四、卷五末題順德胡亦常覆
挍。卷六末題順德張錦芳覆挍。

◎序〔註20〕：棟曾王父樸菴先生幼通《左氏春秋》，至耄不衰，常因杜氏
之未備者作《補註》一卷，傳序相授，於今四世矣。竊謂《春秋三傳》，《左氏》
先著竹帛，名為古學，故所載古文為多。晉宋以來，鄭、賈之學漸微而服、杜
盛行。及孔穎達奉勅為《春秋正義》，又專為杜氏一家之學。值五代之亂，服

〔註18〕清陳鍾英校跋。

〔註19〕叢書前有敘云：《貸園叢書初集》共十二種，其板皆取諸青州李南澗家。其不
曰《大云山房叢書》者，何也？曰「尚思續刻以益之。凡藏弃書板者，又將多
所藉以廣之，不必限以一家故也。」余交南澗三十年，凡相聚及簡尺往來無不
言傳鈔書籍之事。及其官恩平、潮陽，甫得刻茲十餘種，其原本則多得之於
余。今君之歿已十一年，去年冬始由濟南至青州，慰其諸孤，因攜板以來。憶
君有言曰：「藏書不借，與藏書之意背矣；刻書不印，其與不刻奚異」，嘗歎息
以為名言。使果由此多為流布，君之志庶幾可以少慰乎！乾隆五十四年歲次
己酉仲夏，歷城周永年書昌氏敘於京宣武坊寓舍。

〔註20〕又見於惠棟《松崖文鈔》卷一，題《春秋左傳補注自序》。

氏遂亡。嘗見鄭康成之《周禮》、韋宏嗣之《國語》純采先儒之說，末乃下以
己意，令讀者可以考得失而審異同。自杜元凱為《春秋集解》，雖根本前修，
而不著其說，又其持論間與諸儒相違，于是樂遜《序義》、劉炫《規過》之書
出焉。棟少習是書，長聞庭訓，每謂杜氏解經頗多違誤，因刺取經傳，附以先
世遺聞，廣為《補註》六卷，用以博異說、袪俗議。宗韋、鄭之遺，前修不捃；
效樂、劉之意，有失必規。其中於古今文之同異者尤悉焉，傳之子孫，俾知四
世之業勿替引之云爾。戊戌冬日，東吳惠棟定宇序。

◎左傳補註跋：惠氏《左傳補注》援据精確，出顧亭林《杜解補正》上，
然有故為立異者。襄九年「以出內火」，徐邈音內為納，是也。古書如「出納
五音」、「出納王命」，往往連文。《漢書》引此傳作「入」，或所見本不同。《史
記》引書多代字，鐘鼎彝器文尤參錯不足據。《司爟》「季秋內火」，《夏小正》
亦有「九月內火」之文，鄭、戴不聞改字。而謂內為古入字。襄廿八年「歲
在星紀而淫于元枵」注：「星紀在丑斗牛之次，元枵在子虛危之次」，說本《釋
天》，正義引孫炎云：「星紀，日月五星之所終始也。」凡紀秝必起于冬至，
爾時日在斗牛，故謂丑為星紀，周而復始，所謂日窮于次、月窮于紀、星回
于天也，月建從子左行，日躔從丑右行，月建在子則日躔在丑，乃誤會《律
秝志》文，而以星紀丑元枵子為俗說。昭元年「風淫末疾」注：「末，四肢也」，
《樂記》「奮末廣賁之音作」、《管子・內業》「氣不通于四末」、《素問・繆刺
論》「上下左右與經相干而布于四末」，注皆訓為四支，此《集解》所本。而
必據賈逵說訓為首。「穀之飛亦為蠱」注：「穀久積則變為飛蟲，名曰蠱。」
《外傳》：「蠱之慝，穀之飛實生之」，言慝則為蟲可知。《論衡・商蟲》：「穀
蟲曰蠱，蠱若蛾矣。粟米饐熱生蟲」，此《集解》所本，而必據《釋器》文訓
為康。又有不顧文義者，如「請與君之士戲」，猶《外傳》「請與之戲」，彼注
「戲角力也，朱國禎說：戲者兵也」，雖本《說文》，而「請與君之士兵」不
辭甚矣。「以更豕韋之後」注：「更，代也」，此與「更僕未可數也」「姓利相
更」「寡人請更」義同，《史記》作「受」，因古更字作叟，形相近而訛，若改
以「受豕韋之後」，文義晦矣。至「慧種生聖，癡種生狂」，語出《越絕》而
誤憶為《大戴禮》，因其所生賜之姓也。若夏吞薏苡而生則姓苡氏、商吞燕子
而生則姓子氏、周履大人跡則姓姬氏，義本《白虎通》（亦非原文）而誤憶為
王充。案傳「因生而賜姓」，《堯典正義》云：「因其所生之地而賜之以為其姓」，
即《集解》所謂「若舜由嬀汭，故陳為嬀姓也」。《外傳》云：「黃帝以姬水成，

炎帝以姜水成。成而異德，故黃帝為姬，炎帝為姜」，其義甚明。若薏苡為苡之說，則王仲任固斥之矣，何煩更舉乎？！伏讀《四庫全書提要》云：「其長在博，其短亦在于嗜博」「其長在古，其短亦在于泥古」，二語盡之。《貸園叢書》傳本甚少，昭文張氏刊板又燬于火，因重校付梓，并識所疑。辛丑長夏，錢熙祚識。

◎跋：惠定宇先生《左傳補註》六卷，向在京師假閱，未及錄。乾隆壬辰冬，歷城周書昌寄副至羊城，乃戴東原先生手校本。予覆校其半，將歸潮陽，以付順德胡生亦常刻之。明年癸巳三月，胡生書至，云刻未竣而病，久之始知其是月已死。其冬，予再至羊城，屬順德張君錦芳藏其事，而胡生不及見矣。胡能詩古文，精六書，予辛卯分校鄉試所得士，會試報罷，與東原同舟行月餘，慕其學，歸益鑽研經義，豁然有心得，而天弗假以年，惜哉！甲午二月，益都李文藻記。

◎王萱齡跋：惠定宇先生《九經古義》刊於常熟，蔣氏所刊多有，唯《左傳補注》至為難得。乙亥冬，鈐庵師授余是本。癸未冬，又以嚴豹人《春秋內傳古注輯存》錄於書首。

◎盧文弨跋〔註21〕：丙戌之春，借得此本，課兩兒分鈔，不解文義，舛訛者半，兒子師江陰朱與持（譸）略為正之。鈔未竟，會有湖南之行，攜之篋中兩年矣，卒卒無暇理此。今年至京師，長夏無事，補鈔末卷。元本經轉寫亦有誤，復為之一一正定，書乃完善。昔杜元凱嘗謂立德不可及，立功立言或可庶幾，其注《左傳》，誠欲以當不朽之一也。豈知紕繆荒略之失亦有不能自掩焉者，名位赫奕，當時或未敢相難，而後之經生乃得明目張膽，掎摭其短長，豈非率爾之為累哉？公卿大夫各有職責，其為學必不如經生之專且勤，何事強其所不能以為名邪？雖然，元凱居其位，尚有餘力著書，余則因官罷閒居，僅能卒業，彌不及矣。書之以識吾愧云。時戊子五月書。

◎南京藏盧文弨校跋本丁丙跋：《左傳補注》六卷，盧抱經校刊本。前有東吳惠棟定宇自序稱：「曾大夫樸庵先生幼通《左氏春秋》，至耄不衰，常因杜氏之未備者作《補注》一卷。元凱《集解》雖根本前修，而不著其說，又其持論間與諸儒相違，於是樂遜《序義》、劉炫《規過》之書出焉。棟長聞庭訓，每謂杜氏解經頗多違誤，因刺取經傳，附以先世遺聞，廣為《補注》六卷。」益都李文藻以戴東原手校本付順德胡亦常，後胡病，屬順德張錦芳刊竣。盧抱

〔註21〕又見於盧文弨《抱經堂文集》卷八，題《惠定宇春秋補注跋》（戊子）。

經學士謂誤字猥多，復加校正，且記交遊、酬酢雜事於校語之後，有「盧文弨」
「弓父手校」「武林盧文弨家經籍」諸印。

　　◎沈欽韓《幼學堂文稿》卷六《惠氏左傳補註後序》：《左傳補注》十卷，
吳徵士惠棟所撰也。欽韓既得而觀之，遂書曰稷曰其後曰：道有汙隆，則禮
為之變。夫子作《春秋》，使紀事不失其實，以補禮之窮，維世之具如是而已。
左氏作傳，畧舉凡例，而詳于言禮。至于升降揖讓、尊俎籩豆之閒，曰是儀
也，非禮毗已。若左氏者，其深知文武周公致太平之道矣。例不可以概論，
禮則是非兩端萬變不窮，後之學者舍禮而言《春秋》，于是以《春秋》為刑書，
以書法為司空城旦之科。紛耘輖輠，蹜步荊棘，大率尾牽皮傅以自完其例，
而聖人經世之法為其汨沒。自俗學衡流，委巷之閒回邪之見，向壁虛造，依
草附木，其書甚于莊周、墨翟之獨鳴其弔詭也。加何休之徒攘袪決眥，益張
條例，膠詐譎擿，如酷吏之羅織，使觀者瞶眩頓懣而不逞，益引于鬼叢魁坦
而不得隙照，毒焰披猖，與漢終始。諸儒之通古學，功于廓清推陷勤矣，然
訾俗學之例而復創其例，是以新莽之六筦易鞅、斯之牛毛，均諸駁亂而未為
混一也。杜氏創短喪之說于晉帝，故其《集解》始終傅會。而《左氏》與《禮
經》相輔，日月昭昭，為其掩蝕，此又經術之蠹也。崔靈恩／衞冀隆之《難》、
劉光伯之《規》，作義疏者雖置三尺喙，何能為之解？特憾攻者猶未中其心腹
之疾爾。考隋唐《經藉志》，為左氏學無慮數十家，今皆不可見。啖、趙鑿空
言《春秋》，至宋儒並竊《公羊》之故智，以哆口高論無足道已。顧氏作《補
正》，膚淺不逮所望。惠氏為此書，自云承家學已四世。吳中治經者未有過於
惠氏也，其書宜可觀。而惠氏篤信《穀梁》，《穀梁》固稍踰《公羊》，然繒子
遇防、衛輒距父類者數十條，正是始師互相窺伺，通演其說，而免郊之牛乃
衣以玄纁，吾不知其何禮也，惠氏信之過矣。又沾沾于聲音文字間，弋獲《公
羊》，持兩岐之見，不足為專門之學，故其補拾不過旁采服、劉，未能自立長
義以盡抉杜預之謬。然其讀書之法，諸子百家皆可為經傳佐證，訓故《爾雅》
有高誘、楊倞之風，學者抱空文而心源若瞽井，觀于此，則知所以救貧之方
矣。

　　◎焦循《雕菰集》卷六《讀書三十二贊・易例易漢學左傳補注》：東吳惠
氏，四世傳經，至於徵士，學古益精。弼康告退，荀虞列庭。例明派別，祛蔽
開冥。學者知古，惟君是程。《春秋左氏》，以古學名，征南違舛，誰破其熒。
補而注之，功在先生。

◎左傳補注提要：是書皆援引舊訓以補杜預《左傳集解》之遺，本所作《九經古義》之一。以先出別行，故《九經古義》刊本虛列其目而無書。目作四卷，此本實六卷，則後又有所增益也。其中最典確者，如隱五年「則公不射」，引《周禮・射人》「祭祀則贊射牲」、《司弓矢》「供射牲之弓矢」及《國語》倚相之言，證旁引射蛟之誤（案此朱子之說，非杜注也，蓋因補杜而類及之）。莊公十四年「繩息嬀」，引《呂覽》「周公作詩以繩文王之德」及《表記》鄭注「譽，繩也」，證杜注訓譽之由。二十八年「臧孫辰告糴于齊，禮也」，引《周書・糴匡解〔註22〕》「年儉穀不足，君親巡方，卿告糴」，證為古禮。僖五年「虞不臘矣」，引《太平御覽》舊注及《風俗通》、《月令章句》，證臘不始秦。十年「七輿大夫」，引王肅《詩傳》，證七當作五。二十二年「大司馬固諫曰」，引《晉語》「公子過宋，與司馬公孫固相善」，證固為人名。二十七年「《夏書》曰」，引《墨子・明鬼篇》，證《尚書》但有《夏書》《商書》《周書》，本無《虞書》。文十八年「在九刑不忘」，引《周書・嘗麥解》，證為刑書九篇。宣二年「以視於朝」，引《毛詩・鹿鳴》箋、《儀禮・士昏禮》注，證「視」為正字，郭忠恕作「示」為誤。三年「不逢不若」，引郭璞《爾雅注》作「禁禦不若」，證以杜注逢字在下文，知今本訛寫。六年「以盈其貫」，引《韓非子》「以我滿貫」，證「貫」字。成十六年「徹七札焉」，引《呂覽・愛士篇》，證鄭康成一甲七札之說。襄二十三年「娶于鑄」，引《樂記》鄭注，證鑄即祝國。又「踞轉而鼓琴」，引許慎《淮南子注》，證轉即軫。二十五年「慎始而敬終，終以不困」，引《周書・常訓解》，證不出古文《蔡仲之命》。二十七年「崔杼生成及彊而寡」，引《墨子・辭過篇》，證無妻曰寡。昭元年「具五獻之籩豆於幕下」，引《禮記正義》證杜注五獻之誤。十五年「一歲而有三年之喪二」，引《墨子・公孟／非儒》二篇，證妻喪三年為春秋末造之禮。二十六年「鑒而乘於他車」，引《說文》，證「墾」誤作「鑒」。哀二十五年「轕而登席」，引《少儀》證燕必解轕。皆根據昭然，不同臆揣。至文二年「廢六關」，引《公羊傳注》證「廢」訓「置」則是，又引韋昭《國語注》證「置」訓「廢」則非。蓋置有二義，一為建置之置，《公羊注》所言是也。一為棄置之置，《國語注》所言是也。此猶亂可訓治而「亂離瘼矣」不可訓治、臭可訓香而「逐臭之夫」不可訓香。古之設關在譏而不在征，臧文仲廢六關以博寬大之譽，而使奸宄莫詰，陰以厲民，故誅其心而謂之不仁。棟但執反覆旁通之義，殊為偏駁。又文十三年「其處者為劉氏」，

〔註22〕庫書提要「解」作「篇」。

孔穎達疏明言漢儒加此一句，則為「劉」字無疑。而必謂原作「留」字，漢儒改為卯金刀。宣二年「文馬百駟」，當以邱光庭《兼明書》所辨為是，而必引《說文》「畫馬」之訓。襄十七年「澤門之晳」，謂古皋澤字通，又謂諸侯有皋門，其說固是。然邑中澤門，各指所居，皋門非所居之地也。二十一年「公姑姊」，既謂注疏皆非，斷為同宗之女，然於姑可解，於姊終無解也。二十五年「執簡以往」，引服虔說一簡八字，證太史書崔杼事亦八字，殊嫌牽合。三十年「亥有二首六身」，即指為《孟子》之亥唐，尤為附會。昭七年「余敢忘高圉、亞圉」，引《竹書紀年》補杜預之闕。不知汲郡古文，預所目睹，預既不引，知原書必無此文，未可以後來偽本證其疏漏（案書中屢引《竹書紀年》，蓋未及詳考今本之偽）。至於二十一〔註23〕年「鄭翩願為鶤」，引陸佃《埤雅》之雜說（案鶤非出《酉陽雜俎》，非始於佃）。哀六年「無疾而死」，引《汲塚瑣語》之野談。十二年「效夷言」，謂《春秋》時已重吳音，不始於晉。更非注經之體矣。他如「公即位」之「位」必欲從古經作「立」、「屢豐年」之「屢」必欲從《說文》作「婁」，亦皆徒駭耳目，不可施行。蓋其長在博其短亦在於嗜博，其長在古其短亦在於泥古也〔註24〕。

◎山東省博物館藏惠棟《古文尚書考》李文藻鈔本，書前李文藻跋〔註25〕：惠定宇經義底稿數種，在予房師紀曉嵐先生所。乾隆己丑夏，予以謁選客京師，時先生方戍西域，郎君半漁招予檢曝書籍，得見惠著《周易述》《易漢學》《周易本義辨證》《左傳補注》《古文尚書考》五種。《周易述》已有盧雅雨運使所餉刻本，《易漢學》《周易本義辨證》《左傳補注》俱未及錄，所假錄者特《古文尚書考》二卷……中秋前四日，益都李文藻記於虎坊橋北百順胡同寓舍。

◎陶澍《陶文毅公全集》卷四十二《惠氏四世傳經遺像書後》（摘錄）：東吳惠氏以經學世其家，乾隆中葉，海內之士知鑽研古義，由漢儒小學訓詁以上溯七十子六藝之傳者，定宇先生為之導也。乃其先樸菴先生已有《左氏春秋補注》，研溪先生有《易傳》《春秋問》《禮問》《詩說》，半農先生有《易說》《禮說》《春秋說》《大學古本說》，皆足以引伸墜緒，扶翼雅言。而半農先生為粵東學政，用五經試士，士習丕變，彬彬然多通經，至今粵人思之，以配食韓子云。

〔註23〕庫書提要「一」作「五」。
〔註24〕庫書此下有「乾隆四十六年十一月恭校上」一句。
〔註25〕《山東圖書館學刊》2018年第1期劉國宣《李文藻書跋初輯繫年考證》。

◎張之洞《書目答問》卷一《經部》：《左傳補注》六卷（惠棟。《貸園叢書》本。守山閣本。金壺本。學海堂本）。

◎翁方綱《復初齋文集》卷三《蘇詩補注序》：昔趙東山有《左傳補注》，近時顧氏、惠氏又皆有《左傳補注》，蓋補之為辭，不嫌於複也。

◎顧廣圻《思適齋集》卷五《惠松崖先生四世畫像記》：昔松崖先生之書有曰：「予家四世傳經，咸通古義。因述九經，吾子孫其世傳之。」又曰：「曾王父樸菴先生通《左氏春秋》，作《補注》一卷，傳序相授，於今四世矣。某少習是書，長聞庭訓，因刺取經傳，附以先世遺聞，廣為《補注》六卷，傳之子孫，俾知四世之業勿替引之云爾。」讀此知先生拳拳於家學者深矣。千里以乾隆庚戌歲執贄請業於同郡江艮庭徵君，徵君之師即松崖先生也。每思展拜，用申仰止，聞徵君言先生之孫薄宦粵東，所謂泮環巷舊宅方為他人所居，且未由一問紅豆之樹，而其他無論也。及今始從磬卿獲觀所臨四世畫像，德容儼然，恍承謦欬，庶幾差慰平生之區區乎！磬卿實仲孺先生之元孫，近由東渚移家楓江，為人端雅有志，以脩舉先世之業為務，用是知松崖先生之屬望有徵矣。夫惠氏四世著述固懸國門，然常行四方，多遇談經之輩，則真知灼見轉尟。其人或揯撜以為同焉，或掎摭以為異焉，而皆不足與於此事者也。然則脩而明之，舍賢子孫其誰與歸？！爰拜手而書於後。

◎王昶《春融堂集》卷五十五《惠定宇先生墓誌銘》：先生嘗以顧氏炎武《左傳補註》雖取開成石經較其同異，而義有未盡，因發明賈氏、服氏之學，附以羣經，作《補註》四卷。

◎《易例》跋：先生又有《左傳補註》《尚書古文考》，亦予所刻也。是年五月五日，益都李文藻記。

◎陳黃中《東莊遺集》卷三《惠定宇墓誌銘》：君為人，通不隨波介不絕俗。為學廣博無涯涘，於經史多所論著。有《九經古義》二十卷、《周易本義辨證》五卷、《易漢學》七卷、《古文尚書考》二卷、《左傳補注》四卷、《明堂大道錄》八卷、《禘說》二卷、《後漢書補注》十五卷、《續漢制攷》一卷。

◎彭啟豐《芝庭文藳》卷四《惠徵君傳》：自幼志承家學，稽古不怠，經傳訓故諸子諸史道藏星官醫藥之書，下逮稗官雜記，靡不窺究。精力絕人，強識暗誦，至老彌篤厚。尤好漢儒之學，網羅兩漢及魏晉經生佚說，參伍考訂經文經義，表裏穿穴，必疏通證明而後已。著《九經古義》二十卷、《周易本義辨證》五卷、《易漢學》七卷、《古文尚書考》二卷、《左傳補注》一卷、《明堂

大道錄》八卷、《禘說》二卷外，《續漢制攷》若干卷、《諸史薈最》若干卷。
而《周易述》二十一卷未脫稿而卒。然其生平精力尤在此書，病亟時嘗自言所
得，且嘆真賞之殆絕云……舊史氏曰：班史傳儒林，謂一經說至百餘萬言，大
師眾至千餘人，祿利之路然也。惠君淡於仕進而窮經以終其身。蓋學漢儒之學
而不志漢儒之志者，以列《儒林傳》，奚忝焉。

　　◎羅有高《尊聞居士集》卷四《答魯絜非》：前月，敝宗人傳至三札，大
快。昨蒙專使送至各種書：《緣善錄》四部、《瘟疫論》四部；餘別札石刻摹本，
俱如數收到。自春至夏，校《周官》一徧。賈疏則無暇讀矣！工夫作輟，不免
為俗務所勝……入夏以來，家君豐健倍昔，瀞功少衰耳。邇校《儀禮》，弟姪
輩請校《爾雅》，遂輟，《儀禮》為點勘一過，正出注疏繆誤數十事。惜任領從
相去遠，不及求正之也。里中瘧疾時有之，昨日甲子雨，家君言「秋甲子雨，
人民多災」。去所賜達原飲等方已散布，今又得清平丸方、瘟疫論多部，此方
之民庶幾可無虞矣。此俱大兄與愷老善力之所廣及者，讚歎不已。前寄文三篇，
讀之罌然，莫逆於心。《種蘭說》願與大兄共銘之。朱梅崖先生教語極中要害，
總由學不足，養氣之工不純，欲求自然，越不自然耳。何如門下諸賢鵲起，以
大兄之善開牖裁成之，皆偉器也。愚意謂宜令各治一經，以古注疏為主，每日
輪值一人為都講，講完作經解一首，而大兄裁斷之。五年可完九經注疏，則下
及宋元經解，而兼治四史，以之為制義，當更有把柄，不知可以行否。讀《周
官》頗見古人所以能簡易近民之故，後儒疑然未決者，只以為太詳密耳，其實
不詳密便不能簡易也。所看注本，多無若鄭公得大意。雖時舉漢法，況周制頗
覺不洽，而精卓之訓遠有淵源，不可誣也。恨今年又無深淨之功，得者並無暇
用筆疏記，旋復失之也。望溪本屬孟浪，乃欲與鄭公作對，真不知自量者耳。
舍姪寅谷，今亦發奮治《禮記注疏》，甚耐性，立志為古人拙鈍之學。明訓詁，
通章句，字櫛句梳，不肯苟且放過，甚可喜也。自夏至秋，連得潮陽李明府五
札，宦況蹇難，而刻書之興不淺：去年得惠定宇《九經古義》《左傳補注》，《補
注》為戴氏校本，至《九經》則譌舛甚多，必欲弟至彼校而刊之；又得楊仲良
《北宋通鑑紀事本末》，卷帙重大，欲弟校而存之，以俟有力者。七月有專差
來迎，情義周重，不得不行。有來教不必寄蘇州，有來札亦存尊處，弟歸里再
寄可矣。

　　◎趙爾巽《清史稿》卷一百四十五志一百二十《藝文》一：《春秋左傳補
注》六卷，惠棟撰。

◎耿文光《萬卷精華樓藏書記》卷八《經部五・春秋類》「《左傳補注》六卷」（國朝惠棟撰撰）：潮陽官舍本。前有自序。惠氏自序曰：「棟曾王父樸菴先生，幼通《左氏春秋》，至耄不衰。常因杜氏之未備者，作《補注》一卷，傳序相授，於今四世矣。竊謂《春秋》三傳，左氏先著竹帛，名為古學，故所載古文為多。晉、宋以來，鄭、賈之學漸微，而服、杜盛行。及孔穎達奉勅為《春秋正義》，又專為杜氏一家之學。值五代之亂，服氏遂亡。嘗見鄭康成之《周禮》、韋宏嗣之《國語》，純采先儒之說，末乃下以己意，令讀者可以考得失而審異同。自杜元凱為《春秋集解》，雖根本前修，而不著其說，又其持論間與諸儒相違，於是樂遜《序義》、劉炫《規過》之書出焉。棟少習是書，長聞庭訓，每謂杜氏解經頗多違誤。因刺取經傳，附以先世遺聞，廣為《補注》六卷，傳之子孫，俾知四世之業，勿替引之云爾。」

惠士奇 春秋說 十五卷 存

四庫本

普林斯頓大學東亞圖書館、國圖〔註26〕、南京藏乾隆十四年（1749）吳泰來璜川書屋刻本

國圖、天津藏嘉慶十五年（1810）補刻本（附一卷）

道光九年（1829）廣東學海堂刻皇清經解本

叢書集成三編本

◎一名《半農春秋說》《惠氏春秋說》《半農先生春秋說》。

◎吳英序：惠半農《春秋說》十五卷，板鐫于乾隆己巳，原無敘，今坊友告印昂而疑其無序也。予因為之言曰：「《春秋》經之難通也，以聖人之旨不可知也。既不知聖人之旨，則雖有三傳注疏、漢晉唐宋諸儒之說，而孰為是孰為非？」半農先生精深于《周禮》，即以通《周禮》者通《春秋》，人讀其書，一若聖人之旨有不難知者。其故曷？以孔子曰：「為國以禮」，又曰：「道之以德，齊之以禮」，傳稱齊仲孫湫曰：「魯猶秉周禮，周禮國之本也。」蓋聖人修《春秋》，亦非徒手以成之，必有所本之，以為修之之具者，非《周禮》而何哉？假使孔子修《春秋》不本《周禮》，而徒以意成，已則不臣，又何以懼亂賊與？然通《周禮》者亦多，以通《周禮》者通《春秋》，人可能之，奚必半農？不知半農之通《周禮》，萃取萬卷，有非人之所及。而其通《春秋》也，又熟詳

〔註26〕翁方綱跋。

于三傳、兩漢諸儒訓詁，又博通于他經諸史百家之書，故于聖人之旨多所中，而于自來先儒論說之醇疵，昭昭如白黑分。如據《穀梁》而知仲子、成風皆繫母以子，而《公羊》仲子微、成風尊之說謬，《左氏》以仲子為夫人尤謬。引齊桓殺哀姜之例，知季友為與弒子赤而全慶父，引鄉士職議獄欲免之，則王會其期而巡守禮廢。王會諸侯惟一見于河陽之狩，知召君之說為非。據《穀梁》稱伯姬賢，知伯姬書葬以旌其節。據經「王人救衛」又傳「放黔牟于周」，知王命立黔牟，故書人以罪諸侯。引《管子‧小匡》謂齊僖公生公子諸兒、公子糾、公子小白，知子糾長當立，而趙匡非魯殺之說為陋。據《竹書紀年》知《公羊》下陽書滅虢公在焉之說是，趙匡駁之非。據《射禮》《覲禮》之文及《左傳》「盟諸侯於王庭」，又引四十四年傳「太叔居于溫」，知朝溫為朝京師。據《左傳》晉對鄭子皮請見新君之辭，知當時諸侯既葬，嗣子仍衰絰終喪，杜注「既葬除喪」之說不確，又知杜氏于此「未卒哭，猶服衰」為強解。而文二年公如晉盟，經不言公，乃是諱以喪盟而非諱與大夫盟。引《墨子》齊社「男女所屬而觀」，知如齊觀社，所以《穀梁》謂尸女、《公羊》謂公一陳佗、《左氏》謂不法。據《左傳》「諸侯救邢」、《穀梁》「曹師者曹伯」，知杜注實大夫之謬，稱師原非將卑之例。據經僖二十八年衛子之文，又據《左傳》稱鄭子，知子儀在位十四年，攝而未嘗為君，故其立其死不告不書，而亦無謚，而遇于垂述鄭伯為厲公而非鄭子。推算得日月平朔視朔實食朔食之辨，知古日官不能定朔，失前失後，故日食有不書其日，削之而非闕文。引易豫上六曰：「成有渝」，知渝平即渝成，《左傳》「更成」是，二傳「敗成」非；又推桓、文二霸終始，而知宋及楚平、燕暨齊平、魯及齊平皆有關于天下之故。引楚人使申宜來獻捷之例，知歸衛寶稱齊人以書姦。據何氏說齊人歸田孔子欲不受，知歸田乃以田沮之，而謝過之說謬。據《考工記》函人知作邱甲杜注甸有甲士之說乃本于《司馬法》而謬，而又考《管子‧牧馬篇》，并知《司馬法》以田賦出兵，其法始于齊桓時，而實非周禮。凡此皆言人之所不能言，而有繫于名教之大者。其餘如論成宋亂則本于訝士；求車求金則本于土訓；南季書使以其行聘禮，凡伯書伐以其失賓禮；小史讀之曰誄天子賜之曰命，知錫桓公命是誄辭而錫服之說非；新延廄時非仲春，馬猶在牧，譏不辨四時之居，而唉助廄脩農隙之說非。大抵主《周禮》以立論者為多，而以《左氏》為實，以趙唉輩舍傳臆斷為無稽。想先生當時有周典禮瑩澈胸次，于是而學《春秋》，以為當實求之而已。然而聖人作《春秋》之全體大旨，亦已範圍於此而不能外焉。儻所謂天然相合者耶？

其或天欲使《春秋》經旨將盡明顯耶？誰弗讀而受之？雖然，愛瑜而知瑕，亦禮意也。惟第十五卷言母弟一條，其瑕也。其論孝弟為仁之本，謂有子「其為」二字是語辭，而反訾宋儒孝弟與仁岐而二之。此不知仁為性之體，而為仁則信之用，孝弟乃用中之本，非岐而二之。仁之為用有差等，而同父兄弟無差等，先儒所謂母弟以立嫡言之耳，故嫡有母弟庶無母弟。《春秋》于齊年、鄭語、魯叔肸、衛黑背、陳黃衛輙、周佞夫、秦鍼、陳招、宋辰皆書弟，衛縶書兄。所以然者，義繫于兄弟，則不得不書。兄弟云爾，豈以同母之故耶？茲乃一信《左氏》《公羊》，而反謂程子「若以同母為加親，不知人理近于禽獸」之語，未免從漢學而不能化。外此則皆有繫世道之文，不當僅以長于漢學目之。嘉慶庚午莫春之初，後學吳英書。

◎楊超曾《奉直大夫翰林院侍讀學士紀錄二次半農惠公墓誌銘》〔註27〕：吾師侍讀學士惠公以乾隆四年移病告歸，又二年三月考終於里第。其八月，孤子棟等以公與元配朱宜人合葬有日，謂超曾出公之門，知公行誼為最悉，親奉其行狀屬銘公墓。惟公一生學行為海內宗仰，士君子知與不知，聞公名皆翕然推服無異同者。超曾親炙公二十餘年，聆公緒言餘論，見公行己立身，乃知公之學非一世之學、公之行實有高世之行也。公承樸菴、硯谿兩公之後，以古學世其家。自少篤志經術，及官翰林，公餘之暇，日手一編，孜孜矻矻無須臾之間。迨其晚年，學益精粹，造乎大醇，著《易》《禮》《春秋》諸說，大抵以經為綱領，以傳為條目，以周秦諸子為左證，以兩漢諸儒為羽翼，信而好之，擇其善而從之，疑則闕之，遐搜博攷，極深研幾，無所不通，無所不貫。蓋五經自周秦以後，儒分為八，七十子之流風未沬，漢當絕續之交，去古未遠，屋壁所藏、女子所獻、老生所口述，尚得其實，歷漢四百餘年，授受源流，各有家法，至東晉而其學始亡。自是以後，舊聞放失，俗師失讀，人用其私。公獨倡絕學於數千百年之後，蔚然一代儒宗，使雅言古訓粲然復明於世。潘瀾戔餘，猶足沾溉後學，故曰公之學非一世之學也。迹公之行，其大端有四：曰持品端嚴、曰律身孝友、曰取士公明、曰居官廉勤……他日史官論譔，以品則名臣也，以績則循吏也，以學則儒林也。名德未湮，遺書具在，安知後人不有引為故事而見之施行者乎？嗚呼！此公之所以不朽也！公所著《詠史詩》一卷、《南中集》一卷、《采蕘集》一卷、《歸耕集》一卷、《時術錄》一卷、《人海集》四卷。詩法盛唐，文宗西漢，少時讀廿一史皆手自抄寫。惟不曉天文樂律，後遂窮究

〔註27〕《春秋說》後附。又見於《碑傳集》卷四十六。

二義，著《交食舉隅》二卷、《琴箋理數考》四卷。公經說皆成於晚節，有《易說》六卷、《禮說》十四卷、《春秋說》十五卷、《大學說》一卷。其立言之旨詳見行狀，茲不具書……為之銘曰：公之先人，文林學士。數百年來，公復其始。才掩羣雅，學富三冬。哀然舉首，遂捷南宮。持槖簪筆，恭從備問。屢秉文衡，矢公矢慎。校士丹徹，式靡起衰。彎弓識字，文武從宜。公際泰運，受恩三朝。班神擢對，異數頻叨。越例題補，至尊垂聽。特旨允行，著於甲令。惟公授受，三世傳經。元元本本，公集其成。公之著述，載之兼兩；公之孝友，百城圖象〔註28〕。

◎江沅《易說序》：松厓徵君與璜川吳氏企晉交好，故半農先生《易說》《春秋說》皆吳氏所刊。

◎王昶《春融堂集》卷五十五《惠定宇先生墓誌銘》：祖周惕，康熙辛未進士，由庶吉士改授密雲縣知縣，工詩古文，著《易傳》《春秋問》《三禮問》《詩說》諸書。

◎提要：士奇父周惕長於說經，力追漢儒之學，士奇承其家傳，考證益密，於《三禮》核辨尤精。是書以禮為綱，而緯以《春秋》之事，比類相從，約取三傳附於下，亦間以《史記》諸書佐之。大抵事實多據《左氏》而論斷多采《公》、《穀》。每條之下多附辨諸儒之說，每類之後又各以己意為總論。大致出於宋張大亨《春秋五禮例宗》〔註29〕、沈棐《春秋比事》，而不立門目不設凡例，其引據證佐則尤較二家為典核。雖其中災異之類反復辨詰，務申董仲舒《春秋陰陽》、劉向劉歆《洪範五行》之說，未免過信漢儒物而不化。然全書言必據典論必持平，所謂元元本本之學，非孫復等之枵腹而談亦非葉夢得等之恃博而辨也。

◎《浙江採集遺書總錄・乙集・經部・春秋類》：《春秋說》十五卷（刊本），右國朝惠士奇撰。專舉經傳中事之類似而可參互者，為之詳說，深得屬辭比事之義。如第一條辨禘，則取閔二年吉禘于莊公之經、僖八年禘于太廟之經、襄十六年寡君未禘于祀之傳、昭二十五年將禘于襄公之傳臚于前，次採舊解列之，而己復為折衷于後，以發明《春秋》書法。餘皆倣此。

◎趙爾巽《清史稿》卷一百四十五志一百二十《藝文》一：《半農春秋說》十五卷，惠士奇撰。

〔註28〕下略。
〔註29〕國圖出版社2009年賈貴榮宋志英輯春秋戰國史研究文獻叢刊本著錄作者張大亨為清人。

◎張之洞《書目答問》卷一《經部》：《半農春秋說》十五卷（惠士奇。家刻本）。

◎惠士奇（1671～1741），字天牧，一字仲孺，晚號半農，人稱紅豆先生。吳縣（今江蘇蘇州）人。康熙四十八年（1709）進士，官編修、侍讀學士。康熙五十九年（1720）充湖廣鄉試正考官，又提督廣東學政，宣導讀經。雍正間，以召對不稱旨，罰修鎮江城，以產盡停工削籍。乾隆元年（1736）再起為侍讀，纂修《三禮》。長於詩賦。著有《易說》六卷、《禮說》十四卷、《春秋說》十五卷、《大學說》一卷、《交食舉隅》三卷、《琴笛理數考》四卷、《詠史詩》一卷、《南中集》一卷、《采蕈集》一卷、《歸耕集》一卷、《時術錄》一卷、《人海集》四卷、《紅豆齋詩文集》。

惠周惕 春秋問 五卷 佚

◎江藩《國朝漢學師承記》卷二：著有《易傳》《春秋問》《三禮問》《詩說》及《研溪詩文集》。

◎惠周惕（1641～1694），原名恕，字元龍，號硯（研）溪、紅豆主人。吳縣（今江蘇蘇州）人。少從父有聲治經學，又受業徐枋、汪琬。康熙十八年（1679）舉博學鴻儒科，丁憂不與試。三十年（1691）成進士，選翰林院庶吉士，散館改密雲縣知縣。適有噶爾丹之役，軍需緊迫，艱於應付，憂急而卒於官。或謂惠氏三世傳經，周惕其創始者也。著有《易傳》二卷、《詩說》三卷、《春秋問》五卷、《三禮問》六卷及《硯溪詩文集》。

J

嵇璜 春秋正宗 不分卷 存

新鄉藏清抄本

◎嵇璜（1711～1794），字尚佐，號黻庭，晚號拙修，諡文恭。江南無錫縣（今江蘇無錫）人。嵇曾筠子，父子皆長於治河。雍正八年（1724）進士。乾隆十三年（1748）授都察院副都御史，旋升工部右侍郎。十九年（1754）充任武會試正考官，旋轉吏部右侍郎。二十三年（1758）正月任南河副河總，協同白鐘山料理河務，七月授東河河道總督（駐山東濟寧），升禮部尚書。三十三年（1768）改授工部尚書，三十四年（1769）御批降三級調用，補都察院左副都御史。三十六年（1771）遷工部右侍郎，三十八年（1773）升工部尚書，旋調任兵部尚書。三十九年（1774）任《四庫全書》正總裁。四十年（1775）調工部尚書。四十四年（1770）由吏部尚書兼任翰林院掌院學士，後又調吏部尚書兼協辦大學士。四十五年（1780）京察敘加一級，教習庶吉士，升文淵閣大學士兼國史館正總裁，加太子少保，為上書房總師傅。著有《春秋正宗》不分卷、《錫慶堂集》附《七哀蝦詞》。

吉城 左傳旗考 一冊 存

光緒三十一年（1905）油印本

◎吉城（1867～1928），字鳳池（墀），號曾甫（父）。江蘇東臺城人，祖籍丹徒。光緒六年（1879）院試進生員並撥為鎮江府學，光緒二十二年（1896）廩貢並授文林郎候選訓導，光緒二十六年（1899）後先後擔任江陰南菁書院閱

卷、南京上江公學堂、安徽廬州府中學堂、東臺縣中學堂兼師範學堂教習。著有《易象禮徵》、《尚書微子注》、《檀弓壹學》、《夏小正約義》、《左傳旗考》、《穀梁范注家法考》、《魯論語大義述》、《孫卿賦章句》、《莊子閒詁》、《墨子經說句指》、《楚辭甄微》、《亭林詩補注》、《魯學齋詩文鈔》等。

計碩民　春秋公羊傳　一冊　存

商務印書館 1925 年排印萬有文庫本

遼寧藏商務印書館 1926 年排印學生國學叢書本（前有學生國學叢書編例）

文聽閣圖書有限公司 2008 年民國時期經學叢書第二輯影印商務印書館 1925 年排印萬有文庫本

◎選註。

◎計碩民，江蘇蘇州人。長於經濟。與葉聖陶、王伯祥、吳致覺、丁曉先、沈炳魁、胡墨林等友善。選注有《春秋公羊傳》。

紀澎　春秋書法指南　佚

◎道光《濟南府志》卷六十四《經籍》：《春秋書法指南》《韻辨》，章邱人紀彤撰。

◎孫葆田《山東通志》卷百二十七《藝文志》第十：是書見《府志》。

◎紀澎，字淵若。章丘（今山東濟南章丘區）人。諸生。著有《春秋書法指南》、《淵若韻辨》。

紀獻廷　春秋纂要　一卷　存

清早期鮑廷琮鈔訂本

◎封面題：愷齋紀獻廷夫子纂輯《春秋纂要》，門人鮑廷琮抄訂。

◎序：韓子云：「士不通經，果不足用」，故通經者，士之要務也。古者樂正崇四術，立四教，順先王《詩》《書》《禮》《樂》以造士，春秋教以《禮》《樂》，冬夏教以《詩》《書》，夫固以經學之足貴矣。乃後之為士者，冠儒冠，服儒服，徒以對偶聲律之文，獵朋黨交遊之譽。一旦得志，而迂疎不適於用，國家亦烏賴有是士哉！《春秋》者，魯國之史也，孔子因魯史而筆削之史也，而經焉矣，上列天道之變，下載人事之宜，賞善貶惡，命德討罪，自隱迄哀，二百四十二年之事瞭如指掌。學者熟察乎此，則孰得孰失、何去何從，必能決擇於窮經之日。及起為世用，則幼而學者壯而行，王國之羽儀，非斯人其誰歸？

故《春秋》者，士不可以不讀者也。國家制科以來，《春秋》與《易》《詩》《書》《禮記》命題試士，則士之業是經者久矣。況今聖天子重道崇儒，特沛恩徧於鄉會，兩闈拔五經士若干人，則凡今之士沐浴于聖德化神之內，必爭為國家有用之才，而非僅如向者以口耳咕嗶之學釣名于鄉曲已也。予曩者《易》《詩》《書》三經各有成書，而《春秋》《禮記》雖肄業者少，亦次第編輯，凡以通經致用為天下之為士者期也。是為序。

◎摘錄「魯隱公‧元年」條：即位之一年必書元年者，乾元，坤也，元字之來歷也。元即仁也；仁，人心也。故治國先正其心，而體元便是正心，故不曰一年而曰元年。

◎紀獻廷，號愷齋，著有《春秋纂要》。

紀昀等　御案春秋傳說薈要　十二卷　存

乾隆五十七年（1792）揚州十笏堂刻本

國圖藏嘉慶十六年（1811）揚州十笏堂刻御案五經本

◎奏摺：禮部尚書臣紀昀等謹奏為酌改《春秋》用傳之例恭請訓定事：查考試《春秋》向用《胡安國傳》，而《胡傳》一書中多有經無傳，臣等細查，通部可以出題之處不過數十節。如本年鄉試，竟有一題而五省同出者，其三四省相同，不一而足。士子不讀全經，不知本事，但記數十破題，便敷入試之用。且胡安國當宋南渡時，不附和議，作是書以諷高宗而斥秦檜，其人品自屬剛正，而注經立說與孔子之意不相比附。恭讀聖祖仁皇帝欽定《春秋傳說彙纂》，駁《胡傳》者數百條，皇上御製文曾闡其說。而科場所用，以重複相同之題，習偏謬失當之論，殊覺無謂。應請嗣後《春秋》題俱以《左傳》本事為文，參《公羊》《穀梁》之說，在《三傳》親承聖教，既較三千年後儒家之論為得其實，而士子不讀《左傳》，不能成文，亦足以勸經學而裨文風。是否有當，伏乞聖鑒訓示施行。再來年會試伊邇，請以下科鄉試為始，合併聲明。謹奏。乾隆五十七年　月奏。奉硃批：此奏是，依議。

◎紀昀（1724～1805），字曉嵐、春帆，號石雲，道號觀弈道人、孤石老人，卒諡文達。直隸獻縣（今河北獻縣）人。嘗受業於董邦達。乾隆十九（1754）進士。入翰林院為庶吉士，歷任侍讀學士、學政、知府等，累官至禮部尚書、協辦大學士。乾隆三十三年（1768）因盧見曾而謫戍烏魯木齊，三十八年（1773）任《四庫全書》總纂官。著有《沈氏四聲考》二卷、《閱微草堂筆記》二十四

卷、《紀文達公遺集》三十二卷、《史通削繁》四卷、《四庫全書總目提要》、《四庫全書簡明目錄》、《我法集》、《評文心雕龍》十卷、《歷代職官表》六十三卷、《景成紀氏家譜》、《河源紀略》三十六卷、《鏡煙堂十種》、《畿輔通志》、《唐人詩律說》、《才調集》、《瀛奎律髓評》、《李義山詩》、《陳後山集抄》二十一卷、《張為主客圖》、《史氏風雅遺音》、《庚辰集》五卷。

季必鈞 春秋日月時例 四卷 存

北大藏清抄本

季必鈞 日月以尊卑起例 不分卷 存

北大藏清抄本

賈田祖 春秋左氏通解 佚

◎同治《續纂揚州府志》卷二十二《藝文志》上：《春秋左氏通解》（賈田祖撰）。

◎汪中《大清故高郵州學生賈君之銘並序》：好學，多所瞻涉，喜《左氏春秋》，未嘗去手，旁行斜上，朱墨爛然。

◎江藩《漢學師承記‧賈田祖》：藩亡友汪明經中誌其墓，稱田祖好學，多所瞻涉。

◎趙爾巽《清史稿》列傳二百六十八《儒林》二：通《左氏春秋》，有《春秋左氏通解》。

◎陳康祺《郎潛紀聞》卷八《李孝臣之文行》：賈田祖稻孫，高郵老儒，深於治經，汪、李之學所從出也。試前一日，稻孫歿於旅舍，貧不能斂，君為之經營告助，遂不及與選拔之試，謝侍郎深嗟惜之。

◎賈田祖（1714～1777），字稻孫，號禮（醴）耕。江蘇高郵人。諸生。與王念孫、李惇等有交。著有《春秋左氏通解》、《賈稻孫集》、《容瓠軒詩鈔》。

賈璇 春秋宗孟 十二卷 佚

◎《玉函山房藏書簿錄》著錄尊經堂未梓原本。

◎民國《續修歷城縣志》卷二十二《藝文考》一：《春秋宗孟》十二卷（據本書）。璇自序略曰：《孟子》曰：「《春秋》成而亂臣賊子懼。」《春秋》，懼亂賊之書也，經書弒君者二十四、出奔者六十、作亂而致國殺者五十七，無一非

亂賊之事，即無一非懼亂賊之筆。說《春秋》者以《孟子》為折衷，庶幾於比事屬辭之義無剌謬乎？

◎孫葆田《山東通志》卷百二十七《藝文志》第十：是書有自序略云：「《孟子》曰：《春秋》成而亂臣賊子懼。《春秋》懼亂賊之書也，經書弒君者二十四、出奔者六十、作亂而致國殺者五十七，無一非亂賊之事，即無一非懼亂賊之筆。說《春秋》者以《孟子》為折衷，庶幾於比事屬辭之義無剌謬乎？」據本書。

◎民國《續修歷城縣志》卷四十一《列傳》三《文苑》：嘗謂學者曰：「得經師易，得人師難」，所重可知矣。著有《尊經堂四書筆記》《易／書／詩／禮／三傳筆記》《春秋宗孟》（《續修府志》《採訪冊》）。

◎賈璇，字聯樞。山東齊河孫埂人。嘉慶十五年（1810）歲貢。殫心理學，與文登李允升、棲霞牟應震相切劘，深有得於朱陸異同。著有《易筆記》、《書筆記》、《詩筆記》、《禮筆記》、《三傳筆記》、《春秋宗孟》十二卷、《尊經堂四書筆記》。

賈璇　三傳筆記　佚

◎道光《濟南府志》卷六十四《經籍》：《尊經堂易／書／詩／三傳筆記》《四書筆記》，歷城人賈璇撰。

◎民國《續修歷城縣志》卷四十一《列傳》三《文苑》：嘗謂學者曰：「得經師易，得人師難」，所重可知矣。著有《尊經堂四書筆記》《易／書／詩／禮／三傳筆記》《春秋宗孟》（《續修府志》《採訪冊》）。

江城　左國滙解　佚

◎道光《旌德縣續志》卷七《人物志・文苑》：著有《四書提要》《左國滙解》《雙溪詩文集》。

◎江城，字君和。安徽旌德人。詔昇第五子。乾隆三十年（1765）舉人。少英敏，長受業於姑蘇項太史、浙東凌孝廉、宣城姜承梅三先生門，學識益精進，一時知名士如戴孟岑、張秋崖、汪仰山、胡韻仲皆樂與訂交。桐城周藍田延請主講，倪進士廷模一見引為忘年交。著有《左國滙解》《四書提要》《雙溪詩文集》。

江九皋　春秋宗旨　佚

◎嘉慶《重修揚州府志》卷六十二《藝文志》一：《春秋宗旨》（江九皋撰）。

◎江九皋，字鶴誠。揚州府人。著有《春秋宗旨》。

江慎中 穀梁條例 佚

◎俞樾《春在堂襍文六編》卷八《江孔德孝廉穀梁條例序》：《春秋》自鄒氏無師、夾氏無書，於是傳《春秋》者惟左公穀。而漢博士有左氏不傳《春秋》之說，然則傳《春秋》者惟公穀二家矣。本朝經學昌明，超踰前代，而治《春秋》者喜言《公羊》，謂孔子立素王之制，託王於魯，變文從質，新周故宋，陳義甚高，立說甚辨。余初亦喜之，孰知數十年來學術之大變即伏於此，然則經術不可不慎也。何劭公序云：「其中多非常異義可怪之論」，夫經者常也，非常異義則非常也。漢宣帝時丞相韋賢、長信少府夏侯勝、侍中史高等皆言《公羊》齋學、《穀梁》魯學，宜興穀梁，而鄭君論三傳亦曰「《穀梁》善於經」，蓋其體例甚精而義理甚正，無非常異義可怪之論，故《公羊》有弊而《穀梁》無弊。然其辭句簡古，語意深奧，又自漢以來一奪於《公羊》，再奪於《左氏》，入國朝又奪於《公羊》，而《穀梁》幾成絕學。百餘年來，溧水王氏、鎮江柳氏、海州許氏稍知治《穀梁》，而嘉善鍾氏之書最後出，而所得為最多。鍾氏子勤，余舊友也，書成，以稿本寄示，亦采鄙說一二事，余深愧無以副其下問之意。今年孫兒陞雲自京師還，又奉其師楊蓉圃先生之命，以其同鄉石城江孝廉慎中所著《穀梁傳條例》見示。余讀之，其書十卷，為條例者凡三十，每例各引傳文若干條，而自為說即附其下，其說始隱桓終獲麟。余十六歲時作《春秋絕筆獲麟說》即同此意，深喜其不謀而合。又說尊周親魯故宋，獨得大義。《公羊》之非常異義一掃而空之。若本此條例，刺取范注、楊疏及國朝諸家之說，去非存是，彙為巨編，安知不駕鍾氏而上之哉。余衰且老，學術荒落，往年於鍾氏書尚不能有所匡助，於此書又何裨焉。雅念方今學術之弊，皆誤治《公羊》者積而成之，欲救其弊，非治《穀梁》不可，故深望江君之俛焉致力於是書而卒成之也。

附商二事〔註1〕：

莊十一年宋大水，外災不書，此何以書？王者之後也，與故宋之義不合。尊著謂是公羊家言屢入此傳者，然以不合己說即謂是後人附益，此最說經者之強辭，愚素不以為然。然則此說何以通之？曰公羊家以故宋對新周言，則故宋之義極重；穀梁家以故宋繼親魯言，故較親為殺，則故宋之義稍輕矣。莊二年

〔註1〕按此下原低一格。

傳曰：「孔氏，父字，謚也。或曰：其不稱名蓋為祖諱也。」孔子故宋也，故宋一義歸之。或說正與隱二年兩或曰、八年或說日閏日同，尊著歸之傳疑者也。孔子故宋雖非傳疑，要亦不過或之一說。是以莊十一年傳宋大水外災不書，此何以書？王者之後也。襄九年傳宋災，外災不志，此其志，何也？故宋也。一火一水，天然對偶，聖經即借以互文見義。王者之後是一義，故宋又一義，使足其文。於莊十一年傳加或曰故朱也，於襄九年傳加或曰王者之後也，則其義了然矣。穀梁子之文簡奧而不易通，正在此等處。若以言書不書與穀梁言志不志有異，謂是公羊文法，此亦不足據。穀梁亦自有言書者，隱九年、桓元年並云無事焉，何以書？書與志，一而已矣。

惲氏敬以衛靈公卒年四十七，蒯聵為其子，而其前尚有姊，輒又蒯聵之子，則其即位十歲左右耳，以此明輒之拒父非其罪，所論甚入細。然愚謂此等議論不必引也。《春秋》於衛蒯聵父子只是就事論事：輒可以即位為君，以有王父命也；輒不可以帥師圍戚，以子不可圍父也。就事論事，大義分明，以此治衛事可，以此治天下萬世亦可。《春秋》之書固所以治天下萬世，非治一人一事也。使因衛輒年幼而免其拒父之罪，則《春秋》之衛輒年幼，天下萬世之為衛輒者未必皆年幼，而《春秋》之義有所不可通矣。然則《論語》何以有「不為衛君」之說？曰：《春秋》之義如朝廷之立法，法止於是則如是，足矣。若君子立身處事，則固有朝廷法之所不禁，而吾人義之所不容為者矣。《論語》此章，自來未得其解，問為衛君，兼問蒯聵與輒也；不為衛君，明不為蒯聵，亦不為輒也。故子貢以伯夷、叔齊為問，伯夷仁則蒯聵不仁矣，何也？伯夷知有父命，蒯聵不知有父命也。叔齊仁則輒不仁矣，何也？叔齋知有天倫，輒不知有天倫也。必也以伯夷處蒯聵、以叔齊處輒，則皆古之賢人矣。此正尊說所謂充類至義之盡，《春秋》就事論事，固不必推極至此也。

◎蒙文通《廖季平先生傳》：近世崔觶甫主今文，至斥《穀梁》為古文。江慎中治《穀梁》，亦以《穀梁》為古學，此邵公所謂誠可閔笑者耶？

◎蒙文通《井研廖季平師與近代今文學》：苟知今、古學實為漢人不合理強制組成之學，而剖析今、古家所據之典籍，分別研討，以求其真，則漢人今、古學之藩籬立即動搖。苟徒究心於今、古已成之後，而不思求之今、古未建之前，不尋其所依之籍義匪一家，思所以決蕩今、古之藩籬，則徒有進而求齊魯之意，而事則猶疏。故廖、劉以來，江慎中、鄭東父雖言齊、魯學，於上溯晚周之緒猶不過但啟其端耳！然廖、劉之前，今、古之真未見，故無由求得晚周

之緒。至廖、劉而今、古大明，上以結兩漢之局，下以闢晚周之端，然後可依之以求晚周之學，此正數百年來學術轉變之一大界限。

◎蒙文通《井研廖季平師與近代今古文學》：於是廖師於今文一家之學立齊、魯兩派以處之。古文一家所據之經，奇說尤眾，則別之為《周官》派、《左傳》派、《國語》派、《孝經》派以處之，而總之曰今文為齊魯之學，古文為燕趙當作梁趙。之學。此廖師於漢儒家法既明之後，又進而上窮其源，於是立齊、魯、燕、趙以處之，別《公羊》、《穀梁》、《左傳》、《周官》為數宗，此廖師之欲因兩漢而上溯源於周秦，其度越魏晉以來之學既遠，而啟後學用力之端亦偉矣。劉師於判今、古之分界與廖師同，遂而究齊魯學亦與廖師同，於是石城江慎中、象山陳伯弢亦為文論齊魯學，皆所以召學者之應從兩漢而上探周秦，由今、古而溯之齊魯，求周秦學術之家法，以易兩漢學術之家法，此固廖師偉志也。

◎江慎中，字孔德，號蟲覃。廣東廉江人。光緒十四年（1888）舉人。與惠州江逢辰同師廣雅書院主講梁節庵。與翰林編修江標、葉熾昌、程秉釗等交善。後絕意功名，回鄉肆力著作，主講松明書院、同文書院十餘年，又曾任高州高文書院院長。著有《春秋穀梁傳條例》、《穀梁傳條指》、《南溪文稿》、《南溪詩稿》、《蟫蜜學私記》等。

江慎中 穀梁傳條指 未見

江永 春秋地理考實 五卷 存

北大藏清抄本

四庫本

道光九年（1829）廣東學海堂刻皇清經解本

國圖藏光緒十四年（1888）上海書局據道光九年（1829）廣東學海堂刻皇清經解影印本

國圖藏光緒十七年（1891）上海鴻寶齋石印皇清經解本（一卷）

上海藏清傳抄四庫全書本

國圖出版社2009年賈貴榮宋志英輯春秋戰國史研究文獻叢刊影印道光九年（1829）廣東學海堂刻皇清經解本

◎序：讀《詩》者以鳥獸草木為緒餘，讀《春秋》者亦當以列國地名為緒餘。《春秋》暨《左氏傳》二百五十餘年地名千數百有奇，或同名而異地，或

一地而殊名，古今稱謂不同，隸屬沿革不一，有文字語音之譌，有傳聞解說之誤，欲一一核實無差，雖博洽通儒猶難之。杜當陽癖於《左》，號武庫，《集解》外有《釋例》，土地名別為部，地志之學號專長。然闕略不審者已多，所指紕繆者亦間有。後出地理諸家，隨代加詳，視當陽孤守漢晉紀載，宜有增擴。《春秋傳說彙纂》，國朝儒臣所修，俱經睿鑒欽定，地理考訂彌精詳。杜所不知，援古證今，能確指其所在；杜有乖違，隨事辯正，並杜注錄出，可別成一書。然而學殖無涯，搜討難徧，更考前賢地志之書及近代二三名家之說，核其虛實，精者益精，詳者益詳，從來著述家踵事增華，或亦功令所不禁也。家貧不能儲書，聊據所見聞者，輯成《春秋地理考實》四卷，竊取多識緒餘之意，或可為《麟經》之一助云爾。年力衰頹，黽勉為之。薰屢刊削，乃成定本。中間或遺或誤知不免，摘瑕指疵，則俟淹通博雅之君子。乾隆二十三年戊寅仲夏月，婺源江永慎修氏書。

　　◎戴震《江慎修先生事略狀》（壬午）〔註2〕：先生姓江氏，名永，字慎修，婺源之江灣人。少就外傅時，與里中童子治世俗學。一日，見明丘氏《大學衍義補》之書，內徵引《周禮》，奇之，求諸積書家，得寫《周禮》正文，朝夕諷誦，自是遂精心於前人所合集《十三經注疏》者，而於《三禮》尤功深。先生以朱子晚年治禮為《儀禮經傳通解》書未就，雖黃氏、楊氏相繼纂續，猶多缺漏，其書非完，乃為之廣摭博討，一從《春官經‧大宗伯》吉、凶、軍、嘉、賓五禮舊次，使三代禮儀之盛，大綱細目，井然可睹於今，題曰《禮經綱目》，凡數易稿而後定。值朝廷開館，定《三禮義疏》，纂修諸臣聞先生是書，檄下郡縣錄送以備參訂，知者亦稍稍傳寫。先生讀書好深思，長於比勘步算，鐘律聲韻尤明。處里黨，以孝弟仁讓躬先。其於宣城梅氏所言歲實消長，見歧未定也，則正之曰：「日平行於黃道，是為恒氣、恒歲實，因有本輪、均輪高沖之差，而生盈縮，謂之視行。視行者，日之實體所至，而平行者本輪之心也。以視行加減平行，故定氣時刻多寡不同。高沖為縮末盈初之端，歲有推移，故定氣時刻之多寡且歲歲不同，而恒氣、恒歲實終古無增損也。當以恒者為率，隨其時之高沖以算定氣，而歲實消長可弗論。猶之月有平朔、平望之策，以求定朔、定望，而此月與彼月，多於朔策幾何、少於朔策幾何，俱不計也。」於《管子》書五聲徵、羽、宮、商、角之序，《呂氏春秋》稱伶倫作律，先為黃鐘之宮，次製十二筒，以別十二律，則據以正《淮南‧天文訓》及《漢書‧律曆志》

〔註2〕摘自《萬有文庫‧戴東原集》十二卷第二冊五十九頁。

之謬。其說曰：「黃鐘之宮，黃鐘半律也，即後世所謂黃鐘清聲是也。唐時《風雅十二詩譜》，以清黃起調畢曲，琴家正宮調，黃鐘不在大弦，而在第三弦。正黃鐘之宮，為律本遺意，亦聲律自然，今古不異理也。《國語》伶州鳩因論七律而及武王之四樂，夷則無射曰上宮，黃鐘太蔟曰下宮。蓋律長者用其清聲，律短者用其濁聲。古樂用韻之法既亡，而因端可推。《韓子・外儲》篇曰：『夫瑟以小弦為大聲，大弦為小聲』，雖詭其詞以諷，然因是知古者調瑟之法。黃鐘、大呂、太蔟、夾鐘、姑洗、仲呂、蕤賓，用半而居小弦；林鐘、夷則、南呂、無射、應鐘，用全而居大弦。此皆合之以《管》、《呂》論聲律相生者，始明也。」先生言樂律，實漢已降二千年莫知闡究者如此為書以論。古韻起於吳才老，而昆山顧氏據證尤精博，先生則謂顧氏考古之功多，審音之功淺，正顧氏分十部之疏，而分平、上、去三聲皆十三部。虞屬魚模，又分之以屬侯幽，顧氏未之知也。先屬元寒，又分以屬真諄，而真已後十有四韻之當分為二，考之《三百篇》，用韻劃然，顧氏未之審也。蕭至毫四韻之讀如今音者，一部也，又分之以屬侯幽，在《三百篇》亦劃然，而顧氏未審也。覃至鹽屬添嚴，又分以屬侵，自侵已後九韻，以侈、斂當分為二，猶之、真已後，當分十有四韻為二也，顧氏亦一之。侯之正音近幽，顧氏不之審，而轉其讀以從虞，先生蓋欲彌縫其書。易象言往來上下者，後儒謂之卦變，說人人殊。先生曰：「《周易》以反對為序次，卦變當於反卦取之。否反為泰，泰反為否，故曰小往大來、曰大往小來，是其例也。凡曰來、曰下、曰反者，自反卦之外卦來居內卦也；曰往、曰上、曰進、曰升者，自反卦之內卦往居外卦也。」後儒皆言古者寓兵於農，井田廢而兵農始分。先生曰：「考之春秋時，兵農固已分矣。管仲參國伍鄙之法，齊三軍，出之士鄉十有五，公與國子、高子分率之，而鄙處之農不與也。為農者治田供稅，不以隸於師旅也。鄉田但有兵賦，無田稅，似後世之軍田屯田，此外更無養兵之費。晉之始惟一軍，既而作二軍，作三軍，又作三行，作五軍，既舍二軍，旋作六軍，以新軍無帥，而復三軍，其既增又損也。蓋除其軍籍，使之歸農，若軍盡出於農，則農民固在，安用屢易軍制乎？隨武子曰：『楚國荊尸而舉，商農工賈，不敗其業。』此農不從軍之證也。魯之作三軍也，季氏取其乘之父兄子弟盡征之。孟氏取半焉，以其半歸公。叔孫氏臣其子弟，而以其父兄歸公。所謂子弟者，兵之壯者也。父兄者，兵之老者也。皆其素在軍籍，隸之卒乘者，非通國之父兄子弟也，其後舍中軍，季氏擇二，二子各一，皆盡征之而貢於公。若民之為農者出田稅，自仍然歸之君，故哀公曰：『二吾

猶不足」，三家雖專，亦惟食其采邑，豈嘗使通國之農盡屬已哉？陽虎壬辰戒都車，令『癸巳至』，此又兵常近國都之證。其野處之農，固不為兵也。」後儒為《深衣圖考》者至數十家，大體相蹈裳交解十二幅之訛，而續衽、鉤邊，致滋異說。先生以《玉藻》篇明言「衽當旁」，則非前後之正幅也。以鄭康成注曰「衽謂裳幅所交裂也」，則在旁名衽者交裂，而餘幅不交裂也。續衽者，裳之左旁，連合其衽；鉤邊者，裳之右旁，別用布一幅，斜裁之，綴於後衽之上，使鉤曲而前，以掩裳際，漢時謂之曲裾，故鄭康成注「鉤邊，若今曲裾也。」經傳中制度名物，先生必得其通證舉視。此蓋先生之學，自漢經師康成後罕其儔匹，生平論著之梗概，如上數事，亦足以見矣。卒年八十有二。所著書《周禮疑義舉要》六卷、《禮記訓義擇言》六卷、《深衣考誤》一卷、《禮經綱目》八十八卷、《律呂闡微》十一卷、《春秋地理考實》四卷、《鄉黨圖考》十一卷、《讀書隨筆》十二卷、《古韻標準》六卷、《四聲切韻表》四卷、《音學辨微》一卷、《推步法解》五卷、《七政衍》、《金水二星發微》、《冬至權度恒氣注曆辨》、《歲實消長辨》、《曆學補論》、《中西合法擬草》各一卷，《近思錄集注》十四卷。先生嘗一遊京師，以同郡程編修恂延之至也。《三禮》館總裁桐城方侍郎苞，素負其學，及聞先生，願得見，見則以所疑《士冠禮》、《士昏禮》中數事為問。先生從容置答，乃大折服。而荊溪吳編修紱，自其少於禮儀功深，及交於先生，質以《周禮》中疑義，先生是以有《周禮疑義舉要》一書，此乾隆庚申辛酉間也。後數年，程、吳諸君子已歿，先生家居寂然，值上方崇獎實學，命大臣舉經術之儒。時婺源縣知縣陳公，有子在朝為貴臣，欲為先生進其書，來起先生。先生自顧頹然就老，謂無復可用，又昔至京師所與遊皆無在者，愈益感愴，乃辭謝，而與戴震書曰：「馳逐名場，非素心」，卒不能強起。其後戴震嘗入都，秦尚書蕙田客之，見書笥中有先生曆學數篇，奇其書，戴震因為言先生。尚書撰《五禮通考》，摭先生說入《觀象授時》一類，而《推步法解》則取全書載入，憾不獲見先生《禮經綱目》也。先生家故貧，其居鄉，嘗授《春秋傳》豐年補敗之義，語鄉之人，於是相與共輸穀若田，設立義倉，行之且三十年，一鄉之民不知有饑。自古積粟之法，莫善於在民，莫不善於在官，使民自相補救，卒無胥吏之擾，此先生善於為鄉之人謀者。乾隆二十七年五月，休寧戴震次先生治經要略著書卷數。先生生於康熙辛酉年七月十七日，卒於乾隆壬午年三月十三日，遺書二十餘種，繕寫成帙，藏於其家，書未廣播，恐就逸墜，不得集太史氏，敢以狀私於執事，謹狀。

　　◎蔡冠洛編著《清代七百名人傳‧江永傳》：所著有《周禮疑義舉要》七卷，《禮記訓義擇言》六卷，《深衣考誤》一卷，《律呂闡微》十卷，《律呂新論》二卷，《春秋地理考實》四卷，《鄉黨圖考》十一卷，《讀書隨筆》十二卷，《古韻標準》四卷，《四聲切韻表》四卷，《音學辨微》一卷，《河洛精蘊》九卷，《四書典林》四十卷，《推步法解》五卷，《七政衍》、《金水二星發微》、《冬至權度恒氣注曆辨》、《歲實消長辨》、《曆學補論》、《中西合法擬草》各一卷，《近思錄集注》四卷，《考訂朱子世家》一卷。乾隆二十七年卒，年八十二。休寧戴震、歙縣金榜之學得於永為多。永卒後，震攜其書已入都，故《四庫全書》收永所著書至十餘部。尚書秦蕙田撰《五禮通考》摭永說入觀象援時類，而《推步法解》則載其全書焉。

　　◎趙爾巽《清史稿》列傳二百六十八《儒林》二：江永，字慎修，婺源人。為諸生數十年，博通古今，專心《十三經注疏》，而於《三禮》功尤深。以朱子晚年治禮為《儀禮經傳通解》書未就，黃氏、楊氏相繼纂續亦非完書，乃廣摭博討，大綱細目一從吉、凶、軍、嘉、賓五禮舊次，題曰《禮經綱目》，凡八十八卷，引據諸書，釐正發明，實足終朱子未竟之緒。嘗一至京師，桐城方苞、荊溪吳紱質以《禮經》疑義，皆大折服。讀書好深思，長於比勘，明推步、鐘律、聲韻。歲實消長，前人多論之者，梅文鼎略舉授時，而亦疑之。永為之說，當以恒氣為率，隨其時之高沖以算定氣，而歲實消長勿論，其說至為精當。其論黃鐘之宮，據《管子》、《呂氏春秋》以正《淮南子》，其論古韻平、上、去三聲，皆當為十三部，入聲當為八部，而三代以上之音始有條不紊。晚年讀書有得，隨筆撰記。謂《周易》以反對次序，卦變當於反對取之。否反為泰、泰反為否，故「小往大來」「大往小來」，是其例也，凡曰來、曰下、曰反，自反卦之外卦來居內卦也；曰往、曰上、曰進、曰升，自反卦之內卦往居外卦也。以謂兵、農之分，春秋時已然，不起於秦漢。證以《管子》、《左傳》，兵常近國都，野外之農固不隸於師旅也。其於經傳稽考精神多類此。所著有《周禮疑義舉要》七卷，《禮記訓義擇言》六卷，《深衣考誤》一卷，《律呂闡微》十卷，《律呂新論》二卷，《春秋地理考實》四卷，《鄉黨圖考》十一卷，《讀書隨筆》十二卷，《古韻標準》四卷，《四聲切韻表》四卷，《音學辨微》一卷，《河洛精蘊》九卷，《推步法解》五卷，《七政衍》、《金水二星發微》、《冬至權度》、《恒氣注曆辨》、《歲實消長辨》、《曆學補論》、《中西合法擬草》各一卷，《近思錄集注》十四卷，考訂《朱子世家》一卷。

乾隆二十七年卒，年八十二。弟子甚眾，而戴震、程瑤田、金榜尤得其傳，
震、榜自有傳。

◎劉大櫆《海峰文集》卷六《江先生傳》：於《春秋》則有《地理考實》。
又精於天官星歷，其書則有《歷學補論》《七政衍》《金水二星發微》《冬至權
度恆氣注歷辨》《歲實消長辨》。

◎余廷燦《存吾文稿》不分卷《江慎修永傳》：所著書，《周禮疑義舉要》
六卷，《禮記訓義擇言》六卷，《深衣攷誤》一卷，《禮經綱目》八十六卷，《律
呂闡微》十一卷，《春秋地理考實》四卷，《鄉黨圖攷》十一卷，《讀書隨筆》
十二卷，《古韻標準》六卷，《四聲切韻表》四卷，《音學辨微》一卷，《推步法
解》五卷，《七政衍》、《金水二星發微》、《冬至權度恒氣注歷辨》、《歲實消長
辨》、《歷學補論》、《中西合法擬草》各一卷。其同志戴震，恐久就墜失，次其
治經事畧，並整齊遺書二十餘種藏於其家。廷燦因據《事畧》傳之曰：自江永
以注疏之學傳經，一時戴東原震亦以《說文》《爾雅》之學起休寧，若宮商應
和，於是漢經師碩儒授受微言遂大顯於世，而好者頗稀。永既死，震入都客秦
尚書蕙田所，篋衍中攜永一二著述，尚書方集《五禮通攷》，見而奇之，乃摭
其說入觀象授時一類，而推步法解則取全書載入，且深惜其不得見《禮經綱目》
者。其後大興朱學筠視學安徽，銳意以興起注疏說文之學屬士，乃躬拜奠婺源
故士江永主，祠入鄉賢，而所著《鄉黨圖攷》《古韻標準》近亦稍稍刊布矣。
然傳者一二，不傳者尚壓架閣束，墨漫紙刓。其終飽蠹魚齧蝕，徒留書目在人
間乎？抑後世復有子雲，而蕴蕴積久之業，自不可揜其實而發其光乎？！

◎提要：是編所列《春秋》山川、國邑、地名，悉從經傳之次〔註3〕。凡
杜預以下舊說已得者仍之，其未得者始加辨證，皆確指今為何地，俾學者按現
在之輿圖，即可以驗當時列國之疆域及會盟、侵伐之跡，悉得其方向道里。意
主簡明，不事旁摭遠引，故名曰「考實」。於名同地異、注家牽合混淆者辨證
尤詳。如謂隱公元年傳「費伯帥師城郎」，其地在今廢魚臺縣，去曲阜二百里
許。而九年經書「城郎」及桓十年「齊侯衛侯鄭伯來戰於郎」，莊十年「齊師
宋師次於郎」者，別為魯近郊地名，則《公羊傳》所謂「吾近邑」，《左傳》記
「公子偃自雩門出，先犯宋師」，與哀十一年「師及齊師戰於郊」，《檀弓》「作

――――――――――――――――――――――

〔註 3〕庫本提要卷此句前有「永字慎修。休寧人。所著有《周禮疑義舉要》《儀禮釋
　　　宮增注》《禮記訓義擇言》《深衣考誤》《古韻標準》《四聲切韻譜》諸書，皆別
　　　著錄。」

戰於郎」者，皆無疑矣。僖公三十年傳「燭之武見秦伯曰：許君焦、瑕」，杜預以焦、瑕為晉河外列城二邑，與傳所云「晉惠公賂秦以河外列城之五，東盡虢略，南及華山，內及解梁」者不合。永則謂之「武所言，乃於河外列城，舉焦於內及解梁城者，舉瑕以該所許之邑」，引《水經注》云：「涑水西逕郇城，又西南逕解縣故城南，解梁即斯城也。又西南逕瑕城，晉大夫詹嘉之故邑也」云云，且考定郇城在解故城東北二十四里，瑕城在解西南五里，二地相距三十里許。杜預於成公六年絳大夫言「郇、瑕氏之地，沃饒近盬」，合郇、瑕為一，於僖公十五年「瑕呂飴甥」，以瑕呂為姓，皆失之。其訂訛補闕多有可取，雖卷帙不及高士奇《春秋左傳地名考》之富，而精核則較勝之矣。

◎道光《徽州府志》卷十一之三《人物志・儒林》：嘗見邱氏濬《大學衍義補》徵引《周禮》，遂求得其全經，讀而好之，自是用力於《十三經注疏》，而於《三禮》尤深，博攷精思，反復比勘，往往發前人所未發。乾隆元年命儒臣纂修《三禮義疏》，禮部檄取永《禮經綱目》以資考訂。尋以同郡中允程恂延至京師，一時儒宿若吳編修紱屢叩以《周官》疑義，方侍郎苞條舉士冠昏禮致詢，永從容置對，皆翕然稱善……所著有《周禮疑義舉要》六卷、《禮記訓義擇言》六卷、《深衣考誤》一卷、《禮書綱目》八十八卷、《律呂闡微》十一卷、《春秋地理考實》四卷、《論語瑣言》□卷、《近思錄集注》十四卷、《讀書隨筆》十二卷、《古韻標準》六卷、《四聲切韻表》四卷、《音學辨微》一卷、《推步法解》五卷、《鄉黨圖攷》十一卷、《河洛精蘊》九卷、《翼梅》八卷、《文集》若干卷。

◎道光《徽州府志》卷十五《藝文志》：江永《春秋地理考實》四卷。

◎姚鼐《惜抱軒文後集》卷五《吳石湖家傳》：吳君諱山南，字石湖。婺源人也。婺源自宋篤生朱子，傳至元明，儒者繼起，雖於朱子之學益遠矣，然內行則崇根本而不為浮誕，講論經義精覈貫通，猶有能守大儒之遺教而出乎流俗者焉。近世若江慎修永，其尤也。慎修死而石湖獨好其學，凡慎修著書，抄輯寶貴而特誦之，蓋多有世所未見者。君居於江寧西郊，臨江上，乾隆之末，鼐來江寧，君時就論學，因得借觀君藏慎修所著未刻者數種。其後君取慎修所錄《鄉黨》篇文刻之，又欲盡刻其餘書，未及為而君歿矣。

◎汪正元、吳鶚光緒《婺源縣志》卷十九《人物志・儒林》：少負異稟，讀書過目成誦。嘗見邱氏濬《大學衍義補》徵引《周禮》，遂求得其全經，讀而好之，自是用力於《十三經注疏》，而於《三禮》尤深，博攷精思，反復比

勘，往往發前人所未發。乾隆初年命儒臣纂修《三禮義疏》，禮部檄取永《禮經綱目》以資考訂。尋以同郡中允程恂延至京師，一時儒宿若吳編修紱屢叩以《周官》疑義，方侍郎苞條舉士冠昏禮致詢，永從容置答，皆翕然稱善……所著有《周禮疑義舉要》、《禮記訓義擇言》、《深衣考誤》、《禮經綱目》、《律呂闡微》、《春秋地理考實》、《論語瑣言》、《近思錄集注》、《讀書隨筆》、《古韻標準》、《四聲切韻表》、《音學辨微》、《推步法解》、《鄉黨圖考》、《河洛精蘊》、《翼梅》、《文集》共若干卷。孫錦波邑庠生 O 按永嘉慶十三年祀鄉賢祠，仍有《儀禮釋宮譜增註》一卷、《儀禮釋例》一卷、《律呂新論》二卷、《算學》八卷續一卷，並著錄《四庫》。又《紀元部表》□卷，舊志未載，光緒壬午增。

◎汪正元、吳鶚光緒《婺源縣志》卷五十五《藝文志・典籍》：江永著（《儀禮釋例》一卷、《禮記訓義釋言》八卷、《深衣考誤》一卷、《禮書綱目》八十五卷、《律呂闡微》十卷、《律呂新義》五卷、《群經補義》五卷、《春秋地理考實》四卷、《鄉黨圖考》十卷、《近思錄集注》十四卷、《古韻標準》四卷、《算學》八卷續一卷○以上著錄四庫 O《周禮疑義舉要》七卷、《四聲切韻表》一卷、《音學辨微》、《推步法解》五卷、《河洛精蘊》九卷、《卜易圓機》、《翼梅》九卷、《旮齋文集》、《考訂朱子世家》一卷、《讀書隨筆》十二卷、《論語瑣言》）。

◎趙爾巽《清史稿》卷一百四十五志一百二十《藝文》一：《春秋地理考實》四卷，江永撰。

◎張之洞《書目答問》卷一《經部》：《春秋地理考實》四卷（江永。學海堂本）。

◎江永（1686～1762），字慎修，又字慎齋。婺源（今江西婺源）人。少時讀書過目成誦，為諸生數十年，以講學為業，專力於經，尤精《三禮》。與方苞、吳紱多所論質。與休寧戴震為忘年交，戴之學得其指引甚多。晚年入為貢生。著有《卜易圓機》、《河洛精蘊》九卷、《周禮釋義舉要》六卷、《禮記訓義擇言》六卷、《深衣考誤》一卷、《群經補義》五卷、《周禮疑義舉要》七卷、《儀禮釋官增注》一卷、《儀禮釋例》一卷、《禮記訓義擇言》一卷、《禮書綱目》八十五卷、《春秋地理考實》四卷、《春秋類例》一卷、《律呂闡微》十卷、《律呂新論》二卷、《論律呂》二卷、《鄉黨圖考》十一卷、《四書古人典林》十二卷、《論語瑣言》、《古韻標準》四卷、《音學辨微》一卷、《四聲切韻表》四卷、《讀書隨筆》十二卷、《近思錄集注》十四卷、《推步法解》五卷、《七政衍》一卷、《金水二星發微》一卷、《冬至權度》一卷、《恒氣注曆辨》一卷、

《歲實消長辨》一卷、《曆學補論》一卷、《中西合法擬草》一卷、《算學》八卷、《續算學》一卷、《翼梅》八卷、《考訂朱子世家》一卷。

江永 春秋類例 一卷 存

國圖藏清抄本

◎汪正元、吳鶚光緒《婺源縣志》卷三十七《人物志·質行》：江鴻緒（字成基。太學生。幼習儒業，力學不倦。嘗受業於族儒江眷齋，眷齋著作浩繁，緒抄錄校對，無間寒暑，又助刊《羣經補義》。重道尊師，足型末俗）。

江有龍 左傳分註 佚

◎道光《桐城續修縣志》卷十五《人物志·儒林》：生平制行不苟，詩古文俱有先正典則。著有《詩經解義》《左傳分註》《四書纂要》。

◎江有龍，字若度，號涵齋。安徽桐城人。與方澤、胡邦幹、王洛、王師旦、姚范、葉酉，張瑚，周芬佩，左廉，江有龍稱「龍眠十子」，又與蔡寅斗、曹階、方澤、高炳、沈德潛、王之醇、葉酉、周振采、周曰藻稱「江左十子」。窮經說，明性道，博於史鑒，背誦瑣屑事質之書不差一字。乾隆初薦博學鴻詞，試不售，後以優貢肄業國子監。張廷玉延課其子。乾隆九年（1744）北闈中副榜，授江寧縣教諭。適丁艱，以毀卒。年四十五。著有《詩經解義》《左傳分註》《四書纂要》《兩漢書論注》。

江□□ 左氏春秋鈔 佚

◎江濬源《介亭文集》卷四《左氏春秋鈔跋》：右《左氏春秋》十二卷，乾隆十有一年春叔父省齋府君課吾諸兄時所彙鈔著也。省齋府君手錄隱桓莊閔，而以昭襄定哀屬吾仲兄華袞先生、以僖文成屬宗兄敬友。又連城五舅父適寓館中，則亦以宣傳屬焉。而《左氏》之鈔以全。方省齋府君橐斯編以課吾諸兄也，其時濬源尚少，後七八年乃得受而讀之。因復撮諸家評論載之上幅，以時覽觀。總計撫摩二十三年，是書未嘗釋手焉。已而旅宦京師，藏之舊簏，月日累久，忽忽如忘。頃兒輩適從南方攜之以來，於是又一快然展讀，則距庋置之日亦且十有五年矣。嗚呼！以濬源之無似，念昔受學於叔父、承誨於仲兄，所相期屬者甚厚；而如舅父、宗兄亦皆曾經指示勤拳，規之遠大。顧惟浮沉拓落，虛歷歲年，少壯之身，坐而老大，文章事業既未足以楷世而示來茲，而回睇前型，零陨已盡。窗硯席屨，如隔塵煙，獨有是書之存，墨跡朱痕，披拂猶

昨。追摹彷彿，飄爾神飛。用謹跋言卷末，志吾飲水之思，且告兒輩以遺編顛末之詳，俾敬讀而慎藏之其無或墮。時癸丑初夏十有五日也。

姜炳璋　讀左補義　五十卷　首二卷　存

北大、天津、上海、南京、中央民族大學藏乾隆二十九年（1764）三多堂刻本

華東師範大學藏乾隆三十三年（1768）刻本

浙江、湖北藏乾隆三十七年（1772）尊行堂刻本

黑龍江、浙江省博物館藏乾隆三十八年（1773）毛昇三多堂刻本（毛昇增參）

國圖、北大、復旦、上海、南京、浙江、湖北、香港中文大學藏乾隆四十七年（1782）同文堂刻本

浙江藏乾隆四十七年（1782）醉經樓刻本

北大、吉林社科院藏同治十年（1871）三善堂刻本

國圖藏光緒二十七年（1901）晉祁書業德刻本

國圖藏清抄本

北大、天津、遼寧、大連、錦州、丹東、寧波教育博物館藏清末善成堂刻本

南京、遼寧藏清蔚文堂刻本

續修四庫全書影印中國科學院藏乾隆三十八年（1773）毛昇刻本

文海出版社 1968 年馬小梅主編國學集要〔註4〕影印乾隆四十七年（1782）同文堂刻本

四庫存目叢書影印乾隆刻本

◎一名《春秋讀左》。

◎各卷卷首題：四明姜炳璋輯，受業毛昇增參，男埭、塤校。

◎目錄：卷之首例言、綱領上、綱領下。卷之一隱公一，元年至四年。卷之二隱公二，五年至十一年。卷之三桓公一，元年至七年。卷之四桓公二，八年至十八年。卷之五莊公一，元年至十六年。卷之六莊公二，十七年三十二年。卷之七閔公一，元年至二年。卷之八僖公一，元年至七年。卷之九僖公二，八年至十五年。卷之十僖公三，十六年二十二年。卷十一僖公四，二十三年至二

十五年。卷十二僖公五，二十六年至二十八年。卷十三僖公六，二十九年至三十三年。卷十四文公一，元年至六年。卷十五文公二，七年至十三年。卷十六文公三，十四年至十八年。卷十七宣公一，元年至七年。卷十八宣公二，八年至十二年。卷十九宣公三，十三年至十八年。卷二十成公一，元年至三年。卷二十一成公二，四年至十年。卷二十二成公三十一年至十五年。卷二十三成公四，十六年至十八年。卷二十四襄公一，元年至六年。卷二十五襄公二，七年至十年。卷二十六襄公三，十一年至十四年。卷二十七襄公四，十五年至二十年。卷二十八襄公五，二十一年至二十三年。卷二十九襄公六，二十四年至二十五年。卷三十襄公七，二十六年至二十七年。卷三十一襄公八，二十八年至二十九年。卷三十二襄公九，三十年至三十一年。卷三十三昭公一，元年。卷三十四昭公二，二年至三年。卷三十五昭公三，四年至五年。卷三十六昭公四，六年至七年。卷三十七昭公五，八年至十一年。卷三十八昭公六，十二年至十三年。卷三十九昭公七，十四年至十七年。卷四十昭公八，十八年至二十年。卷四十一昭公九，二十一年至二十三年。卷四十二昭公十，二十四年至二十六年。卷四十三昭公十一，二十七年至三十一年。卷四十四定公一，元年至四年。卷四十五定公二，五年至八年。卷四十六定公三，九年至十五年。卷四十七哀公一，元年至六年。卷四十八哀公二，七年至十二年。卷四十九哀公三，十三年至十六年。卷五十哀公四，十七年至二十七年。

◎綱領上：西周舊典（九則）、東遷後列國相沿之例（六則）、魯史自相傳受之例（七則）、春秋霸國更定之例（五則）、魯君臣私定之例（五則）。綱領下：恭承聖教、親見策書、尊王。

◎讀左補義序〔註5〕：《春秋》因魯史以示義，而發明《春秋》之義者則自《左氏傳》始。左氏聖人之徒也，身為國史，親見策書，因博採列國之記載，會萃為傳，以發明《春秋》之大義，使聖人之引而不發者昭然於簡策間，班氏所謂「論本事而作傳，明夫子不以空言說經也」。然則即事為經者聖人之義也，論本事而為傳者左氏發明聖經之義也，皆不欲空言說經也。後之學者以實事為空言，譁然於一字之褒貶，曰：「此《春秋》之例也」。始求於《左氏》而義不可通，繼求之《公》《穀》二家而不可通者愈甚，則又自為一例，故釋例之書不下數十家，例愈繁而義愈非，用此例以誅人，又用此例以賞人，朱子所謂大類後世舞文弄法之吏之所為，而非大中至正之道也。抑知《春秋》無例，《左

────────────

〔註5〕又見於民國陳漢章《象山縣志》卷十八《藝文考》。

氏》亦無例。或曰：「《左氏》言例詳矣，杜征南因分為正例、變例，而謂之無例，可乎？」曰：傳之例皆史氏之舊例，非左氏自定之例也。傳曰「來告則書」，又曰「滅不告」「敗勝不告」「克不書於策」，豈作《春秋》時告於夫子乎？曰「辟不敏」者，豈夫子作《春秋》而辟不敏乎？傳明言例之受於史官矣。蓋史官之例有五：有舊典禮經，至春秋而猶有存者，例也，即義也；有東遷後列國相沿之例，則名存而實亡也；有魯史自相傳受之例，則得失參半也；有霸國更定之例，則勢利為進退也；有魯君臣私意自定之例，則詳畧無定理也。其例本於史氏，其義不可深求，而杜氏謂凡例皆周公之禮經、變例皆聖人之新意，則謬也。或又曰：「左氏奚不直指聖人之義？」曰：不敢也。《春秋》，本朝之史，宗國之書，聖人但記其事以明王法，未聞顯斥當時之君相而誅之，猶且自聽於知我罪我，而謂左氏敢乎哉？或又曰：「史氏之例既未可以義求，左氏何弗去之？」曰：若盡去之，則學者豈以為聖人手定之例？而其誤轉甚。隱、桓以來，兵加於魯者，君大夫將皆稱人，至文十五年稱齊侯、襄十七年稱齊高厚；小國之君忽伯忽子，會盟之序忽升忽降，秦、鄭、曹、邾皆伯爵，而或書大夫或不書大夫，蓋史不一人則文非一手，事非一朝則史非一例，諸稱書不書、先書故書、不言不稱書曰之類，及書爵、書人、書國、書名、書族、去族之屬，是非或謬於聖人，曾聖人手定之例而有此，而卒不一為之刊正者，其文也，紀其實也，著其失也。左氏臚列史氏之例而瑕瑜各不相掩，使學者深思得之，夫然後不得混於聖經之義，乃所以號明聖經之義歟？嗚呼！《春秋》非聖人不能作之，非左氏不能述之。作之者即事而為經，述之者論本事而為傳，事舉而義存焉，豈徒以其文而已哉！後之躁心嘗者嗜其文而不求其義，而好學深思之士又為例所蒙，并其事而疑之，毋乃與傳經者之心相刺謬乎！因成《讀左補義》五十卷，且志其大畧，弁諸卷端，俟識者正焉。乾隆三十三年歲在戊子余月穀旦，白巖姜炳璋石貞氏書於石泉縣署之字民軒。

◎錢維城序〔註6〕：《詩》《書》聖人教世之書也，《春秋》聖人治世之書也。教則從乎言，而治必按諸事。教天下之公也，而言即聖人之言。治亦天下之公也，而事非聖人之事。言即聖人之言，故言在即教在；事非聖人之事，故事不備即治不彰。何也？《春秋》之法，遇事直書，善惡自見，而不能無筆削，

〔註6〕又見於錢維城《茶山文鈔》卷四，題《春秋讀左序》。錢氏《茶山文鈔》卷七又有《春秋論》三篇。民國陳漢章《象山縣志》卷十八《藝文考》亦錄王昶《湖海文傳》所載此序，末云：案錢文敏公此序尚在未成書時，《湖海文傳》又選自序一篇次文敏後。

必有削乃有筆，故欲探《春秋》之意者，求其所筆不可得，糸觀其所削而知之矣。若是者，舍《左氏》無由。昔止齋陳氏之學深於《春秋》，獨宗《左氏》，為有功於經，能存其所不書以實其所書，作《左傳章指》。樓鑰序之，以為自有《春秋》以來所未有，可謂知言矣。竊嘗譬之於日月，日月之光無所不燭，物失好醜，日月不言，而物自呈之。然日月之光必自其麗於物而始見。《左氏》，其光所麗之物也；光之所麗，又必有其所不麗者而借之以呈其象，《左氏》又其光所不麗之物也。而世之攻《左氏》者，以為是非頗謬於聖人。夫《左氏》之言固有過誇且失其實者，然觀其言當思其所以言，而推見其不言之隱。且吾所取於《左氏》者，謂能備其事而可循是以求聖人筆削之跡也，非即以《左氏》之是非為聖人之筆削也。癸未之秋余試金華，姜子白巖方主蘭溪講席，試畢來謁。問所為，曰有《讀左補義》若干卷，未及卒錄，敢以前數卷先。余未及觀，及下處州，中途無事，乃悉讀之。反覆數過，歎曰：姜子之善讀《左》也！夫左氏之書通二百四十年之書為一篇者也，其脈絡貫通本末咸備，讀者類能知之。若其離合變化，以斷為續以抑為揚，則有不得盡知者矣。姜子之讀《左》也，通其言並通其不言，其言在此而意在彼與言如此而意不如此者，皆一一深思而得其故，而要以是非不謬於聖人為宗。學者循是而探索之，而聖人筆削之意乃可窺也。則謂自有《左氏》以來未有此書可也。爰序數語寄之，以亟索其全帙。友人錢維城題。

◎張嗣益序：《春秋》史而經也，《左傳》史而翼經也，其義一也。始前漢諸經立學宮，《公羊》《穀梁》各有博士，而《左傳》不與。張蒼獨好是書，賈誼、劉歆之徒皆傳其學，而集成於杜預。其後諸家紛起，穿穴揚推，殆無遺蘊。然而或長於經或長於史，分門別戶，不可合并，而得乎以史翼經之義者或已渺矣。且夫《左氏》非一家之學也，上自天文，下及地理，中合禮樂兵刑陰陽聲律巫醫卜祝之流，胥綜核而條貫之，而要領則在乎發明經義，此吾友寧郡姜君白巖先生《讀左補義》之所由作也。其書詳考於兩漢以後歷代諸家之說，而搜羅也富、研練也精、折衷也當，多暢前人所欲言而發前人所未發者，於是乎傳之義明而經義大著。寧化雷翠庭師督學兩浙，嘗亟稱白巖之經術。予耳熟白巖之名也久，師亦嘗稱予於白巖，神相契者已數十載，而獨不得一晤君，把臂上下議論也。己丑，白巖與其徒毛君寅谷來越，予得晤君，因出所著示予。予曰：此真得乎以史翼經之義者矣！寅谷復於白巖所未言者發其緒餘，是白巖既於傳補義，寅谷又補以文家之法，而《左傳》乃更無餘蘊，鈞《左氏》功臣也。

天下後世不乏力學之士，必有能信好是書，奉為枕秘者，豈獨予也乎哉。山陰同學弟張嗣益頓首拜序。

◎序：左氏之傳《春秋》，以經為綱而傳為之目，無傳則綱舉而目不張，傳之所以輔經也。左氏學於聖人，發明聖經之旨而不失聖人垂訓之義，故三傳皆有功於《春秋》而素臣則獨推《左氏》。漢魏以來，學《左氏》者，劉、賈之後繼似服、杜，至隋而杜獨行，服義遂微。杜蓋以例釋《左》，其說有正例變例非例之分，而為例之情又有五。自是言經傳者鮮不循其涯涘矣。姜子白巖獨以為聖經無例，左氏之言例從舊史氏也，杜氏舍其義而專言例，以致是非或謬於聖人，非左氏傳經之義也。爰作《讀左》一書，援傳以釋經，援經以立義，發其微於博記之中，會其神於文字之外，如文質之發明《春秋》托始桓王之義、如諸侯赴告稱名之引舊典、如仁而不武之謂鄭靈不謂歸生、如齊懿之死由於公子元不在邴歜閻職，諸如此類，意為創見，理極自然，所謂大義數十，炳若日星，吾蓋於白巖見之。《春秋》以經為綱以傳為目，而《讀左》一書則由目溯綱而無不相合，此其發前人之未發，深得《左氏》之義而闡聖經之微者也，豈徒捃撦眾說尋章摘句自號一家之書已哉！是不可以不序。乾隆二十九年甲申孟夏，長洲彭啟豐序。

◎刻讀左補義例言：

《讀左補義》一書，吾師闡發先賢釋經之義，意詳辭簡，其中用杜者什之六七。先生嘗曰：「杜解精確處，一字一珠，任後人更張百變，細按終不可易」，故用之獨多。杜所未明，採之孔疏；疏所未顯，採之諸說。或稱某氏，或稱某書，友朋相遇，輒為商榷。一言之贈，亦著由來。諸說未明，補以己說，用按字別之。其不載姓氏者，皆杜解也。

《春秋》無例，左氏之例原非釋經，故凡杜氏云「見某例」者刪。經傳解複見者刪。有無待註而自明者刪。有戾經旨、違傳意者並刪。杜於地志水道最核，今姑畧之，一遵《皇輿表》，使人易曉也。東萊呂氏著《博議》《集傳》《傳說》數種，并文集中雜記，今引用者並稱「呂說」。趙東山作《補註》，中有「陳氏曰」者，採止齋之說也，與陳《後傳》小異而大同；其《左傳章指》則未之見，今統入陳傳以便省覽（篇中兩說並存備參考者，已折衷於《綱領》也）。

是書起事於乾隆丙子二月，至丁丑五月中輟。先生初有事於《詩經》，脫稿未經抄謄，復加訂正，至己卯竣事。庚寅，理《春秋》舊業，祇有總評，未遑及註疏也。癸未掌教蘭江書院，示諸同志。次君埴侍，因抄其總論若干卷就

正。芝庭、稼軒兩師皆謂自有傳以來未有此，趣卒業。因命隨傳釋之，而附評論於後。甲申先生謁選入都，長嗣埭從，得蜀之石泉縣，此書置行篋中。至邑，百廢俱舉，暇則談經。長君復取前稿續鈔。凡註中有按字者，皆先生指授而兩嗣手錄者也。購書人繕寫，遂有清本焉。戊子先生謝病歸象山，過郡，昇力贊此書之成。明年，奉先生居越之山寺。先生寢食其中，增刪稿本。時張百斯先生相過從商榷。明年至昇家，同人重集，又易稿，至壬辰而書成。

是集引用說《春秋》諸家書目一百數十種，已刻於徐氏通志堂，見於朱氏《經義考》，可復案也。其在二書外，如王子長《左翼》（《經義考》云：「烏程王震作《左氏參同》四十三卷。又別有王氏，未詳其名。」今按震書名《左翼》，無「參同」名，實一書也）、薛文介（三省。字魯叔）《春秋辨疑》、萬充宗（斯大）《春秋隨筆》《學禮質疑》、何義門（焯）《讀書記》、朱可亭（軾）《春秋鈔》、方望溪（苞）《春秋直解 / 通論 / 比事目錄 / 義法舉要》、徐健菴（乾學）《讀禮通考》、董次公（守諭）《左傳簡秀》、姜上均（兆錫）《胡傳參義》、全謝山（祖望）《經史問答》、齊河洲（周南）《春秋傳質疑》及無名氏《管見》（於李友立買得《管見》，止隱桓一卷，無名氏，今李下世，無由質之）十餘種也。

詳義畧文，是書之旨，恐學者專以文求而義為之掩也。昇謂：「使絕不言文，無以厭讀《左》者之心，請用評文之語，細書其端，如選家例，何如？」先生曰：「吾老矣，而有志，而其為之。」昇勉承師命，因稽之諸選，質之同人，參以己說。閒有餘文剩義，亦時補綴之而折衷於先生。時汪友素山出其尊人雨亭先生（恩溥）《左評》相示，融會馮天閑、周聘侯二家之長。書中多所採用。鈔成，先生喜曰：「是亦讀《左》者應有之事也。」

是書初意藏諸家塾，昇以為先生十餘年之精力萃於此書，自當嘉惠後學。諸同志遂伙助開雕，至癸巳而竣事。先生下榻舍間者十年，癸酉同舉鄉薦，明年先生成進士，昇違講席者幾二十年，今復侍側，得與參校之列，誠幸事也。因識其顛末如此云。

受業毛昇謹識。

◎同學參閱姓氏：倪承寬（敬堂）仁和、紀昀（曉嵐）獻縣、朱筠（竹均）大興、范家相（蘅洲）會稽、茹敦和（三樵）會稽、宋弼（蒙泉）德州、宋鑒（半塘）安邑、彭紹觀（鏡瀾）長洲、湯莘棠（沙舟）仁和、任基振（養拙）高郵、雷定淳〔註7〕（蕙畝）寧化、魯仕驥（絜非）新城、齊世南（蓀園）天台、鮑吳

〔註7〕雷鈜長子。官清河縣同知。

條（南有）餘杭、范永澄（半村）寧波、曾一貫（載誠）邵武、屠可堂（匯湖）鄞縣、柳秉禮（敬承）蘭溪、徐本禮（秉之）寧波、呂儀表（人特）梓潼、蔣學鏡（城埜）鄞縣、盧鎬（月船）鄞縣、董秉純（小鈍）鄞縣、史節音（箬帆）象山、萬維翰（楓江）嘉善。

◎後學參閱姓氏：王鋼（立夫）鄞縣、林學本（樹莊）鄞縣、汪國（器卜）鄞縣、邵寶階（廷芝）仁和、邵墊（安侯）鄞縣、袁鈞（秉國）鄞縣。

◎門人參閱姓氏：董秉鼎，鄞縣；柴可安，鄞縣；李立櫃，鄞縣；倪沛潮，鎮海；魏登龍，寧海；林鈺文，蘭谿；張應鵬，漢州；馮學颺，鄰水；馬士進，渠縣；李思理，新繁；金渭，鄞縣；倪象占，象山；周缸南，象山；王播，江油；張郡獻，浮山；段烈，石泉；毛政，寧波；陳琦，鄞縣；岑秉鈞，餘姚；宋嗣變，鄞縣；林士蓮，鄞縣。

◎後學校閱姓氏：倪沛綸，鎮海；毛忠棠，鄞縣；洪桂芬（俱受業），鄞縣；宋肇經，鄞縣；黃定豐，鄞縣；盧雲鷟，鄞縣；毛忠勳，鄞縣。

◎摘錄《綱領上》首云：《春秋》書法，有義有例。有定者義也，故定、哀之微辭即隱、桓之大義；無定者例也，故隱、桓之定例非閔、僖之成法。《左氏》，魯史也，其所稱凡例，前史所傳，於作傳時復即事而類推之，使學者考見其得失，而但於敘事中發明聖人之義也。史官之例者五，因約署指數，以例其餘。

◎摘錄《綱領下》首云：讀傳者莫不曰：「《左氏》之傳，史家之宗也。馬得其奇、班得其雅、韓得其富、歐得其婉，有其一體，皆赫然文名於後」，而抑知傳非文也。傳，聖人之經也，文極其工，正以發掦經義為工；傳非史也，傳聖經之義也，事極其備，正以闡明經義為備。貌取而遺其神，可乎？綜其十有二善，臚列於篇，非敢謂已盡乎《左氏》也。學者因是而類伸之，則《左氏》之善有不能更僕者，亦讀《左》者之一助也。

◎提要：是書欲破說《春秋》者屈經從例之弊，謂「《春秋》無例，《左傳》所言之例皆史氏之舊文。其凡有五：一曰西周舊典，二曰東遷後列國相沿之例，三曰魯史自相傳授之例，四曰霸國更定之例，五曰魯君臣私定之例。杜預所謂凡例皆周公之禮經，變例皆聖人之新意者，未為定論」。其援據頗典博，參考亦頗融貫。然謂史氏相沿有此五例，左氏遂據以推測聖經可也；謂《春秋》全因五例之舊文，則聖人直錄魯史不筆不削，何以云「其義竊取」，何以云「知我罪我，其惟《春秋》」乎？觀襄公二十年傳，寧殖曰：「名藏在諸侯之策，曰：

孫林父、寧殖出其君」，而經書「襄公十四年夏四月己未，衛侯出奔齊」，是亦不盡用策書之明證矣。所注用杜解者十之六七，兼采他說並參以己意，亦頗簡潔。而傳後必附以說，簡端又冠以評，或論事或論文，如坊選古文之例，殊非注經之體也。

◎《浙江採集遺書總錄‧乙集‧經部‧春秋類》：《讀左補義》五十卷（刊本），右國朝知縣象山姜炳璋撰。補云者，意以補杜也。大要畧于故實而詳于義例。其評《左氏》文法者，別為說以列于眉端。

◎陳漢章民國《象山縣志》卷十八《藝文考》：《四庫全書總目‧春秋類》存目：「《讀左補義》五十卷，國朝姜炳璋撰。炳璋有《詩序補義》已箸錄。是書欲破說《春秋》者屈經從例之弊，謂『《春秋》無例，《左傳》所言之例皆史氏之舊文。其凡有五：一曰西周舊典，二曰東遷後列國相沿之例，三曰魯史自相傳授之例，四曰霸國更定之例，五曰魯君臣私定之例。杜預所謂凡例皆周公之禮經，變例皆聖人之新意者，未為定論』。其援據頗典博，參考亦頗融貫。然謂史氏相沿有此五例，左氏遂據以推測聖經可也；謂《春秋》全因五例之舊文，則聖人直錄魯史不筆不削，何以云『其義竊取』，何以云『知我罪我，其惟《春秋》』乎？觀襄公二十年傳，寧殖曰：『名藏在諸侯之策，曰：孫林父、寧殖出其君』，而經書『襄公十四年夏四月己未，衛侯出奔齊』，是亦不盡用策書之明證矣。所注用杜解者十之六七，兼采他說並參以己意，亦頗簡潔。而傳後必附以說，簡端又冠以評，或論事或論文，如坊選古文之例，殊非注經之體也。」案《四庫提要》此文殊未得先生著書之意。先生正謂左氏因史氏舊例據以推測聖經筆削之義，何嘗謂聖人筆削悉因史氏舊例乎？書名《補義》，補左氏未言之義，非如顧炎武、惠棟、馬宗璉、沈欽韓、梁履繩、朱駿聲諸人僅補杜氏《集解》，故傳中補註固為簡潔，而傳後附說皆所補諸義，非若坊刻古文但論文字，何足為病？若簡端之評，本非先生之意。當時受業弟子有鄞縣毛昇者，作是書例言云：昇謂：「絕不言文，無以厭讀《左》者之心，請用評文之語，細書其端，如選家例。」先生曰：「而其為之。」昇因補綴之。成，先生曰：「是亦讀《左》者應有之事也。」又山陰張嗣益序云：「姜君白巖與其徒毛君寅谷（案《鄞縣志》，昇字寅谷）來越，出所箸示予。寅谷復於白巖所未言者發其緒餘，白巖既於傳補義，寅谷又補以文家之法，鈞《左氏》功臣也。」據是可知簡端之評皆毛寅谷昇所後加，寅谷不知《春秋》之文非後世文家之文，而顧雜採馮天閑、周聘侯、汪雨亭諸評，以開合反正、提掇照應說之，如偽本

蘇批《孟子》，又如檀弓論文，至使此書失說經之體，不得如《詩序廣義》箸錄於文淵閣中，豈不深可惜哉！然是書雖不得箸錄，而五十卷中說議多發前人所未發。卷首綱領二卷不入卷數，卷上論史官舊例五，皆《四庫提要》所舉者；卷下論左氏之善十有二：一躬承聖教、一親見策書、一尊王重霸、一寢兵息民、一羽翼六經、一表裏《論語》、一屬辭比事、一文緩旨遠、一善善從長惡惡從短故其詞多恕、一言有不驗事有未詳故其說非誣、一小疵而大醇、一闡幽而微顯，詳駁宋人攻左氏之言，與後來洪亮吉《春秋十論》、汪中《左氏釋疑》若合符節，故《學海堂經解》雖未刻其書，百餘年來，大江南北，家置一編，亦有為之重刻者，聲價在《詩序廣義》之上，良有以也。

◎陳漢章民國《象山縣志》卷十八《藝文考》：《浙江採進遺書總錄・乙集》：《讀左補義》五十卷，國朝知縣姜炳璋撰。補之云者，意以補杜也。大要略于故實而詳于義例，其評左氏文法者，別為說以列于眉端。

◎紀曉嵐《送姜白巖南歸》：先聖牖群蒙，六籍開聾瞽。明明麗中天，煌煌照下土。遺文自洙泗，餘烈傳鄒魯。八儒漸分裂，百代交簧鼓。大道何微茫，千金懸一縷。祖龍亡金鏡，貴吏輕章甫。剝極一陽還，珠囊歸漢主。西京諸老翁，分門事訓詁。辛苦抱遺經，茫茫尋墜緒。豈不雜讖諱，亦或私綴補。去古時未遙，師承如系譜。大義與微言，言十尚得五。飲水歸思源，數典詎忘祖？上下二千年，厥功宜首敘。是以後來人，治經窺門戶。胡為肆掊擊，操戈而撚斧。儒林判疆界，講席陳干櫓。後學承風流，或誕或乃腐。言龐道日息，何必由巫蠱。降及制藝興，佔畢取圭組。雷同事勦說，六經成敗楮。狂瀾日滔滔，中流誰砥柱？姜子嗜古文，窮年坐環堵。默默抱陳編，聖賢相對語。注疏羅百家，沉吟思去取。睥睨宋元來，絳灌羞為伍。得失心自知，未計旁人許。坐此困名場，垂老猶齗齲。偶然與計偕，禮部褒然舉。天子愛文奇，廷臣驚貌古。負笈出都門，越吟心自苦。惜哉董賈儔，懷才莫一抒。我同鼹鼠征，不發千鈞弩。人生在不朽，一官寧足數？漆室久昏昏，千年待一炬。古聖與古賢，靈爽實憑汝。名山亦可藏，何必圖書府。況乃窮經士，一一登華腴。聖代方崇儒，汝豈終貧窶？逝矣東行縢，無為多悽楚。抗志希古人，相期力共努！

◎趙爾巽《清史稿》卷一百四十五志一百二十《藝文》一：《讀左補義》五十卷，姜炳璋撰。

◎上海古籍出版社 2015 年《續修四庫全書總目提要・春秋類》「《讀左補義》五十卷首二卷」：是書凡五十卷，以姜氏所輯《春秋綱領》列卷首，析為

二卷。《春秋》書法，有義有例，其所稱凡例，前史所傳，於作傳時，復即事而推之，使學者考見其得失，而於敘事中，發明聖人之義。是書起事於乾隆丙子（二十一年，1751）二月，至丁丑（1752）因姜氏有事於《詩經》而中斷，庚寅（1758）理《春秋》舊業，僅有總評，由次子姜垗手錄。從癸未（1763）掌教蘭江書院，於總論之外始釋傳文，附評論於後。至石泉縣，長子姜埭復取前稿續鈔，就稿，購書人繕寫而成清本。後經姜氏增刪，張百斯及門生毛昇合力易稿，至壬辰（1772）而書成，癸巳（1773）刊刻竣事。左氏要領在發明經義，是書乃詳義略文，其旨詳考兩漢以後歷代諸家之說，用杜者十之六七，杜未明，采之孔疏，疏所未顯，采之諸說，稱某氏或某書。友朋商榷之言，亦著由來。諸說未明，補以己說，以「按」字相別。不載姓氏者，皆杜解。是書入《四庫全書總目》春秋類存目，提要謂是書欲破說《春秋》者屈經從例之弊，謂《春秋》無例，《左傳》所言之例，皆史氏之舊文云云，故凡杜氏云見某例者刪，經傳解復見者刪，有無待注而自明者刪，有戾經旨、違傳意者刪，而杜氏於地志、水道最核，姑遵之。是集引用說《春秋》諸家書目一百數十種，已刻於徐氏通志堂，見諸朱氏《經義考》；二書之外，另有王震《左翼》、萬斯大《春秋隨筆》、全祖望《經史問答》等十餘種。毛昇復於姜氏所未言，發其緒餘，補綴折衷，於雨亭先生《左評》多所采用。是書前除姜氏自序外，另有錢維城序、張嗣益序、彭啟豐序，均對姜氏大加贊揚。此本據中國科學院圖書館藏清乾隆三十八年刻本影印。（潘華穎）

◎姜炳璋（1736～1813，一說 1707～1787），字石貞，號白巖。浙江象山丹城人。乾隆十八年（1753）舉人、十九年（1754）進士，與錢大昕、紀昀等同科，時稱「八彥」「汲古之彥」。乾隆二十九年（1764）知四川石泉縣，未幾改署江油知縣。三十年（1765）任四川鄉試同考官。晚歸里，講學金華、鄞縣等地。精經學，擅義理考據。著有《周易通旨》八卷、《詩序廣義》二十四卷、《詩經提綱》一卷、《周禮提綱》一卷、《禹貢言貞言錯辨》一卷、《檀弓鍼》一卷、《讀左補義》五十卷首二卷、《三朝百官志》六卷、《歷朝紀元考》一卷、《八分隸楷考》一卷、《范香溪年譜》一卷、《姜忠肅公祠堂志》二卷、《石泉縣志》四卷、《兩漢總論》一卷、《尊行錄》四十卷、《尊鄉集》四卷、《古詩億》一卷、《玉溪生詩解》四卷、《白巖山人詩文集》無卷數、《蘭江晤言》一卷、《霜鴻留影集》一卷、《鄮風》一卷、《孌孌草》一卷、《鳴榔紀塍》一卷。

姜秉深 春秋詁題 佚

◎孫葆田《山東通志》卷百二十七《藝文志》第十：是書見《採訪冊》。

◎光緒《昌邑縣續志》卷六《人物》：著《學庸管窺集》《論孟集解》《周易集說》《春秋詁題》。

◎姜秉深，字靜淵。山東昌邑太盈社人。嘉慶十三年（1808）舉人。杜門教授，以解經作文為樂。為制藝千餘篇，膾炙人口。著有《周易集說》《春秋詁題》《論孟集解》《學庸管窺集》。

姜國伊 春秋傳補義 一卷 存

同治光緒刻守中正齋叢書本

光緒十一年（1885）刻本

◎姜國伊，字尹人。四川郫縣人。光緒十二年（1886）舉人。著有《周易古本撰》十二卷首一卷末一卷、《尚書注》、《詩經詩無邪序傳》、《儀禮注》、《春秋傳義》十二卷、《春秋傳補義》一卷、《孝經述》、《論語述》、《家語正》、《大學古本述註》、《中庸古本述註》、《孟子述註》、《讀書別墅文存》、《孔子家語》十卷、《蜀記》一卷、《頤說》一卷補說一卷、《神農本草經經釋》一卷、《姜氏醫學叢書》、《經說》二卷、《經問》一卷、《癸甲乙記》一卷《丙申續記》一卷《丁酉續記》一卷、《天道問》一卷、《內經脈學部位考》一卷、《尹人詩存》一卷附賦話對聯不分卷、《尹人文存》二卷、《尹人制藝存》一卷、《守中正齋叢書》二十二種。

姜國伊 春秋傳義 十二卷 補義一卷 存

同治光緒刻守中正齋叢書本

中科院藏光緒十一年（1885）刻本

姜乃邰 春秋考異 二卷 佚

◎孫葆田《山東通志》卷百二十七《藝文志》第十：三書見《採訪冊》。

◎光緒《縣志》姜模傳附傳：著有《書經集解》《禹貢考》《春秋類編》《春秋考異》、《三傳異字考》。乾嘉以來邑中言經學者，自畢亨外，多推姜氏，謂其能原本註疏、《正義》，旁及宋元以來諸家之書，字求其義，經會其通，近代謂漢人訓詁之學也。

◎姜乃邰，號菊垞。山東文登人。姜模孫、姜以炤子。諸生。著有《書經集解》、《禹貢考》一卷、《詩經考》、《春秋類編》四卷、《春秋考異》二卷、《三傳異字考》一卷、《孝經集解》。

姜乃邰 春秋類編 四卷 佚

◎孫葆田《山東通志》卷百二十七《藝文志》第十：三書見《採訪冊》。

◎光緒《縣志》姜模傳附傳：著有《書經集解》《禹貢考》《春秋類編》《春秋考異》、《三傳異字考》。乾嘉以來邑中言經學者，自畢亨外，多推姜氏，謂其能原本註疏、《正義》，旁及宋元以來諸家之書，字求其義，經會其通，近代謂漢人訓詁之學也。

姜乃邰 三傳異字考 一卷 佚

◎孫葆田《山東通志》卷百二十七《藝文志》第十：三書見《採訪冊》。

◎光緒《縣志》姜模傳附傳：著有《書經集解》《禹貢考》《春秋類編》《春秋考異》、《三傳異字考》。乾嘉以來邑中言經學者，自畢亨外，多推姜氏，謂其能原本註疏、《正義》，旁及宋元以來諸家之書，字求其義，經會其通，近代謂漢人訓詁之學也。

姜其垓 春秋集傳折衷錄 三十三卷 存

◎自序略云：《春秋》又苦多所傳，而人徒取其簡者以為宗，以至於浸失聖人本意而不惜，故其弊乃與無傳等。於是含咀三傳，搜羅百家，採六籍之微文，求心理之一致。念前賢各致其精，雖異不害其為同；後儒各勤其業，由偏可得其全是。用分取其備，羅而為一，務求得乎聖人之心，無偏執乎一家之言。

◎孫葆田《山東通志》卷百二十七《藝文志》第十：《府志》載是書云：執意謹約，無夸誕之習。而以亳社災為夫子素王之祥，沿讖緯餘語，殊為失言。

◎《黃縣志》作四十卷。乃計經傳三十三卷及其前綱領七卷〔註8〕數之。

◎姜其垓，字萊西。山東黃縣人。康熙二十年（1681）舉人、二十一年（1682）進士。知雲南易門縣。著有《周易古本集注》十二卷首二卷末三卷續編二卷、《春秋集傳折衷錄》三十三卷。

〔註8〕卷一先儒春秋傳注序及圖、論。卷二、卷三發凡。卷四至卷七提綱。

姜希轍 左傳統箋 三十五卷 存

上海、南京、人大、山東、中科院、中山大學、西南大學、蘇州大學藏康熙十五年（1676）刻本

◎一名《左傳杜林統箋》。

◎左傳統箋序：《春秋》三氏之傳，皆經翼也。昔孔子作《春秋》口授弟子，弟子退而異說，丘明恐諸弟子各安其意以失其真，故論本事而作傳，明夫子不以空言說經也。二家之旨，傳述不同。秦火之後，《左氏》最為後出。乃隋唐之際，《左》學特盛。近代三尺童子無有不言《左氏》者矣，然今人之習《左氏》則與古殊。古人習之以通經義，今人習之以資文筆。夫釋經者單辭簡鈌，義乃不周。若但以文焉而已，則將握其英瑾置其小璣，吐其山膚味其雋永，斯于別擇取舍之術未嘗不工，故欲引學者而踐盲史之津涯，非所存汰不可。且二氏文雖近古，嘗自抉其指歸，往往條暢之言多于險仄。《左氏》都有斷崖絕阬，跬步之內恆使軏躅俱窮，故箋注之所須尤亟于他傳也。假使《左氏》而僅列其本文，學者以意懸解，或且失其句讀，烏能尋文曉暢，領其旨趣哉？爰自張蒼、賈誼之屬即有訓詁，時代遼遠，寢以漫滅。今則問所為服虔、鄭眾、劉子駿、賈景伯、許惠卿、潁子嚴之說皆無可攷，何況前古？或曰杜元凱預集諸說而綜其長，故名《集解》。有杜注則諸說皆不亡。嗣後孔穎達踵事增修，至林堯叟而益以大備，咸稱左氏忠臣焉。及宋又有魯齋朱申為之句解，辭雖俚俗，而幼學得之，迎機入會，無復艱苦之患。惜其不諳作者之大較，悉舉敘述之篇，眉睫畢具，而啼笑可親者委而棄之，獨存論說。此于修詞之要則得矣，乃事之纖曲略而不詳，更何由見其體象物情工倕造化也哉！余復取而益之，以備《左氏》之極觀。而于諸訓詁又芟其蕪穢，歸于典則，庶幾詳略得所，觀者無憾。斯以取適于後學，非欲與于作述之林也。康熙丙辰歲，古越姜希轍撰。

◎凡例：

一、是書前人刪本甚多，今俱不循舊跡，獨出新裁。凡章法縕藉者，悉錄以資誦習。其寥寥數語，或詞旨澹漠，間從節損，以逸幼學之心目。

一、是刻欲宗《左氏》之文意，不在釋經，故經文不載，但存編年以次先後。

一、先儒《左》注，劉、賈並轡于前，許、潁競爽于後。杜氏擇此四家，折衷同異，更得孔穎達疏義而加詳杜氏，又復補其缺略。《左傳》之義無可復

加矣。魯齋朱氏《句解》，要不外乎諸儒之說，而循文衍義，便于幼學。今取左氏、孔氏、林氏之義而兼收朱氏之辭，使讀者開卷洞然，不煩苦索而已。

一、所錄傳文倍于朱氏，故于《句解》所有者，以前儒準朱氏；于《句解》所無者，以鄙見輔前儒。雖集古人之長，必從獨見之合。

◎四庫提要：此書循文衍義，所據者特杜預、林堯叟、孔穎達三家，參以朱申《句解》。其所引證又皆不標所出，猶沿明季著書之習。

◎《浙江採集遺書總錄 · 乙集 · 經部 · 春秋類》：《春秋左傳統箋》三十五卷（刊本），右國朝順天府尹會稽姜希轍撰。本元朱申之《左氏句解》，更採杜、孔各家說而增益其義。

◎姜希轍（1621～1698），字二濱，號定庵。浙江餘姚人。天樞次子，承烈從弟。劉宗周弟子。崇禎十五年（1642）舉人。順治初除溫州教授，五年（1648）攝瑞安知縣，九年（1652）遷直隸元城知縣，十五年（1658）授工科給事中。康熙元年（1662），考滿，內陞，回籍待缺；九年（1670），詣京師，復授戶科都給事中，具《請增科員》《請令巡撫得轄兵防地方竊發》《請緩奏銷之期使催科不迫》三疏。遷順天府丞，丁父憂歸。十七年（1678）授奉天府丞，乞養母歸，老成宿學如黃宗炎、蔣平階、毛奇齡輩皆館於家，論文講學，主盟藝林，四方之士趨之。著有《左傳統箋》三十五卷、《理學錄》、《兩水亭餘稿》二卷，又與黃宗羲合撰《曆學假如》。刊劉宗周《聖學宗要》一卷、《學言》三卷諸書，命曰《劉子遺書》。生平可參黃宗羲《南雷文定》五集卷三《姜定菴先生小傳》。

姜兆錫 春秋公穀傳彙義 十二卷 存

國圖藏雍正乾隆寅清樓刻九經補注本

首都圖書館、重慶藏乾隆五年（1740）寅清樓刻本

四庫存目叢書本

◎一名《公穀彙義》《春秋公穀傳彙義》《春秋公羊穀梁傳彙義》《春秋公羊穀梁諸傳彙義》《春秋公羊穀梁二傳》。

◎春秋公羊穀梁諸傳彙義序：《左》、《公羊》《穀梁》二傳附以《左氏傳》而為之彙義者，所以尊經也。考《左氏傳》主紀事、二傳主發義，先儒謂《左氏》為史學而失之誣、二傳為經學而失之鑿，論既嚴以慎矣。唐〔註9〕以來乃

〔註9〕「唐」一本作「而唐」。

升諸傳為經而與於十三經之列，是明經而不免亂經也。胡文定嘗本《程傳》以推經之蘊，而朱子復參《胡傳》以探經之真，故程、胡、朱子之論合而後聖經存，所以存其是也。杜預嘗注《左氏傳》，以釋經之事而忘其誣；何休、范寧復注《公羊》《穀梁》二傳，以釋經之義而忘其鑿，故杜預、何休、范寧之論紛而後諸傳存而聖經亂，所以駁其非也。駁其非乃以存其是也，然則諸傳之當駁其非以存其是者何也？其文也、其事也，皆其義定之也。夫《左》之失誣，其事、文與義則不待言矣。且以二傳言之，如月當書日之文間有逸文也，而誤為異例則支；月有書時之文乃指首時也，而臆為異義則紊。此皆混其文為害而義隨之也。如或書之、或書于，但衍縮文，而亦強為之義解；或書多、或書忌，豈筆削義而並謬為之發明，此皆泥其文為害而義隨之也。如赤歸曹而連郭，偃納燕而牽陽，且唐為陽又增為陽生，朱為東又幻為東國，此又皆竄其文為害而事隨之義亦隨之也。凡此皆義隨文與事害而害義猶小耳。又如公子翬公子招而謂豫貶于前、公子臧公叔術而謂延賞于後，義非隨文害而害義殊非小。至如祭仲黨奸謀蔑國君而美之曰行權、叔術背王命奸國母而推之曰賢行，訖於嬰齊以弟繼兄、衛輒以子拒父，凡此之類又何可勝言乎！又皆事與義胥害而害義彌大也。然則二傳一無取乎？曰：如所謂正終以正始、貴道不貴惠之屬，固卓乎道義之權衡、聖哲之軌範也，其擇之也宜慎，故曰駁其非乃以存其是也。時乾隆五年季春既望，丹陽姜兆錫謹序。

◎序後牌記：《春秋糸義》外，彙糸諸傳，志在剔釐經蘊，外有《事義慎考》十四卷，通發比事屬辭之義，嗣刻呈正。

◎提要（題《公穀匯義》）：其書以《公》、《穀》二傳主於發義，與《左傳》主於紀事者不同。且《左氏》失誣，其事文與義不待言。至二傳中有混其文以害義者，有泥其文以害義者，並有竄其文而事與義俱害者。惟正終以正始、貴道不貴惠之屬，固卓乎道義之權衡、聖哲之軌範也，故擇之宜慎焉。因彙編二傳異同之處，別白其是非，而《左氏》發例釋經之文亦附見焉。於三家褒貶之例無所偏主，頗足以資參考。較兆錫所注諸經似為可取。然《春秋》事蹟，二傳多據傳聞，《左氏》所述則皆據簡策。兆錫駁二傳之事蹟，往往並《左氏》而駁之，則終不出宋人臆斷之學也。

◎《浙江採集遺書總錄‧乙集‧經部‧春秋類》：《公穀彙義》十二卷（刊本），右前人撰。以《公》、《穀》二傳主于發義，與《左傳》主于紀事者不同，故彙編而釐釋之。

◎《皇朝文獻通考》卷二百十五《經籍考》五：《春秋參義》十二卷、《春秋事義慎考》十四卷、《公穀彙義》十二卷，姜兆錫撰。兆錫見易類。兆錫《公穀彙義自序》曰：《左氏傳》主紀事、二傳主發義，先儒謂《左氏》為史學而失之誣、二傳為經學而失之鑿。唐以來乃升諸傳為經而與於十三經之列，是明經而不免亂經也。胡文定嘗本《程傳》以推經之蘊，而朱子復參《胡傳》以探經之真，故程、胡、朱子之論合而後聖經存，所以存其是也。杜預嘗注《左氏傳》，以釋經之事而忘其誣；何休、范寧復注《公羊》《穀梁》二傳，以釋經之義而忘其鑿，故杜預、何休、范寧之論紛而後諸傳存而聖經亂，所以駁其非也。駁其非乃以存其是也。何也？其文其事皆其義定之也。夫《左》之失誣，不待言矣。且以二傳言之，如月當書日之文間有逸文也，而誣為異例則支；月有書時之文乃指首時也，而臆為異義則紊。此皆混其文為害而義隨之也。如赤歸曹而連郭，偃納燕而牽陽，且唐為陽又增為陽生，朱為東又幻為東國，此又皆竄其文為害而事隨之義亦隨之也。又如公子翬公子招而謂豫貶于前、公子臧公叔術而謂延賞于後，祭仲黨奸謀蔑國君而美之曰行權、叔術背王命奸國母而推之曰賢行，訖於嬰齊以弟繼兄、衛輒以子拒父，又皆事與義胥害而害義彌大也。然則二傳一無取乎？曰：如所謂正終以正始、貴道不貴惠之屬，固卓乎道義之權衡、聖哲之軌範也，其擇之也宜慎，故曰駁其非乃以存其是也。

◎光緒《重修丹陽縣志》卷二十：凡先聖遺經、先儒注疏，兆錫皆能集其成。乾隆丁丑，其孫奭獻其書於朝，四庫館俱存目。祀鄉賢。著《九經集註》行世。

◎光緒《重修丹陽縣志》卷三十五《書籍》：姜兆錫《周禮輯義》十二卷、《禮記章義》十卷、《儀禮經傳內編》三十二卷《外編》五卷（舊志作《三禮輯義》四十九卷）、《尚書蔡傳參義》六卷、《春秋胡傳參義》十二卷、《公羊穀梁彙義》十二卷、《春秋事義慎考》十四卷（舊志作《春秋參義慎考公穀彙義》三十八卷）、《孝經本義》一卷、《爾雅參義》六卷、《詩經述蘊》四卷、《易經述蘊》四卷、《周易蘊義圖考》二卷（見《欽定四庫全書》附存目錄）、《家語正義》十卷、《孔叢訂義》五卷（舊志又《周易通考》《古今喪服考》《大戴禮刪翼》等書藏於家）。

◎趙爾巽《清史稿》卷一百四十五志一百二十《藝文》一：《春秋參義》十二卷、《春秋事義慎考》十四卷、《公穀匯義》十二卷，姜兆錫撰。

◎姜兆錫，字上鈞，別號素清學者。康熙二十九年（1690）舉人，官中書，改蒲圻知縣。親老告歸，生平究心性理經學。著有《周易本義述蘊》四卷考義

一卷圖說一卷卦歌一卷首一卷、《周易蘊義圖考》二卷、《書經蔡傳參義》六卷、《詩傳述蘊》四卷、《禮記章義》十卷、《周禮輯義》十二卷、《儀禮經傳內編／外編》、《春秋參義》十二卷、《春秋胡傳參義》十二卷首一卷、《春秋事義慎考》十四卷、《春秋公羊穀梁諸傳彙義》十二卷、《爾雅註疏參義》、《爾雅補註》、《孝經本義》、《孔叢子正義》五卷、《家語正義》十卷、《夾齋文集》不分卷、《至聖年表正訛》一卷、《至聖像記》一卷。

姜兆錫 春秋胡傳參義 十二卷 首一卷 存

國圖、北大、中科院、上海藏雍正乾隆寅清樓刻九經補注本

四庫存目叢書本

◎目錄：卷一隱公十一年。卷二桓公十八年。卷三莊公三十二年。卷四閔公二年。卷五僖公三十三年。卷六文公十八年。卷七宣公十八年。卷八成公十八年。卷九襄公三十一年。卷十昭公三十二年（內二十六年九月遜外，至三十二年十二月卒於乾侯）。卷十一定公十五年。卷十二哀公十四年（《春秋》終此年春。經後哀公，至二十七年八月遜外）。

右《春秋》十二公二百四十有二年之經，今遵《胡傳》，謹附《參義》如左。按《胡傳》立于學官，學者遵功令無異義，而今附參之者，正體功令參之也。體功令者何也？聖朝詔集朱子語錄、遺文頒行隸省，且又命自兩廡升侍於大成殿者，無他焉，凡以千聖百王之統，得至聖而集大成，而羣儒之緒又得朱子而集大成也。所以詔頒之者，為統紀一而道明也。然朱子當時，表章四子，次及羣經，而自《易》《詩》而外，無及焉者，豈顧遺之哉？蓋將命其及門分纂集成，而不幸假年而未遂矣。此所以蔡氏《尚書集註》、黃氏《喪祭禮通解》，朱子忻見其書，而猶不無後命以竢其成也。今按《春秋胡傳》彙諸儒而成，朱子蓋嘗稱其體用該貫，有剛大正直之氣矣。而詳玩語錄、遺文，其大旨固若符掌節，而猶不無一二義之互見者，何哉？蓋嘗綜而考之，凡所為握其弘綱布其大義，於正君臣、定父子、釐夫婦、昭嫡庶、和民物、理中外、奠上下，而使三綱為之明、九法為之敘者，此朱子之錄與文定之傳，二而一者也。其所為執其零文、索其碎義，至以所聞所傳之異，而推日月之存逸為褒譏，援字文之衍減為功罪，且既立為正例之綱維，又轉為變例之紛黷者，此朱子之錄與文定之傳，二而二者也。錫不揣固陋，仰體遵朱詔旨，為之參互相考。凡其義例之確有明徵者，則從胡而登之。孔子曰：「其義則丘竊取之矣」，又曰：「知我罪我，

其惟《春秋》乎」，是也。從胡不啻從朱也，而其義例之涉有疑似者，則從朱
而退胡之。《傳》曰：「所見所聞異辭，所傳聞又異辭」，孔子曰：「吾猶及史之
闕文也」，是也。從朱亦不啻從胡也。故謂之義嚴以迫，而參以朱之義則寬而
平。《記》曰：「比事屬詞，《春秋》教也」，今勒求之一句一字間，義雖嚴迫也，
而兩事比則左右撐，百事比則首尾決矣。謹體朱子之緒言，首按全經，每事連
類，編為《事詞慎考》十有四卷，務悠游而貫之，無束縛而牽之，而後參為參
為此編，故從胡者非以胡，師從朱者亦非以朱也，凡以從聖也。末學踰妄，極
知無所逃罪，但幸沐聖師德化之深，恪遵功令，參互附編，或於昭代尊聖崇儒、
昌明大道之至意，不致背馳云爾。丹陽姜兆錫謹題於鶴溪之夾齋。

　　◎卷首末云：愚按例者所謂義例也，子曰：「其義則丘竊取之矣」，又曰：
「知我罪我，惟《春秋》乎」，是也。但穿鑿則恐失經意耳，且以日月言，如
盟書日而會椔不日，戰敗獲入滅書日，而伐侵襲討追救次戍之屬椔不日，是之
謂例。而其例書日者，有日有不日，則逸也。以爵氏名字言，如王朝之公卿書
官，大夫書字，上士中士書名，下士書人。有如侯國卿大夫書名，上書人。又
如五等諸侯書爵，附庸書字，蠻服書號之類，是之謂例。而其間大夫奔殺之屬
例書名者，或但書大夫不名；君大夫士伐國例書爵名之屬者，或但書號，則又
逸也。而諸傳或多穿鑿，乾前後動輒矛盾，則亦疎矣。至所謂變例，有變而不
失其正者，如君薨嗣位，而為嗣君者尚未及踰年改元，則嗣君不成為君，此正
例也。然如公子商人弒其君舍，自弒自篡，孽嫡易位，此全經奪嫡中所未有也，
故舍雖尚未成君，而特書弒君，此非破嗣君未成君之例，乃申特文，明與弒成
君者同科，此變而正。又如君出繼位，而其為舊君者乃仍得國復位，則繼君
不成為君，此又正例也。然如寧喜弒其君剽，旋立旋弒，父子繼逆，此又全經
弒主中所未有也，故剽雖不得成君，而特書弒君，此非破繼君未成君之例，亦
申特文，明其與弒成君者同科，又變而正也。餘如釋趙盾許止之弒君弒父、秦
鄭晉之伐國、鄭髠須楚麇齊陽生之卒之屬，支離輵轕，不可駁詰，則彌亂矣。
此殆朱子所謂「聖人之意，不解恁地瑣碎」者也。凡此之類，蒙編《事詞慎考》
凡十有四卷，緣力未遑授梓，畧舉一二子于此，學者幸以意推之。姜兆錫上均
氏又題于鶴溪之夾齋。

　　◎《浙江採集遺書總錄·乙集·經部·春秋類》：《春秋參義》十二卷（刊
本），右前人撰。謂胡之義嚴以迫，朱子之說寬以平，故本《胡傳》而以朱子
之說參互焉。

◎光緒《重修丹陽縣志》卷三十五：姜兆錫《周禮輯義》十二卷、《禮記章義》十卷、《儀禮經傳內編》三十二卷《外編》五卷（舊志作《三禮輯義》四十九卷）、《尚書蔡傳參義》六卷、《春秋胡傳參義》十二卷、《公羊穀梁彙義》十二卷、《春秋事義慎考》十四卷（舊志作《春秋參義慎考公穀彙義》三十八卷）、《孝經本義》一卷、《爾雅參義》六卷、《詩經述蘊》四卷、《易經述蘊》四卷、《周易蘊義圖考》二卷（見《欽定四庫全書》附存目錄）、《家語正義》十卷、《孔叢訂義》五卷（舊志又《周易通考》《古今喪服考》《大戴禮刪翼》等書藏於家）。

◎趙爾巽《清史稿》卷一百四十五志一百二十《藝文》一：《春秋參義》十二卷、《春秋事義慎考》十四卷、《公穀匯義》十二卷，姜兆錫撰。

姜兆錫 春秋事義慎考 十四卷 首一卷 存

國圖、北大、上海、南京、北師大、中科院藏乾隆九年（1744）姜氏寅清樓刻本

四庫存目叢書本

◎春秋事義慎考總目：

考前附：聖經本末考（一則）、列傳本末考（二則）、王侯邦國考（三則）、王侯世系考（十六則）、庶邦雜服考（一則）、伯功本末考（五則）、聖治本末考（一〔註10〕則）。

（右七考二十九則，非即聖經之事義也，然而附于考前者，孔子修《春秋》，而史遂為經，于是史例見其偏而經義會其全矣）

（諸傳推明聖經，言人人殊，亦皆義之所寄。列國則有邦交之故，累朝則有世繫之傳，事有所起，義即因之。而聖經之義，凡又皆引伯業以進于聖功者也，故今皆附于考前，而因以推其義焉）

考上一：紀時考（七則）。

卷上二：繫名考（十五〔註11〕則）。

（右二考二十二則列為考上者，聖經所書，比事而屬詞，事則事也，詞則所謂文也。凡將書事，必先編年以紀之，故列為考上之一。又必書名以繫之，故又列為考上之二也。書事無不書時，而名則有書有不書，事非出于人者無名可書，而事出于人者名無不書，故凡所書，比事而屬詞者，必首書其時與其人，而後事與文可得而考也）

〔註10〕周按：詳目一作三。
〔註11〕周按：詳目十五作二十四。

考中一：正位考（四則）、大婚考（十六則）。

考中二：喪紀考（十四則）、祀典考（十五〔註12〕則）。

（凡考上者，全經之綱領。而考中則分校其事文也。右正位以下四考四十九則，列于考中之一之二者，《春秋》之維王迹，蓋不勝紀矣。而男正位于外，女正位于內，喪以慎終，祭以追遠，人知莫大于是，是蓋天下之通禮也，況主治化之王侯乎？故首列之也）

考中三：賦稅考（二則）、工役考（六則）、軍旅考（四則）、蒐狩考（二則）、刑名考（一則）。

（右五考十五則，列于考中之三者，凡賦役之本、師田之重、政刑之要，皆為國之經務也。夫禮者治于未然而法者治于已然，禮與法相輔，本與末兼該，而其于治也，幾矣，故正位、大婚、喪紀、祀典之下，次以此焉）

考中四：朝聘之屬考（四則）、會盟之屬考（十二〔註13〕則）。

考中五：侵伐之屬考（十二〔註14〕則）。

（右朝聘以下三考二十八則，列于考中之三之四者，凡以上諸考，國有是禮與法，而謹以持之而已。若朝聘會盟征伐，皆邦交之政，而孟子所謂「其事則齊桓、晉文」者，正此類也。其會弔葬、會城築，亦邦交也，已附次于喪紀、工役二考，故不具列云）

考中六：歸遺之屬考（四則）、徵求之屬考（一則）、告假之屬考（二則）、取竊之屬考（二則）。

（右四考九則，列于考中之四者，歸求假竊諸類，事雖若細，亦辭受取予之節，而與喪祭兵食之用相倚而行者也。其歸田至取田，雖亦歸取之類，然山川土田受之天子傳之先祖，其去其來與國家廢興存亡相為終始，非區區禮物往來比也，故與滅國取邑之屬，別見削亡考之文）

考中七：遊觀之屬考（二則）、奔執之屬考（十三則）、歸入之屬考（十則）。

（右三考二十五則，列于考中之五者，人君所以安國家、保社稷，惟是守吾禮法，施之政治，上下交泰，而以敬勤者迓之而已。舍此不務，肆于淫縱以蕩其心，則萬理隳而本已失矣。是以君臣上下之間，馴至于奔亡竄逐，而弒殺之禍、喪亡之患，亦或相繼而起與？淺深遲速，理固可見，君子所以慎其幾也）

〔註12〕周按：詳目十五作十。

〔註13〕周按：詳目十二作十。

〔註14〕周按：詳目十二作二十三。

考中八：削亡之屬考（十則）、弒殺之屬考（十則）。

（右二考二十則，列于考中之六，說已見上。按弒殺所謂身弒，而削亡乃所謂國亡也。孟子云「甚則身弒國亡，不甚則身危國削」，國家之本在身，故其義先身而後國。又云：「社稷為重，君為輕」，故茲義先國而後身，文不一而義一也，人君亦慎體之而已）

考中九：災荒之屬考（七則）、變異之屬考（十一則）。

（右二考十八則，列于考中之七者，語夫人之大故。凡失德之主必先有災荒變異之徵見于上，而後有弒殺喪亡之禍見于下，故二者見為咎徵。然人者天主之，天者亦人轉之也。《家語》殷大戊之時，祥桑穀生，朝暴拱，以為不詳，太戊側身修德，詭禍而為福。宋有雀化為大鳥，宋君介其祥也，虐眾毒師，卒以亡國，乃詭福而為禍。故災異者，庸主托之于疾子妖巫，英主倚之為法家拂士，天人相與之故亦微矣。考中以是終，亦願有國家者，知禍患之作，天所以開聖賢之義，則雖不以災異視災異可也）

考下一：事詞通義考、事同書異考、書同文異考（以上皆不分則）。

（凡考中者，皆分校其事文，而考下又合究其文也。右三考列于考下之一者，事詞通義考，自《春秋》繼王迹而言，不分內與外，而統舉其同也。事同書異，及書同文異二考，自《春秋》本魯史而言，分內與外，而特指其異也。凡義，寄于事與文者也，而事文又寓于內若外者也。分校考中之事文，而合究考下之事文，析其同中之異，即會其異中之同。庶事文胥得而義無不得矣）

考下二：釋文明義考（二則）、隱文存義考（二則）、省文約義考（二則）、互文推義考（二則）、單文錯義考（三則）。

考下三：闕文考（五〔註15〕則）、衍文考（二則）、誤文考（三則）。

（右釋文明義以下五考十一則列于考下之二，及闕文以下三考十則列于考下之三者，亦不分內外而通究其異同，與詳其分合推其得失以參之也。就觀釋文明義、隱文存義二考，明文有微顯而義無微顯；觀省文約義、互文推義二考，明文有偏全而義無偏全，此皆不得破其同而為異也。觀單文錯義考，明文無彼此而義有彼此，此不得牽其分而為合也。觀闕文衍文誤文三考，明文闕而義難鑒、文衍而義難贅、文誤而義難乖，此皆不得執其失而為得也。蓋事文之義之當參者又如此）

考後附：傳有經無考（十七〔註16〕則）。

（右傳有經無考十七則附于考後者，猶前列傳本末考附于考前之意也。知所以見傳不見經之義，而經之義亦益明矣）

〔註15〕周按：詳目五作四。
〔註16〕周按：詳目十七作二十七。

◎目錄：

至若入類、凡書婦類、凡書媵類、特書覿類、凡書致類、特書來類、凡歸後書婦類。

　　卷五（考中二）：●喪紀考（十四則）：凡書天王薨葬總文并各類、凡書內君薨葬總文并各類、凡國君奔內喪類、凡書內夫人之屬薨葬總文并各類、凡書喪至類、凡王侯歸賵含襚類、凡書不克葬類、凡嗣王及內嗣君書卒類、凡諸侯書卒葬總文不分類、特書王姬卒類、凡書內女卒類、凡書王臣及外臣卒葬類、凡書內臣卒總文并各類、凡書歸喪類●祀典考（十則）：凡書郊望之屬總文并各類、凡書社門類、凡書大雩類、凡書禘祫之屬總文并各類、凡書烝嘗類、凡書告朔類、特書作主類、凡書樂舞類、特書歸脤類、凡書宮廟類。

　　卷六（考中三）：賦稅考（二則）：特書稅畝類、特書田賦類●工役考（六則）：凡書立宮類、凡書城類、凡書築類、凡書新類、特書浚類、凡書毀墮類●軍旅考（四則）：凡書作舍類、特書（大閱、治兵）各類、特書棄師類●蒐狩考（二則）：凡書蒐類、凡書狩類●刑名考（一則）：特書肆類。

　　卷七（考中四）：●朝聘之屬考（四則）：凡書朝類、凡書聘類、凡書來類（按外君大夫書來亦來朝來聘之意也。內女書來謂來寧也。所以書來者不同而書來同，故附焉）、凡書如類（按內君大夫書如某國皆如朝如聘也，內夫人內女書如某國不至而復者，別見歸人之屬）●會盟之屬考（十則）：凡書會總文并各類、凡書遇各類、凡書不會類、特書享類、凡書盟總文并各類、凡書不盟類、特書乞盟類、特書胥命類、凡書平類、特書成類。

　　卷八（考中五）：●侵伐之屬考（二十三則）：凡書乞師類、凡書伐總文并各類、特書伐王使類、特書伐取師類、凡書侵總文并各類、特書襲類、凡書圍總文并各類、凡書潰類、凡書降類、凡書戰及書敗績總文并各類、特書克類、凡書獲類、凡書取師類、凡書獻捷類、特書歸俘類、凡書入類、凡書追類、凡書救類、凡書戍類、凡書次類。

　　卷九（考中六）：歸遺之屬考（四則）：凡書歸喪用類、特書歸祭胙類、特書歸師俘類、特書歸脤粟類。徵求之屬考（一則）：凡書來求類。告假之屬考（二則）：特書卿出告糴類、特書以璧來假類（詳削亡考）。取竊之屬考（二則）：特書取器納廟類、特書竊寶復得類。

　　卷十（考中七）：●遊觀之屬考（二則）：凡書觀類、特書焚類●奔執之屬考（十三則）：凡書天王居入總文不分類、凡書內君遜次居在如至總文及各類、凡內君夫人書遜類、凡內君遜書次類、凡天王及內君書居類、凡內君書在類、

凡書唁內君類、凡書君大夫之屬出奔及奔不書出類、凡書執諸侯及大夫類、凡書以諸侯歸類、凡書放大夫類、特書大夫逃來類、凡書獲諸侯及大夫類●歸入之屬考（十則）：凡內君書至類、凡內夫人書至類（別見大婚考）、凡內臣書至類、凡內君大夫書不至而復類、凡君夫人大夫書入類、凡書君大夫并內夫人書歸類、凡君大夫之屬書納類（特書納器類別見取竊考）、凡書君逃歸類、特書君執見釋類、凡書大夫還及師還類。

卷十一（考中八）：〇削亡之屬考（十則）：凡書取國邑若田總文并各類（取師取器別見）、特書疆田類、凡書歸邑若田類、特書假田類、凡書以地奔類、特書以地入類、凡書滅國若邑若宗類（身滅別見）、凡書遷國若邑類、特書大去其國類、凡書國亡類。弒殺之屬考（十則）：凡書諸侯弒葬總文并各類、特書戕類、凡君大夫之屬書殺類、凡書盜殺及葬類、凡書用類、特書師殲類、凡書刺類、特書肆類。

卷十二（考中九）：〇災荒之屬考（七則）：凡書不雨類、凡書旱類、凡書大水類、凡螟螽蜚蝝各書類、凡書無麥禾類、凡書饑類、凡書有年類。變異之屬考（十二〔註17〕則）：凡書日食總文并各類、凡書星變類、凡書震電類、凡書雪類、凡書霜類、凡書雹類、凡書災類、特書火類、凡書山崩類、凡書麟麕鸜鵒蜚蝝各類。

卷十三（考下一〇考下二〇考下三）：事文通例考。事同書異考。書同文異考（以上考下一凡三考，不分則）。釋文明義考（二則）：凡書事後釋其所為類、凡書事先釋其所為類。隱文存義考（二則）：凡為事隱其為事類、凡書名隱其為名類。省文約義考（二則）：凡書名省文類、凡書事省文類。互文推義考（二則）：凡書異互文類、凡例異互文類。單文錯義考（三則）：凡紀時單文錯義類、凡系名單文錯義類、凡序事單文錯義類（以上考下二凡五考，十一則）。闕文考（四則）：凡闕書國類、凡闕書主名類、凡闕書文類、凡闕書事類。衍文考（二則）：凡衍書日類、凡衍書名類。誤文考（三則）：凡誤書爵類、凡誤書字類（以上考下三凡三考，九則）。

卷十四（考後附）：傳有經無考（二十七則）：傳有經無總論、傳載命立之屬、傳載婚娶之屬、傳載喪葬之屬、傳載祭祀之屬（闕）、傳載城築之屬、傳載軍賦之屬、傳載刑書之屬、傳載樂器之屬、傳載朝聘之屬、傳載會遇之屬、傳載盟命之屬、傳載交質之屬、傳載乞師之屬、傳載伐侵之屬（凡討伐攻侵襲焚畧追圍

〔註17〕周按：據條目及正文，十二當作十一。

救次戰敗績潰降克入各類之總文)、傳載戍役之屬、傳載獻捷之屬、傳載滅國取邑叛地歸田之屬、傳載出奔之屬、傳載放置之屬、傳載執歸之屬、傳載俘獲之屬、傳載歸入之屬、傳載遷徙之屬、傳載弒殺之屬、傳載災荒之屬、傳載變異之屬。

◎凡例〔註 18〕：

一、茲考有因羣說之合一而申其義者，有因眾說之互異而決其義者，有因凡說之共忽而發其義、因歷說之積誤而正其義者。若但申合一之義，則考雖不作可矣。而決互異之義與發共忽之義，與正積誤之義，事不啻重。茲考所為，不敢不慎也。

一、凡互異之義、共忽之義、積誤之義，事文蓋不勝舉，姑舉其大且重者，如「春王」二字不得連二月三月而釋為三正互建之義，凡書時與書月不得釋為不改時不改月之義，凡書春夏秋冬四字不得目為書時之例，討賊書葬凡五條不得槩定為不討賊不書葬之例，書至自某不得定為告廟書至之例。又如葵丘、首止二條不得目為殊盟之例，而公盟戎、公子遂會戎、豹及諸侯之大夫盟袁僑皆當定為殊盟之例。又如齊書弒其君舍，當求其何以不拘嗣君未踰年不書君之例；衛書弒其君剽，又當求其何以不拘舊君去國復位凡攝君者槩不得成之為君之例。凡此之類，錮于成說則似更變先儒之義，為警世駭俗之論。而以全經二百四十二年之事分類詳攷，其義實有微密而可糸與顯著而難掩者具乎其間。蓋經義之漸推漸洩，以後學而贊前修，往轍可覩矣，則先儒當此固不棄後學之質疑問難以翼遺經於未墜也。凡有道者，幸鑒原之！

一、錫《九經補註》多糸疑義，《春秋》尤先聖微言，以茲苦探力索而為是編。但錫困而志學，歲月云暮，精力日耗，其間疏漏未檢者應多。曩刊羣經，曾鑴章弁首，懇有道正示。謬荷海內獎借，汔未得賜之斧教。近來欲修禮，得與同館前輩晨夕上下其論，而任釣臺、吳仰朱、趙然乙、官瑜卿諸先生賞奇析疑，互益尤深。茲編伏候當代前修，不棄而教之，以成聞過則喜之義，實衰老所禱祝也。

乾隆八年庚申夏四月，姜兆錫謹題於白鶴溪北之書齋。

◎春秋事義慎考目錄序：右《事義慎考》計上中下三考凡十二卷，而附以「考前」、「考後」各一卷，通十有四卷，今已序次其目錄如右。伏惟考者考其事與文，而所以考者考其義也，不考則義晦，考之不慎，義似明猶晦。考周衰汔於秦漢以降，傳記滋棼，《漢藝文志》載有左公穀鄒夾五家，唐元宗御製《孝

〔註 18〕原書雙行小字列於總目，今迻出單列。

經序》亦有「魯史《春秋》，學開五傳」之文，而今鄒夾雖亡，三傳具在，其義之明與晦相雜也。又考崑山徐氏《經解》，於宋儒《程傳》《胡傳》外，自宋孫復汔元陳深，得二十五家三十三種之書，而漢董仲舒、唐陸贄、宋劉絢之屬猶不與其數。考其義，皆互為明晦。今《胡傳》特立於學官，義明如日星，而晦而不明者亦存焉。茲復何以考之？將散考之一時一事，則於義此矛彼盾根觸角抵；若綜而考之，二百四十二年之間，即其事其文類聚羣分，互相鈎考，譬諸易象然，一實萬分，萬一各正，而其義見其中矣。然則考之豈有他哉！夫孟子所謂「其事則桓、文，其文則史，而孔子竊取其義」者，即《經解》所謂「《春秋》之教比事屬詞」者也。故考之不慎有三，而慎爰有三。今從己不考傳，從傳不考經，與從經之一二條不考全經，是三汰也。以己考傳，以傳考經，以經之一二條通考全經，是三慎也。《春秋》之文成數萬，其指數千，雖游夏莫贊一辭。錫眘愚無似，敢輕言經乎？茲考之所為作者，亦去汰以明慎焉而已。故既定次目錄，以攄其考之之意，而并約列其凡例於左方云。

◎提要：其書凡上中下三考共十二卷，而附以「考前」、「考後」各一卷。考上曰紀時、曰系名；考中曰正位、曰大婚、曰喪紀、曰祀典、曰賦稅、曰工役、曰軍旅、曰搜狩、曰刑法、曰朝聘之屬、曰會盟之屬、曰侵伐之屬、曰歸遺之屬、曰徵求之屬、曰告假之屬、曰取竊之屬、曰遊觀之屬、曰奔執之屬、曰歸入之屬、曰削亡之屬、曰弒殺之屬、曰災荒之屬、曰變異之屬；考下曰事詞通義、曰事同書異、曰書同文異、曰釋文明義、曰隱文存義、曰省文約義、曰互文推義、曰單文錯義、曰闕文、曰衍文、曰誤文；考前曰聖經本末、曰列傳本末、曰王侯邦國、曰王侯世系、曰庶邦雜服、曰伯功本末、曰聖治本末；考後曰傳有經無。每條皆分析辨論，大旨主於羽翼《胡傳》。然《春秋》一書古今聚訟，胡氏曲為之解已多抵牾，兆錫復從而割裂分配，彌繁瑣而失當也。

◎《浙江採集遺書總錄・乙集・經部・春秋類》：《春秋事義慎考》十四卷（刊本），右國朝姜兆錫撰。分上、中、下三考計十二卷，又考前一卷、考後一卷。考上為全經之綱領，考中分校其事文，考下又合究其事文，共分三十六考。其考前分七考，凡二十九則，如《聖經本末考》、《列傳本末考》之類。考後係傳有經無考，凡十七則。

◎趙爾巽《清史稿》卷一百四十五志一百二十《藝文》一：《春秋參義》十二卷、《春秋事義慎考》十四卷、《公穀匯義》十二卷，姜兆錫撰。

蔣淙 春秋表微 佚

◎徐時棟《煙嶼樓文集》卷二十六《蔣秀才墓版文》（乙未）：當是時，吾鄉黃東井司馬、徐悔廬明經、董小韭大令竝以孝廉弟子主張風雅，稱老輩。君出與探討相論議，入則搜采舊聞，著書自樂。其成者有《春秋表微》《學春秋私記》《詩義管窺》并詩文集若干卷藏於家。

◎蔣淙，字石甫，自號浣亭。浙江鄞縣人。蔣學鏞季子。坎廩終身，以諸生老。著有《詩義管窺》《春秋表微》《學春秋私記》。

蔣淙 學春秋私記 佚

◎徐時棟《煙嶼樓文集》卷二十六《蔣秀才墓版文》（乙未）：當是時，吾鄉黃東井司馬、徐悔廬明經、董小韭大令竝以孝廉弟子主張風雅，稱老輩。君出與探討相論議，入則搜采舊聞，著書自樂。其成者有《春秋表微》《學春秋私記》《詩義管窺》并詩文集若干卷藏於家。

蔣艮 春秋傳錄 六卷 存

新鄉藏光緒二十二年（1896）抄本（不分卷）

◎蔣艮（1851～1910），字仲仁，號後山，又號黃檗山人。河南商城伏山鄉人。同治十二年（1873）舉人，光緒六年（1880）進士。選庶吉士，授翰林院編修。光緒十年（1884）入直上書房，為皇族子弟溥倫、溥侗之師。歷任武英殿協修、纂修，國史館協修教習，管鑲白旗、正白旗官學。光緒十五年（1889）任山東鄉試副考官。嘗主講開封大梁書院五年。精書法。著有《蔣氏易說》、《春秋傳錄》六卷、《禮記錄》十二卷（統名《後山經錄》）、《後山劄記》。

蔣光祖 春秋三傳輯要 佚

◎蔣光祖，字孝培，又字岵民，號玉峰。蔣蒔子。嘉善（今浙江嘉興）人。肆力於學，工書法。馮元濟延教子。著有《周易本義輯要》四卷、《周易翼義》、《南巡進呈稿》、《杜陵綺語》。

蔣家駒 春秋義疏 無卷數

◎提要：是書以《胡傳》為藍本，而稍以己意更正之，然終不出《胡傳》苛刻之習，或自出新意又往往未安。如謂「孝公、惠公賢未著，隱為賢君，是以托始」，且稱「隱親親而尊王，睦鄰而守禮」，夫讓桓可謂親親，若平王葬而

不會、凡伯聘而不報可謂尊王乎？無駭入極、翬伐鄭伐邾敗宋可謂睦鄰乎？易
祊於鄭、矢魚於棠可謂知禮乎？後文每事示譏而開卷極詞稱善，是自相矛盾
也。「宰咺歸仲子之賵」，左氏但云「子氏未薨耳」，家駒謂「以仲子為夫人，
惠公宜死仲子亦宜死，故天王並賵以示意」，是以車馬之錫為灰釘之賜，諷使
仲子自裁也，有是情事耶？

◎蔣家駒，字千里。江蘇丹陽人。康熙二十九年（1690）舉人。官懷集縣
知縣。著有《尚書義疏》無卷數、《春秋義疏》無卷數。

蔣鳴玉 春秋圭約 佚

◎《浙江採集遺書總錄・乙集・經部・春秋類》：《春秋圭約》二冊（刊本），
右國朝蔣鳴玉撰。按十二公之次摘錄傳文。有總論，有別論，有緒論，約說其
旨以為學者圭臬。

◎《浙江採集遺書總錄・乙集・經部・春秋類》：《春秋程傳補》二十卷（刊
本），右國朝吏部侍郎北平孫承澤撰。以程《傳》未竟其業，乃為補之。

◎《浙江採集遺書總錄・閏集・羣經類》：

《五經圭約》十二冊（刊本），右國朝按察使僉事金壇蔣鳴玉撰。係鳴玉子
超所輯。乃約取先儒經說，附以己意。

《五經翼》二十卷（刊本），右國朝侍郎北平孫承澤輯。皆古人所作五經序
論。《易》自王弼、孔穎達始，《書》自孔安國始，《詩》自子夏、毛萇始，《春
秋》自何休、杜預始，《禮》自朱子始，並及明代諸家，謂皆足以羽翼昌明正
學者。而以自著《周禮舉要》終焉。

以上二書俱係全本。按前經部已列《春秋圭約》、《禮記圭約》、《詩經朱傳
翼》各種。

◎阮元《文選樓藏書記》卷二：《春秋圭約》二冊，國朝蔣鳴玉著。金壇
人。刊本。是書首列總論、凡例，下按十二公分篇摘次錄其文，自為論斷。

◎提要「《五經圭約》」條：鳴玉於《四書》《五經》皆有講義。解《四書》
者名《舌存》，今未見。解《五經》者名《圭約》，言如土圭之測日影，以至約
而賅至廣也。其初每經皆分《總論》、《別論》、《緒論》三編。康熙九年，其子
編修超校正付梓，以分析瑣屑，難以檢閱，乃循經文次第，合三編而一之，仍
分標《總論》《別論》《緒論》之名，以存其舊。王崇簡、魏裔介各為之序。其
書皆採用舊文而不著前人之姓名。超所述《凡例》，稱鳴玉食貧之時，借書撮
抄，故不及詳載書名，理或然耳。其說《易》，先義理而後象數。《書》則多本

注疏。《詩》多宗《小序》，與朱《傳》時有異同。《春秋》兼取《三傳》，不主胡安國刻深之說。《禮》惟闡發文義，於考證頗疏。附以《周禮》、《儀禮》二論，亦皆推測之談。蓋於明季經解之中，猶不失為平近易究者，而精深則未之能也。

◎蔣鳴玉（1600～1654），字楚珍，號中完。金壇（今江蘇金壇）人。蔣超父。崇禎十年（1637）進士。官臺州府推官，入清為山東按察司僉事。著有《五經圭約》無卷數、《政餘筆錄》四卷、《霞城問答》。

蔣鵬翮 公羊穀梁傳注 二卷 佚

◎王其淦、吳康壽光緒《武進陽湖縣志》卷二十八《藝文》：蔣鵬翮《公羊穀梁傳注》二卷（佚）。

◎蔣鵬翮，常州府陽湖（今江蘇常州武進區）人。康熙四十四年（1705）舉人。與兄文元、芳洲、汾功、驤俱獲文譽，人稱「里中五蔣」。著有《公羊穀梁傳注》二卷、《唐詩五言排律》（一名《唐詩五言排律詩論》）三卷。

蔣啟迪 左緒論 佚

◎孫先英、周欣《廣西儒學文獻敘錄》第一篇《廣西經學文獻敘錄・春秋類・左緒論》：卷次不詳。未見。見於（民國）《全縣志》，《廣西省述作目錄》《廣西通志》記載有清道光家刊本，現《全州歷史人物著作目錄》有載錄。

◎蔣啟迪，廣西全州人，道光間人。著有《易解》《左緒論》《倡解》等。

蔣慶 公羊學引論 一冊 存

遼寧教育出版社 1991 年排印本

福建教育出版社 2014 年論道書系排印本

◎目錄：序（梁治平）。自序。第一章公羊學的性質：一、公羊學是區別於心性儒學的政治儒學：（一）公羊學的焦慮是制度性的焦慮（二）公羊學主張在制度中來完善人性（三）公羊學的實踐目標不在成己成德而在改制立法。二、公羊學是區別於政治化儒學的批判儒學：（一）何謂政治化的儒學（二）公羊學不是政治化的儒學（三）公羊學是儒學傳統中的批判儒學。三、公羊學是區別於內聖儒學的外王儒學：（一）內聖外王釋義（二）內聖儒學與外王儒學辨正（三）公羊學外王的基本特徵：向世界開放的結構性思維方式。四、公羊學是在黑暗時代提供希望的實踐儒學：（一）公羊學是在黑暗時代提供希望

的實踐儒學（二）公羊學是在希望中積極從事實踐的儒學。第二章公羊學的創立與傳承：一、公羊學創立於孔子：（一）公羊學是春秋學（二）《公羊傳》是孔子自傳（三）公羊口說是孔子親說。二、公羊學的傳承：（一）孟子與公羊學（二）荀子與公羊學（三）司馬遷與公羊學（四）董仲舒、何休與公羊學。第三章公羊學的基本思想（上）：一、《春秋》新王說：（一）孔子為何要作《春秋》（二）歷代公羊家及漢儒對《春秋》新王說的論述（三）《春秋》當新王舉例（四）《春秋》新王說的意義。二、《春秋》王魯說：（一）《春秋》王魯名義（二）為何《春秋》要托王於魯（三）《春秋》王魯舉例（四）《春秋》王魯說的意義。三、孔子為王說：（一）「王」字的含義（二）孔子有為王的意思表示（三）公羊家對孔子為王的具體論述（四）孔子為王的意義（五）孔子為王說在歷史上的消失。四、孔子改制說：（一）孔子為王作《春秋》改舊制立新制（二）公羊家關於孔子改制的論述（三）孔子所改之制舉例（四）孔子改制以待後王取法（五）孔子改制說的意義。第四章公羊學的基本思想（中）：五、天子一爵說：（一）春秋前天子非爵（二）天子一爵是孔子所改（三）天子一爵是公羊家所傳（四）天子一爵說的現代詮釋（五）《春秋》三等爵制的迷惑（六）天子一爵與受命而王的深刻矛盾（七）天子一爵說的意義。六、天人感應說：（一）天人感應說本於《春秋》（二）天人感應說舉例（三）天人感應的理論架構（四）天人感應說的批判功能與效用（五）天人感應說的意義。七、夷夏之辨說：（一）夷夏之辨的性質（二）夷夏並非絕對界限（三）夷夏之辨與民族主義（四）夷夏之辨說的意義。八、經權說：（一）經權說本孔子思想（二）公羊家的權道思想（三）「實與文不與」中的經權思想（四）經權說舉例（五）經權說的意義。第五章公羊學的基本思想（下）：九、張三世說：（一）《春秋》中的三世說（二）諸經中的三世說（三）三世說的性質（四）三世說的意義。十、大一統說：（一）公羊家提出大一統說的時代背景（二）公羊家關於大一統的論述（三）大一統思想的形上含義（四）大一統思想的形下含義（五）大一統說的意義。十一、通三統說：（一）公羊家對通三統的看法（二）通三統的性質（三）通三統說與終始五德說（四）通三統說的意義。十二、大復仇說：（一）公羊家對大復仇說的論述（二）大復仇說所體現的精神（三）今古文在復仇問題上的分歧（四）大復仇說的意義。第六章公羊學散論：一、儒家大一統的政治智慧與中國政治文化的重建：（一）大一統思想的本來含義（二）大一統思想的真實價值。二、《春秋》孔子為王辯：（一）諸家之解釋及

其辨正（二）公羊「王」為文王之爭訟（三）孔子為文王辯。三、公羊劄記。後記。

◎蔣慶（1953～），字勿恤，號盤山叟。祖籍江蘇徐州，生於貴州貴陽。著有《公羊學引論》《政治儒學》《再論政治儒學》《廣論政治儒學》《儒學的時代價值》《生命信仰與王道政治》《以善致善：蔣慶與盛洪對話》《儒教憲政秩序》。

蔣紹宗 春秋見心 四卷 存

湖北藏嘉慶道光長白蔣氏刻蔣氏經學五種本

◎黃本驥《癡學》卷七《信古錄》：學者論古，當以經為主，傳次之。傳有違經者猶難盡信，況諸子百家各立異說，當據經傳駁之。羽翼經傳，即所以維持名教也。近日蔣春巖先生紹宗著《春秋見心》，力辟攘夷之說。其辨楚非夷條云：「考之封域，荊及衡陽惟荊楚都其間，至周已千有餘年，猶界夷狄居之而不使通，將所謂包匭菁茅納錫大龜者，豈皆虛語！楚之君納頓平陳視桓、文之事業何如？楚之臣能忠善任視管趙之功名何異？襄公如楚，不聞以屈於夷狄諱之，孔子謂管仲相桓公，一匡天下，民到於今受其賜。此固定昭後之言，其時楚狎主齊盟已數百十年矣。陳、蔡，楚屬國也，孔子何以嘗往來其間？葉公，楚臣也，孔子何以嘗與之問答？接輿、丈人、沮溺，楚之隱者也，孔子何以嘗與之遭逢？是孔子眷眷於楚也，有明征矣。《家語》書社之封，《檀弓》先以子夏，申以冉有之說，不為無據矣。使其為夷，孔子何以欲仕之？《殷武》之詩曰：『居國南鄉』，是在商時即不聞以楚為夷。以《春秋》證之，吳楚稱子爵，在諸男之上，會盟聘伐，簡策頻書，與齊、晉、宋、衛無異，不類山戎、白狄之屬，概以遠之者略之也。或曰：三傳非無據也。曰：《采芑》謂『蠢爾蠻荊』，詆其叛耳；《閟宮》謂『荊舒是懲』，矜其功耳；孟子謂『用夏蠻夷，未聞變於夷』，為許行言之耳。不核其實，不溯其端，據以為說，果《春秋》之義乎？」先生是說，雖非論唐虞之楚地，因駁子玄、周氏之論而附錄之，以見楚非蠻夷，非一人之私說也。

◎《續四庫提要・讀詩知柄》：所著有《讀詩知柄》二卷、《禮記通解》二卷、《春秋見心》四卷。

◎蔣紹宗（？～1829），字晉祚，一字諟廬，號星垣，一號春岩。長白青縣漢軍鑲白旗人。乾隆五十一年（1786）舉人，歷官湖南石門、瀘溪、瀏陽、

星沙、衡陽、攸縣知縣，靖州知州，永綏廳同知，辰州、衡州、長沙知府，辰沅永靖兵備道凡三十餘年，所至皆有聲。蒞任攸縣最久，入祀攸縣名宦祠。著有《讀易卮言》一卷、《象數述》、《周易觀象》七卷圖一卷、《讀詩知柄》二卷、《春秋見心》四卷、《書經節解》、《禮記通解》、《學庸論孟直說》諸書。《攸縣志》、《炎陵志》錄其詩文。

蔣廷黻　讀左雜詠　一卷　存

國圖藏宣統元年（1909）刻本

◎蔣廷黻（1895～1965），字綏章，筆名清泉。湖南邵陽（今邵東）楮塘鋪（今屬廉橋鎮）人。1911 年赴美求學，獲哥倫比亞大學博士學位。曾任南開／清華大學歷史系主任、中國駐聯合國常任代表。著有《蔣廷黻選集》、《蔣廷黻回憶錄》、《中國近代史》、《近代中國外交史資料輯要》、《最近三百年東北外患史》、《中國與近代世界的大變局》、《評清史稿‧邦交志》、《籌辦夷務始末補遺》，譯有海斯著《族國主義論叢》。與胡適創辦《獨立評論》。

蔣湘南　春秋紀事考　不分卷　存

國圖藏清抄本

◎夏寅官《蔣湘南傳》〔註19〕：先生嘗論為學不分漢宋，以為儒者讀孔子書，孔子周人也，周之學，春秋《禮》《樂》、冬夏《詩》《書》，謂之四術。孔子益以《易》與《春秋》，謂之六藝。六藝皆周禮也。韓宣子聘魯，見《易象》《春秋》，曰：「周禮在魯」，是《易》與《春秋》之二藝、《禮》《樂》《詩》《書》之四藝皆周公之禮明矣。子曰：「吾學周禮」，告顏子曰「克己復禮」，顏子亦曰「約我以禮」，曾子傳一貫之道作《大學》曰：「自天子以至於庶人，壹是皆以修身為本」，而《中庸》證明之曰「非禮不動，所以修身」，可知孔門之學但宜名為禮學，不宜稱為理學。孔子沒而微言絕，七十子喪而大義乖，孟荀為再傳弟子，僅百年而《詩》《書》已待辨正。況漢去孔子二百餘年、宋儒去孔子二千餘年乎！漢學、宋學之爭，皆無與周學者也！吾為周學而已。此先生論學之大旨也。文王、周公、孔子之《易》皆用韻語，孔子宜以《文言》為名，是必叶聲韻者始謂之文。人之生也，和言中宮，危言中商，疾言中角，微言中徵羽，發喉引競自有高下抑揚之致，小序所謂「聲成文，謂之

〔註19〕摘自《碑傳集補》卷五十《文學》七。

音」也。宋以後之文，多有聲而無音，子瀟病之，嘗曰：「寧為箏琶，無為土鼓。」

◎閻彤恩《七經樓文鈔序》〔註20〕：愛友蔣君子誧，以穎異之姿，溺苦於學。督學使者吳巢松先生拔之於諸生中，目為中州一人。君更從江鄭堂、阮芸臺兩先生問奇字、研經術，與齊梅麓、俞坦初談九章演算法，考究儀器於欽天中。既而入晉江督河督幕府，緣飾經史以為章奏。當代政事一一洞悉，凡本朝三通所載大掌故，皆條其源流，筆之於書。又嘗謂刑名之學古人所以輔禮，鄭康成注《周禮》多引漢律，是讀律亦儒者事也。因取大清律與唐律、明律互校。括以三經二緯，以推原周公制禮之等殺。著《輔禮論》二千餘言，俾讀書人一望而皆能治獄，豈非斟今酌古為有用之學者與？余與君幼同學，長同試於有司，各以道義相助者有年。及君旅食四方，遂不數數見。今年君來西江，所著之書已成百餘卷。其大者《周易鄭虞通旨》、《十四經日記》、《中州河渠書》三種，余方欲分俾為君刻之，會以事去官。而君之高足劉君已代刊古文六卷，告成。因余悉君生平，屬為之序。爰為道其貫古通今者如此。至文之宏深淵懿，千人共見，不更敘云。同里閻彤恩。

◎蔣湘南《七經樓文鈔》卷首同里王濟宏序：其在關中，數以書貽余，慨息天下大事，佐以所著《卦氣表》《華嶽圖經》《游藝錄》《廬山紀游》諸書，皆卓卓可傳者。然在子瀟則猶其隨筆雜錄，非其至者也。其談經，《詩》《書》非殷洪喬輩。行篋中物未便郵寄，余終未之讀，而子瀟已化去矣。遺書板刻在揚、在汴、在陝，兵燹之餘，散失湮沒，無可稽者。

◎劉雲培《七經樓文集序》（摘錄）：吾師子瀟先生以五十三年成書百卷，解經者十之四，辯史者十之二，衍算者十之二，述刑名、錢穀、河鹽諸大政者十之一。

◎蔣湘南《七經樓文鈔》卷首《重刻蔣子瀟先生詩文遺集敘》：外舅蔣子瀟先生以著作名大河南北者數十年，顧嗇於遇，凡十試始登賢書，屢應春官舉，迄不第。晚而謁選，得虞城教諭，鄙弗就，走客關隴間，從游者日益眾，所譔集編次亦日益多，計傳帙不下數十，汴洛維揚陝右皆有鐫本。嗣粵寇竄吳楚、羯寇起河潢，凶炬所侵，典籍悉為煨燼。先生遺作惟《春暉閣詩》六卷、《七經樓文》六卷為行篋僅存，餘則若滅若亡不可究詰矣。於戲！先生於經史百家之書靡弗通貫，且皆有論次，不僅以詩古文名之，二集特其緒餘耳。然本根既

〔註20〕摘自蔣湘南《七經樓文鈔》。

厚，即殘膏賸馥猶足沾丐于人，是烏可獨秘諸枕中而弗亟思所以廣厥傳者？爰取舊本付老友張希仲氏，俾一再校讐，重壽梨棗。蓋經始於戊辰初去威遠，而告成於庚午將之榮之時，首尾凡三載矣。雖魚魯焉烏仍不免時時遇，然飲河滿腹亦無間云。倘先生他帙猶有流播人間，當窮搜徧訪，疊命手民，庶先生之二集者，蓋知先生之學大本大原又別有在。同治九年仲春既望馬佩玖子貽氏謹序。

◎蔣湘南（1795～1854），字子瀟。河南固始縣城關陪濠沿人。著有《卦氣證》一卷、《卦氣記》、《周易鄭虞通旨》十二卷、《春秋紀事考》不分卷、《十四經日記》、《中州河渠書》、《漢水入江考》、《江西水道記》、《九河既道解》、《西征述》、《後西征述》、《七經樓文鈔》、《春暉閣詩鈔》等。湘南無子，僅有一女，遺作多由其婿馬佩玖（子貽）及生前好友相助刊刻。

蔣珣 春秋義無忘錄 佚

◎蔣珣，字少泉。浙江餘姚人。嘉慶三年（1798）舉人，官瑞安教諭。著有《易義無忘錄》三卷首一卷、《詩義無忘錄》、《書義無忘錄》、《春秋義無忘錄》、《三徑堂詩文稿》。

蔣載康 左史合評 佚

◎《浙江檔案庫·浙江歷史名人辭典》著錄。

◎蔣載康，名釗。以字行。浙江諸暨楊莊村人，因別號楊莊。嘗從餘姚盧文弨遊。乾隆三十六（1771）舉於鄉，四十三（1778）大挑知縣，分發甘肅，不就。建藏書樓經簏堂於楊莊，屏絕外事，殫精治經。著有《周官心解》二十八卷、《儀禮獨裁》、《鄉黨雜說》、《左史合評》等。

焦晉 春秋闕如編續編 四卷 存

國圖藏清抄本

◎焦晉，號萼樓。著有《春秋闕如編續編》四卷。

焦紹祖 春秋味旨 佚

◎光緒九年（1883）博潤《松江府續志》卷三十七《藝文志·經部補遺》：《春秋味旨》（國朝焦紹祖著）。

◎姚光《金山藝文志·經部·春秋類》：《春秋味旨》，清焦紹祖撰（烈按，見《黃志》）。

◎焦紹祖，字成（誠）一，號二香。松江府金山（今上海金山區）人。袁熹孫、以敬子、以恕侄。乾隆二十四年（1759）順天舉人。教習，知縣，歷官廣東化州知州。著有《易解》、《春秋味旨》、《四書廣義》二十卷、《二香居詩文集》。

焦廷琥 三傳經文辨異 四卷 存

國圖藏清抄本

民國彩印邃雅齋叢書本

◎孫殿起《販書偶記》卷二：《三傳經文辨異》四卷，江都焦廷琥撰。傳抄本。

◎焦廷琥（1782～1821），字虎玉。江蘇揚州人。焦循子。優貢生。著有《明人說易》一卷、《明史藝文志易類》一卷、《歸奇注義》一卷、《引駁諸儒說》一卷、《冕服考》四卷、《地圓說》二卷、《讀書小記》三卷、《密梅花館詩文錄》。

焦循 春秋左傳補疏 五卷 存

瀋陽師大藏嘉慶二十二年（1817）半九書塾蜜梅花館刻本

復旦藏嘉慶二十三年（1818）刻本

道光六年（1826）江都焦氏半九書塾刻焦氏叢書・六經補疏本

道光刻、咸豐補刻皇清經解本

福建藏光緒二年（1876）衡陽魏氏刻焦氏遺書本

國家圖書館出版社 2012 年宋志英選編左傳研究文獻輯刊影印道光六年（1826）江都焦氏半九書塾刻焦氏叢書・六經補疏本

上海古籍出版社 2015 年清代春秋學匯刊點校本

線裝書局 2020 年何俊主編左傳評注文獻輯刊影印嘉慶二十二年（1817）半九書塾蜜梅花館刻本

◎一名《春秋補疏》。

◎看秋左傳補疏敘〔註21〕：余幼年讀《春秋》，好《左氏傳》，久而疑焉。及閱杜預《集解》暨所為《釋例》，疑滋甚矣。孔子因邪說暴行而懼，因懼而作《春秋》，《春秋》成而亂臣賊子懼。《春秋》者，所以誅亂賊也。而左氏則

〔註21〕又見於焦循《雕菰集》卷十六，題《群經補疏自序・左氏春秋傳杜氏集解》。

云「稱君，君無道；稱臣，臣之罪」，杜預者且揚其辭而暢衍之，與孟子之說大悖，《春秋》之義遂不明。已而閱《三國魏志・杜畿傳》注，乃知預為司馬懿女壻。《晉書》預本傳云：「祖畿魏尚書僕射，父恕幽州刺史。其父與宣帝不相能，遂以幽死，故預久不得調。文帝嗣立，預尚帝妹高陸公主。起家拜尚書郎，四年轉參相府軍事。」預以父得罪於懿，廢棄不用，蓋熱中久矣。昭有篡弑之心，搜羅才士，遂以妹妻預，而使參府事。預出意外，於是忘父怨而竭忠於司馬氏。既目見成濟之事，將有以為昭飾，且有以為懿、師飾，即用以為己飾，此《左氏春秋集解》所以作也。夫懿、師、昭亂臣賊子也，廣充、成濟，鄭莊之祝聃、祭足而趙盾之趙穿也，王凌、母邱儉、李豐、王經則仇牧、孔父嘉之倫也。昭弑高貴鄉公而歸罪於成濟，已儼然託於大義，而思免於反不討賊之譏。師逐君、昭弑君均假太后之詔以稱君罪，則師曠所謂「其君實甚」、史墨所謂「君臣無常位」者，本有以啟之。預假其說而暢衍之，所以報司馬之恩而解懿、師、昭之惡，夫又何疑？顧射王中肩即抽戈犯蹕也，而預以為鄭志在苟免，王討之非，顯謂高貴討昭之非而昭弑之為志在苟免。孔父嘉之義形於色、仇牧之不畏彊禦，而預皆鍛鍊深文，以為無善可褒，此李豐之忠而可斥為奸、王經之節而可指為貳，居然相例矣。師、昭而後若裕、若道成、若衍、若霸先、若歡／洋、若泰、若堅／廣，他如石虎、冉閔、符堅，相習成風，而左氏《傳》、杜氏《集解》適為之便，故其說大行於晉宋齊梁陳之世。唐高祖之於隋，亦踵魏晉餘習，故用預說作《正義》，而賈、服諸家由是而廢。吾於左氏之說，信其為六國時人為田齊三晉等飾也；左氏為田齊三晉等飾，與杜預為司馬氏飾前後一轍，而孔子作《春秋》之義乖矣。四明萬氏充宗作《學春秋隨筆》斥左氏之頗，吳中惠氏半農作《春秋說》正杜氏之失，無錫顧氏棟高作《春秋大事表》特紏杜注之誤，而預撰《集解》之隱衷則未有摘其奸而發其伏者。賈、服舊注惜不能全見，而近世儒者補《左氏》注，亦徒詳核乎訓故名物而已。余深怪夫預之忘父怨而事仇、悖聖經而欺世，摘其說之大紕繆者，稍疏出之，質諸深於《春秋》者，俾天下後世共知預為司馬氏之私人、杜恕之不肖子，而我孔子作《春秋》之孟賊也。嘉慶丁丑冬十二月除夕。

　　◎錢綺《左傳札記》卷二：杜注大半襲賈、服之舊，其出己見處繆戾甚多。孔氏《正義》時引古注，必曲護杜說，近時深於經學者往往非之，而詆斥最甚者無如焦里堂之《左傳補疏》。其自序云：「預以父恕得罪於懿，廢不用，及司馬昭有篡弑之心，搜羅才士，遂以妹妻預，使參相府。預遂忘父怨而竭忠於司

馬氏。既目見成濟之事，將有以為昭飾，且有以為懿、師飾，即用以為己飾，此《左氏春秋集解》之所以作也。夫懿、師、昭亂臣賊子也，賈充、成濟，鄭莊之祝聃、祭足也，而趙盾之趙穿也，王凌、毌邱儉、李豐、王經則仇牧、孔父嘉之倫也。昭弒高貴鄉公而歸罪於成濟，儼然託於大義，而思免於反不討賊之譏。師逐君、昭弒君均假太后之詔以稱君罪，則師曠所謂『其君實甚』、史墨所謂『君臣無常位』者，本有以啟之。預假其說而暢衍之，所以報司馬之恩而解懿、師、昭之惡，夫又何疑？顧射王中肩即抽戈犯躓也，而預以為王討為非，顯謂高貴討昭之非而昭弒之為志在苟免。孔父嘉之義形於色、仇牧之不畏強禦，而預皆鍛鍊深文，以為無善可褒，此李豐之忠而可斥為姦、王經之節而可指為貳，居然相例矣。唐高祖之於隨，亦蹈魏晉餘習，故用預說作《正義》，而賈、服諸家由是而廢。吾於左氏，信其為六國時人為田齊三晉等飾也；左氏為田齊三晉等飾，與杜預為司馬氏飾前後一轍，而孔子作《春秋》之義乖矣。近世儒者補《左氏》注，亦徒詳摘乎訓故，而預撰《集解》之隱衷則未有摘其奸而發其伏者。余摘其說之大紕繆者，俾天下後世共知預為司馬氏之私人、杜恕之不肖子，而我孔子作《春秋》之蟊賊也。」焦氏之序如此，其言雖太深刻，然亦不為無因，恐曲護杜說者亦無以為之解也。

◎裔榮跋焦循《易通釋》：《春秋》成而亂臣賊子懼，《左氏傳》云：「稱君，君無道；稱臣，臣之罪。」杜預且揚其詞而暢衍之，與孟子之說大悖。預為司馬懿女婿，目見成濟之事，將有以為昭飾。且有以為懿、師飾即用以為己飾，此《左氏春秋集解》所以作也。萬氏充宗斥左氏之頗，惠氏半農、顧氏棟高糾杜氏之失，然未有摘其姦而發其覆者，撰《左氏春秋傳杜氏集解補疏》五卷。

◎張之洞《書目答問》卷一《經部》：《左傳補疏》五卷（焦循。《焦氏叢書》本。學海堂本）。

◎李慈銘《越縵堂讀書記・經部・春秋類》：閱焦氏《左傳補疏》。焦氏之學，《周易》、《孟子》為最，《禮》學次之，算學尤為專門。生平六經皆有譔述，漢學之外，於魏晉汔宋元諸儒經說，皆所鑽研，誠通儒也。其《周易補疏》，謂輔嗣之法雖參以己見，然其學淵源於劉表、王暢，六書通借、解經之法尚未遠於馬、鄭。如讀彭為旁、借雍為甕、通孚為浮而訓為務躁、解斯為廝而釋為賤役，皆明乎聲音訓詁者。且天資察慧，時有悟心，於欽則悟及全蒙，於損亦通諸剝道，惜秀而不實，識囿於年，局促揣摩，不足言通變神化之用。又貌為高簡，故疏者概視為空論耳。其《尚書補疏》，謂東晉晚出《尚書》孔傳，至

今日稍能讀書者皆知其偽。然試置其偽作之二十五篇而專論其不偽之二十八篇，且置其假託之孔安國而論其為魏晉間人之傳，則同時之何晏、杜預、郭璞、范寧諸傳注可存，此傳亦何不可存？因言其善於鄭注者有七事。如「稽古」鄭訓同天，《傳》訓順考古道，同天可加帝堯，不可施皋陶。「四罪而天下咸服」，鄭以禹治水畢乃流四凶，故王肅斥之云是舜用人子之功而流放其父，《傳》以舜徵庸之初即誅四凶。《盤庚》三篇，鄭以上篇乃盤庚為臣時所作，然則陽甲在上，公然以臣假君令，因而即真，此莽操師昭之事，《傳》皆以為盤庚即位後所作。《金縢》「我之不辟」，鄭讀為避，謂周公避居於東，又以罪人斯得為成王收周公之屬官，《傳》訓辟為法，居東即東征，罪人即指祿父、管蔡。《明堂位》以周公為天子，漢儒用以說《大誥》，遂啟王莽之禍，鄭氏不能正，且用以為《尚書》注，而以周公稱王。自時厥後，歷曹馬以及陳隋唐宋，無不沿莽之故事，《傳》特卓然謂周公不自稱王，而稱成王之命，勝鄭氏遠甚。為此《傳》者，蓋見當時曹、馬所為，為之說者，有如杜預之解《春秋》、束皙等之偽造《竹書》，舜可囚堯、啟可殺益、太甲可殺伊尹，君臣易位，邪說亂經，故不憚改《益稷》、造《伊訓》《太甲》諸篇，陰與《竹書》相齟齬；又托孔氏《傳》以黜鄭氏，明君臣上下之義，因恐觸當時之忌，故自隱其姓名。其訓詁章句之間誠有未善，然三盤五誥諸奧辭，皆一一疏通，諸家雖或規難而辨正之，終不能不用為藍本。其《禮記補疏》，謂《周官》、《儀禮》一代之書，《禮記》萬世之書。《記》之言曰「禮以時為大」，此一言也可蔽千萬世制禮之法。《周官》《儀禮》固作於聖人，乃亦惟周之時用之，必先明乎《禮記》而後可學《周官》《儀禮》。其言皆獨具深識，雄出古今，絕無經生拘閡之見。予嘗謂鄭氏之學，《三禮注》可與聖經並垂天壤，間有小小疏失，不過如日月之食。《詩箋》精於名物訓詁，亦經之功臣。若《易》若《書》，一則僅專家之孤學，一則僅傳經之緒餘也。雖其失皆在過於求密，又確守師傳，不容出入。如《金縢》諸說，蓋皆周秦以來諸儒相傳之舊義，然春秋戰國時異說鋒出，漢承秦絕學之後，掇拾叢殘，不無擇焉不精之弊。若近來惠氏張氏之《易》、王氏孫氏江氏之《書》，謂為鄭氏一家之學則可，謂為《易》《書》獨絕之學則不可也，雕菰此篇可謂空前絕後者矣。而其補疏《左傳》，抉摘杜氏作《集解》之私心，尤為快論。其序云：「杜預為司馬懿之壻，其初以父幽州刺史恕與懿不相能，遂以幽死，故預久不得調。及昭嗣立，預尚昭妹，起家拜尚書郎，轉參相府軍事。蓋昭有篡弒之心，收羅才士，遂以妹妻預而使參府事。預出意外，於是忘父怨而竭忠

於司馬氏。既目見成濟之事，將有以為昭飾，且有以為懿、師、飾，即用以為己飾，此《左氏春秋集解》之所以作也。懿、師、昭，亂臣賊子也；賈充、成濟，鄭莊之祝聃、祭足而趙盾之趙穿也；王凌、母丘儉、李豐、王經，則仇牧、孔父之倫也。昭弒高貴鄉公而歸罪於成濟，已儼然托於大義，而思免於反不討賊之譏。師逐君、昭弒君，均假太后之詔以稱君罪，則師曠所謂其君實甚、史墨所謂君臣無常位者，本有以啟之，預假其說而暢衍之。射王中肩，即抽戈犯躍也，而預以為鄭志在苟免，王討之非，顯謂高貴討昭之非，而昭禦之為志在苟免矣。師、昭而後，若裕、若道成、若衍、若霸先、若歡洋、若泰、若堅，他如石虎、冉閔、苻堅，相習成風，而《左氏傳杜氏集解》適為之便，故其說大行於晉宋齊梁陳之世。唐高祖之於隋，亦躪魏晉餘習，故用預說作《正義》，而賈、服諸家由是而廢。吾於左氏之說，信其為六國時人為田齊、三晉等飾也。左氏為田齊三晉等飾，與杜預為司馬氏飾前後一轍，而孔子作《春秋》之義乖矣」云云，深心卓見，尤為聖人不易之論。蓋其論枚氏之偽作《孔傳》，猶屬意必之詞，雖雄辯絕人，而事無確證；若此所論，則論世知人，灼見幽伏，元凱百口不能解矣。《左氏》一書自為聖經羽翼，其中要不無取義未純，此蓋七十子之言已皆不能無疵，又經戰國秦漢至東京始列學官，尤不免後人羼入。王介甫、鄭漁仲皆因其紀及趙襄子之諡，疑為六國時人（介甫所疑十一事，其說不傳，惟《書錄解題》載介甫《左氏解》，專辨書韓趙魏殺知伯事去孔子六七十年，決非邱明所及見。漁仲舉《左傳》紀韓趙知伯等事八驗，見《通志》《六經奧論》），毛舉數端以概全經，不若近時姚姬傳言《左傳》蓋有吳起輩竄入以媚時者，如「公侯之子孫，必復其始」語尤其明驗，他紀魏氏及趙氏、韓氏、齊田氏等事亦多誇，非邱明本文，此論最為近理。理堂仍介甫、漁仲、石林諸人之說，概指為六國時作，亦未免武斷。然其論衛宣公烝於夷姜生急子一條，據洪容齋、毛西河年數不合之說，謂當據《史記》及《列女傳》《新序》諸書，以夷姜為宣公夫人。烝《廣雅》訓為淫，烝夷姜猶《衛世家》所云愛夫人夷姜也，杜注誤依服虔上淫曰烝之訓，自足為左氏功臣。竊謂此論與錢竹汀《潛研堂答問》謂衛戴公、文公當依班氏《古今人表》為公子黔牟之子，《左傳》以為頑與宣姜所生者誤。二事皆足永垂寶書，不然以上淫君母之人，而衛人立之，石碏等純臣奉之；以鶉奔無良之孽，而衛人依之，齊桓、宋桓等賢諸侯輔之，則春秋之初已無人心，康叔之澤亦太衰矣。其關係於人倫世教，豈淺鮮哉！焦氏此疏，其正杜氏助逆之旨者，如宋督弒其君與夷（桓公二年）；鄭伯使祭足勞王（五年）；

鄭伯突出奔蔡（十五年。焦謂杜注譏突不能倚任祭仲，反與小臣造賊盜之計，故以自奔為文，罪之。是明喻齊王芳不能倚司馬氏，而與李豐、張緝謀廢師也）；衛侯朔出奔齊（十六年）；宋萬弒其君捷（莊公十二年）；晉里克弒其君卓（僖公十年）；宋人弒其君杵臼（文公十六年）；晉趙盾弒其君夷皐（宣公二年）；鄭公子歸生弒其君夷，君子曰仁而不武（四年。焦謂杜注以例司馬昭本不許將士傷害高貴，故初稱畜老憚殺為仁。歸生不討子公，而昭能討成濟，是仁而且武矣，故云不討子公為不武）；凡弒君稱君君無道也，稱臣臣之罪也（焦謂左氏此二語最為悖理，而杜氏《釋例》乃暢發其義，所以解昭之既弒高貴，而必假太后令，以甚言其無道也）；民不與郤氏，胥童道君為亂，故皆書曰晉殺其大夫（成公十八年。焦謂杜注言郤氏失民，胥童道亂，宜為國戮，此司馬懿之殺曹爽、何晏，而罪爽之驕盈、晏之浮虛也。三郤胥童殺而樂書不可制矣，曹爽殺而司馬氏起矣）；枕尸股而哭（襄公二十五年。焦謂司馬孚哭高貴，全效晏嬰所為，蓋當時《左氏》盛行，故王經諫高貴亦引魯昭公不忍季氏之事）；下車七乘不以兵甲（焦謂杜注齊舊依上公禮九乘，又有甲兵，今皆降損，以比昭弒高貴以王禮葬之。習氏《漢晉春秋》云：「丁卯葬高貴鄉公於洛陽西北三十里，下車數乘，不設旌旐」，全襲左氏此傳），凡十三條，皆徵引魏晉間事，以誅杜之隱衷。餘皆效證訓故名物，於地理尤詳，固非如宋儒之純尚議論也。同治癸亥十月十九日。

◎同治《續纂揚州府志》卷二十二《藝文志》上：《春秋傳杜氏集解補疏》五卷（焦循撰）。

◎趙爾巽《清史稿》卷一百四十五志一百二十《藝文》一：《春秋左氏補疏》五卷，焦循撰。

◎上海古籍出版社 2015 年《續修四庫全書總目提要・春秋類》「《春秋左傳補疏》五卷」：焦氏於杜預《春秋經傳集解》頗為不滿，賈、服舊注惜不全見，雖近世有萬斯大《春秋隨筆》、惠士奇《春秋說》、顧棟高《春秋大事表》等正杜氏之失、糾杜氏之誤，亦徒詳核乎訓詁名物而已，于杜氏撰《集解》之隱衷則未有摘其奸而發其伏者，故作是書。是書間取經文、傳文，後附杜注、《釋例》，焦氏已說以「循按」為始相別之。焦氏以杜預作《左氏春秋集解》實是為司馬氏粉飾惡行，忘父怨而事仇，悖聖經以欺世，故其常以魏晉事應春秋事，證杜氏之不孝不忠，如卷一桓公二年以司馬懿、司馬師比華督、宋萬，以曹爽、何晏、王凌、李豐、張緝等比孔父、仇牧；桓公十五年五月「鄭伯突出奔蔡」，杜注：「突既篡立，權不足以自固，又不能倚任祭仲，反與小臣造賊

盜之計，故以自奔為文，罪之也，例在昭三年。」循按：「杜預邪說以為諸侯自取奔亡之禍，不書逐君之賊者，所以責其君。此說之尤悖者，不可以不辨。孟子曰：『孔子成《春秋》，而亂臣賊子懼。』如預言，則後世亂臣賊子益無所忌憚，皆將逞志於君矣，何懼之有哉。」此處焦氏另徵引惠士奇之說佐證，有理有據。焦氏糾杜不僅著眼於義理，於訓詁亦有駁證。如卷五昭公五年《傳》「純離為牛」，杜注：「《易》離上離下，離畜牝牛，吉。故言『純離為牛』。」循按：「易以坤為牛，不以離為牛也。明夷上坤下離，離以坤配離，故云純離、純耦也。謂與離相耦者，坤也，即牛也。杜不明《易》，故謬說。」於孔氏《正義》亦如此，如昭公二年《傳》「勿使有所壅閉湫底以露其體」，杜注：「湫，集也。」焦循指出杜讀「湫」為「掔」，故訓為「集」，《正義》謂以意為訓，非也。各卷卷末標注「侄琮弼校字」。此本據上海辭書出版社圖書館藏清道光六年半九書塾刻《六經補疏》本影印。（潘華穎）

◎焦循（1763～1820），字理（里）堂。江蘇揚州黃珏鎮人。家世學易，曾祖父源字文生、祖鏡字鑒千、父蔥字佩士俱好易。乾隆四十四年（1779）受教於劉墉，經史、曆算、聲韻、訓詁諸學無所不精。嘉慶六年（1801）舉人，翌年應禮部試不第，即不出仕。托足疾不入城市者十餘年，構雕菰樓讀書著述其中。嘉慶十一年（180）揚州知州伊秉綬聘與阮元等編《揚州圖經》、《揚州文粹》。著有《易章句》十二卷、《易圖略》八卷、《易通釋》十二卷、《古文尚書辨》八卷、《毛詩物名釋》二十卷、《春秋左傳補疏》五卷、《論語通釋》、《孟子正義》、《六經補疏》二十卷、《群經宮室圖》兩卷、《天元一釋》兩卷、《加減乘除釋》八卷、《開方通釋》、《焦循論曲三種》、《里堂學算記》、《邗記》六卷、《北湖小志》六卷、《揚州府志》、《李翁醫記》二卷、《沙疹吾驗篇》一卷、《醫說》一卷、《雕菰集》二十四卷、《里堂詩集》八卷、《里堂詞集》二卷、《仲軒詞》一卷、《劇說》六卷。

焦袁熹 春秋闕如編 八卷 存

國圖藏清抄本

浙江大學藏四庫本

國圖〔註22〕、北大、上海、湖北、蘇州、臺灣大學藏嘉慶十二年（1807）金山錢熙彥世春室刻本

〔註22〕李慈銘題識。

南京藏清丁氏竹書堂抄本

◎一名《此木軒春秋闕如編》。

◎目錄：卷一隱公。卷二桓公。卷三莊公、閔公。卷四僖公上。卷五僖公下。卷六文公。卷七宣公、成公（八年止）。卷八讀春秋（附）。

◎序：國家稽古右文，昌明經學，乾隆三十六年詔求海內遺書，誠以士之研究六經、殫心闡發者不乏其人，雖業在名山，而未登天府，故廣為采輯，不問刻本抄本，皆得進以備石渠天祿之儲焉。當是時，我郡焦氏獻其祖徵君所著書十數種，及經纂錄，而《四書說》《春秋闕如編》二種採入四庫書中。後纂修等官，奉諭旨撰《提要》一書，撮舉原委，於《闕如辨》則以為褒貶獨酌情理之平，不流于刻，為近代說《春秋》者所未有。幾餘乙覽，經大聖人折衷而定之，而後此兩書者，竝列經部，以垂不朽。今夫人仰屋著書，其傳不傳每在不可知之數。今徵君所撰，仰邀採擇，竝蒙品藻，得列為中秘書，斯固著作之榮哉！要其所以上參筆削，翊聖訓而闡聖心者，胥於是乎在。粵自考試例用胡傳，在安定當南渡時不附和議，本作是書以諷高宗以斥秦檜。然立說究與聖經不相比附，其中又多有經無傳者，遂至出題雷同，語又偏謬。乾隆五十七年詔以《左傳》本書為文，竝參《公》《穀》之說，將以正文風而明經義，誠千載一時之嘉會也。士生今日，其當講習《春秋》為尤亟。誠得是編以為圭臬，於以尋繹尼山之旨，其裨益殆非淺鮮。惟《四書說》板行已久，而《闕如編》則係抄本，凡郡中之知有是書者，至借抄無虛日，每以不先快覩為憾。今徵君四世孫畫三得世講錢君停雲歡樓、亘荇昆仲相與校讎，以刊行此書，由是傳布無窮，不誠有以副學者傒望之至意也哉！嘉慶九年四月，華亭後學姜兆翀序。

◎春秋闕如編跋：孔子稱《春秋》為繼《詩歌》亡而作，秦火之餘，幸而得存，則賴有《左氏／公羊／穀梁傳》，而筆削之義經二千年終不得的然為一定之例。明初兼用張洽、胡安國兩家之傳，繼而張洽傳學者置焉弗習，至胡氏之說，後儒多有疑其未備者。今世東海徐氏所輯《經解》，諸經之中《春秋》特多。先徵君當己丑、庚寅間，遍閱《經解》之書，及《經解》所未備者，博採其說，而合為《春秋闕如》一編。非有以苟異於前人，特欲研求於一是耳。先徵君於《春秋》事蹟，專宗左氏，繼乃得唐賢啖助、趙匡所著《春秋三傳辨疑》及其門人陸淳所為《纂例》二書，歎為精確，手自抄錄，而《闕如》一編僅至成公八年而止。猶憶傳《春秋》時，百家之書，雜置案頭，必再三精審而後下筆，或辨駁注家，或參用前說，具見編中。後學每以先徵君所著未終為憾，

而先徵君晚年嘗曰：「此書未可視人」，蓋猶不敢自是也。又謂注家自《胡傳》而外，張洽頗為淳正，而啖、趙、陸氏尤為特優，學者倘有志於《春秋》一書，而欲尋其端緒，則以此五家為宗，而參之先徵君之所述，其於褒貶之義、繁簡之詞，必有油然於心者矣。乾隆己巳春日，孫男鍾璜謹跋。

◎跋：徵君焦南浦先生從孫筠岩先生，先王父延主家塾，選授制舉藝，皆此木軒課本。乾隆丙戌春，先君是以有《餽貧集》之刻，嗣筠岩先生以公車獲雋，去三叔父（憩南）、七叔父（素然），復從徵君嫡孫研溪先生遊，課業不少異，而此木軒撰著書稿充衍篋笥，都出講誦，兼予鈔錄以儲鋟鏤。無何先君不祿，先王父辭世，兩叔父猝猝未暇也。昨歲徵君四世孫畫三先生攜所藏徵君書來，內惟《四書說》《直寄詞》板行已久、《雜著》新刊，餘仍稿本，叔父因出前所錄存者校對。今年夏，先將《詩鈔》付梓。迺梓工未半，叔父奄逝，臨終時以家務繁劇。丁寧三叔父綜理，而於此事亦未容輒止，特命（熙彥）等任之，（彥）自維晚末譾陋，奚從窺徵君之藩籬，第以瓣香有在，珍璧須完，重聆遺言，彌惕厥志，謹與弟（熙載）分校《闕如編》一二疑字畢，行續繕雕，為綴緣起如右。嘉慶十年孟冬之月，後學錢熙彥拜識。

◎摘錄卷一「元年春王正月」條：元猶始也、首也，繼父惠公為君，逾年迺稱元年，猶言我公之第一年也。是年為周平王之四十九年，以其是魯國之史，故自紀其君之年而已，不得稱周王之年也（明改元非僭）。春者四時之首，周以建子月為正月，遂以子丑寅之三月為春。蓋不特改其月，並其時而亦改矣。故此所謂春者，指子丑寅之三月（以不重書春知，統下兩月），而正月則建子之月，今之十一月是也。曰王正月者，周王所頒之正朔，諸侯奉而行之，其在隱公，是年則平王是也（明非以夏時冠周月）。當時諸侯逾年改元，必朝廟告朔，舉行即位之禮。其繼弒則不修此禮者，所以自貶損。隱繼正而不書即位，以其志在讓桓，示不終為君，故特廢即位之禮以自貶損。史臣但書元年春王正月而已，不得書公即位也（明非聖人削之）。書元年春王正月，所以顯不即位之文，與餘年空書首月者異也（此春未嘗無事）。聖人因舊史之文錄之，褒貶予奪無所施於其間。至如尊王之義、正始之義，若此之類，自然皆在其中，不煩措意設辭，謂我之意斤斤然特寄乎此也。

◎提要：是編為袁熹未成之書，僅及成公八年而止。每卷有袁熹名印，蓋猶其稾本。前有其孫鐘璜跋，亦當時手跡也。自《穀梁》發「常事不書」之例，孫復衍「有貶無褒」之文，後代承流轉相摹仿，務以刻酷為經義，二百四十二

年之中，上至天王下至列國，無一人得免於彈刺，遂使遊夏贊之而不能者，申韓為之而有餘，流弊所極，乃有貶及天道者（呂柟《春秋說志》謂書季孫意如卒所以見天道之左）。《春秋》於是乎亂矣。袁熹是書獨酌情理之平立褒貶之準，謹持大義而刊削煩苛。如隱公盟蔑，諸家皆曰惡私盟，袁熹則謂繼好息民，猶愈於相虞相詐；至七年伐邾，事由後起，不容逆料而加貶辭；又謂會潛之戎本雜處中國，修好息民亦衰世之常事，褒貶俱無可加；謂無駭之書名，若後世帝室之胄不繫以姓，非貶而去之；謂書齊侯弟年見齊之重我，使其親貴，非譏過寵其弟；謂書螟為蟲傷苗稼即當留意補助，不以此一事便為惡。如此之類數十條，皆一洗曲說。至於武氏子求賻乃魯不共命，天王詰責豈敢反譏天王；家父求車乃天子責貢賦有闕，經婉其文曰求車，不應舍其下責其上。尤大義凜然，非陋儒所及。末附讀《春秋》數條，論即位或書或不書，四時或備或不備，有史所本無有傳寫脫佚，非聖人增減於其間，亦足破穿鑿之說。近代說《春秋》者當以此書為最。雖編輯未終，而義例已備，於經學深為有益，非其經說諸書出於門人雜錄者比也。

◎李慈銘《越縵堂讀書記·經部·春秋類》：閱焦袁熹《春秋闕如編》，猶困學樓舊藏物也。值亂，弟輩偶攜出，遂以得存。是書凡七卷，止於成公八年，而後附以《讀春秋》十一則，共為八卷。《四庫書目》極稱之，謂近代說《春秋》者以此為最。然《春秋》舍《左氏傳》則無從下手，袁熹欲一空附會穿鑿之說，而不信《左傳》，謂其多誣，概以聖人修《春秋》，不過仍舊史之文，直書而義自見，無所褒貶，則當日亦何所容其筆削？又何以游、夏莫贊一辭乎？子曰「吾猶及史之闕文」者，謂於事本闕者則闕之耳，非謂史必以闕為美也，故曰「於其所不知，蓋闕如也」。袁熹以此命名，便為不知《春秋》之義。其中議論，多景（俗作影）附遷就，自相鑿枘。於三傳之說，忽信忽疑，進退無據，蓋憑私自用，而又濟以學究迂腐之識。觀其孫鍾璜之跋，謂袁熹嘗言《春秋》以啖助、趙匡、陸質三家為最優，則其識趣可知矣。袁熹本以時文小題名家，其書固無足取。《四庫書目》雖紀河間總其事，然為之者非一人。河間於經學本疏，今提要所論《三禮》極精，皆出於戴東原氏之手，餘經館臣分纂。如此書提要，蓋由不學之人所為，不足為定論也。同治丁卯六月二十六日。

◎趙爾巽《清史稿》卷一百四十五志一百二十《藝文》一：《春秋闕如編》八卷、《小國春秋》一卷，焦袁熹撰。

◎姚光《金山藝文志‧經部‧春秋類》：《春秋闕如編》八卷，清焦袁熹撰。清《四庫全書‧經部‧春秋類》著錄。《提要》曰：「是編為袁熹未成之書，僅及成公八年而止。」每卷有袁熹名印，蓋猶其稿本。前有其孫鐘璜跋，亦當時手迹也。自《穀梁》發常事不書之例，孫復衍有貶無襃之文，後代承流，轉相摹仿，務以刻酷為經義，二百四十二年之中，上至天王，下至列國，無一人得免於彈刺，遂使游、夏贊之而不能者，申、韓為之而有餘。流弊所極，乃有貶及天道者（呂楠《春秋說志》謂書季孫意如卒，所以見天道之左），《春秋》於是乎亂矣。袁熹是書獨酌情理之平，立襃貶為准，謹持大義而刊削煩苛。如隱公盟蔑，諸家皆曰「惡私盟」，袁熹則謂「繼好息民，猶愈於相虞相詐」。至七年伐邾，事由後起，不容逆料而加貶辭。又謂會潛之戎，本雜處中國，修好息民，亦衰世之常事，襃貶俱無可加。謂無駭之書名，若後世帝室之胄不係以姓，非貶而去之。謂書齊侯弟年，見齊之重我，使其親貴，非譏過寵其弟。謂書螟為蟲傷苗稼，即當留意補助，不以此一事便為惡。如此之類數十條，皆一洗曲說。至於武氏子求賻，乃魯不共命。天王詰責，豈敢反譏天王。家父求車，乃天子責貢賦有闕，經婉其文曰「求車」。不應舍其下，責其上。尤大義凜然，非陋儒所及。末附《讀春秋》數條，論即位或書或不書、四時或備或不備，有史所本無，有傳寫脫佚，非聖人增減於其間，亦足破穿鑿之說。近代說《春秋》者，當以此書為最。雖編輯未終，而義例已備。於經學深為有裨，非其經說諸書出於門人雜錄者比也。會稽李慈銘《越縵堂日記》謂：「是書凡七卷，止於成公八年，而後附以《讀春秋》十一則，共為八卷。《四庫書目》極稱之，謂近代說《春秋》者以此為最。然《春秋》舍左氏傳則無從下手，袁熹意欲一空附會穿鑿之說，而不信《左傳》，謂其多誣。概以聖人修《春秋》，不過仍舊史之文，直書而義自見，無所襃貶，則當日亦何所容其筆削，又何以游夏莫贊一辭乎。子曰『吾猶及史之闕文』者，謂於事本闕者則闕之耳，非謂史必以闕為美也。故曰『於其所不知，蓋闕如也。』袁熹以此命名，便為不知《春秋》之義。其中議論，多牽附遷就，自相鑿枘，於三《傳》忽信忽疑，進退無據。蓋憑私自用，又濟以學究迂腐之識。觀其孫鐘璜之跋，謂袁熹嘗言《春秋》以啖助、趙匡，陸質三家為最優，則其識趣可知矣。」案，慈銘之言如此，《四庫提要》之言又如彼，余未見袁熹原書，然又據袁熹子以敬、以恕所輯袁熹年譜稱：袁熹以《春秋》家多以意曲為之說，角立參行，聖心愈渺，乃為此編，遇難曉者輒闕之，故曰闕如也。嘗言制科不當用《胡傳》，胡傳一時之論耳，不若《左》

《公》《穀》三傳，或專左氏其可也。觀此則慈銘所言，未盡當耳。此書嘉慶十年邑人錢熙彥、熙載曾為校刊。有華亭姜兆翀序，熙彥跋（烈按，袁熹字廣期。此書懷舊樓藏有刊本，而云「未見原書者」，當時插架尚未有之也）。

　　◎胡玉縉《四庫全書總目提要補正》卷七《經部・春秋類》「《春秋闕如編》八卷」：袁熹是書獨酌情理之平，立褒貶之準，謹持大義而刊削煩苛。李慈銘《受禮廬日記》云：「是書凡七卷，止於成公八年，而後附以《讀春秋》十一則，共為八卷。《四庫書目》極稱之，謂近代說《春秋》者以此為最。然《春秋》舍《左氏傳》則無從下手，袁熹意欲一空附會穿鑿之說，而不信《左傳》，謂其多誣，概以聖人修《春秋》，不過仍舊史之文，直書而義自見，無所褒貶，則當日亦何所容其筆削？又何以游夏莫贊一辭乎？子曰『吾猶及史之闕文』者，謂於事本闕者則闕之耳，非謂史必以闕為美也，故曰『於其所不知，蓋闕如也』。袁熹以此命名，便為不知《春秋》之義。其中議論，多影附遷就，自相鑿枘。於三傳之說，忽信忽疑，進退無據，蓋憑私自用，而又濟以學究迂腐之識。觀其孫鍾璜之跋，謂袁熹嘗言《春秋》以啖助、趙匡、陸質三家為最優，則其識趣可知矣。袁熹本以時文小題名家，其書固無足取。《四庫書目》雖紀河間總其事，然為之者非一人。河間於經學本疏，今提要所論《三禮》極精，皆出於戴東原氏之手，餘經館臣分纂。如此書提要，蓋由不學之人所為，不足為定論也。」

　　◎嘉慶《松江府志》卷七十二《藝文志》一《經部》：《春秋闕如編》八卷（國朝焦袁熹廣期著，列文淵閣著錄）。

　　◎姜兆翀《國朝松江詩鈔》卷二十六焦袁熹小傳：所著經說有關絕學，如《春秋闕如編》八卷、《四書說》九卷，均採入《四庫全書》。他若《經說彙編》六卷、《讀四書注疏》八卷，亦經進呈。又《論圖書》一卷，《太極圖說就正編》一卷，《太元經解》一卷，《潛虛解》一卷，《九歌解》一卷，《經世輯論》五卷，《雜著》八卷，《談佛乘贅語》五卷，《尚志錄》一卷，《泉下錄》一卷，自著詩集十六卷文集十卷，《直寄詞》二卷。至其制義八集，共一千一百九十三首。一生精力。所著如此。

　　◎《華婁續志殘稿・藝文志・婁縣藝文志・經部補遺・春秋類補遺》：《春秋闕如編》八卷，清焦袁熹（廣期）著。宋《府志・藝文》。

　　◎張桂麗《李慈銘年譜》附錄三《越縵堂書目・第三箱》：《手校春秋闕如編》，六冊，焦袁熹。

◎焦袁熹（1660～1730，一說1661～1736，又說1660～1725），字廣期，號南浦，學者稱南浦先生，門人私諡孝文。雲間（今上海松江）松隱鄉人。康熙三十五年（1696）舉人。師平湖陸清獻。穿穴經傳，於諸經注疏，皆有筆記。其說《易》專主義理，說《禮》推言禮意，而於《春秋》尤邃，獨酌情理之平，立褒貶之準，謹持大義，刊削煩苛。性至孝，事親著書，不求聞達。康熙五十三年（1714），朝廷招選實學之士，被薦，奉旨召見，以雙親年高辭。後授山陽教諭，亦不赴。曾佐王鴻緒編纂《明史稿》，因持論不合辭去。著有《春秋闕如編》八卷、《此木軒讀春秋》一卷、《此木軒四書說》、《四書雜說》八卷、《讀四書注疏》、《此木軒經說匯參》六卷、《儒林譜》、《小周春秋》、《此木軒雜著》、《此木軒文集》十卷、《此木軒詩集》十六卷、《此木軒直寄詞》二卷、《此木軒紀年略》五卷、《此木軒四六文選》八卷、《佛乘贅語》五卷、《經世輯論》、《尚志錄》、《泉下錄》、《九歌解》、《太極圖說就正編》、《太元經解》、《潛虛解》等。

焦袁熹　此木軒讀春秋　一卷　存

國圖藏清抄本

焦袁熹　小國春秋　一卷　存

藝海珠塵本

叢書集成新編本

◎趙爾巽《清史稿》卷一百四十五志一百二十《藝文》一：《春秋闕如編》八卷、《小國春秋》一卷，焦袁熹撰。

金奉堯　春秋氏族彙考　四卷　存

上海藏稿本（清任兆麟手書序文）

復旦大學出版社2008年上海圖書館未刊古籍稿本影印稿本（虞萬里解題）

◎金奉堯，著有《春秋氏族彙考》四卷、《金氏族譜》八卷首一卷末一卷。

金居敬　春秋五論　一卷　佚

◎道光《徽州府志》卷十五《藝文志》：金居敬《春秋五論》一卷。

◎金居敬，安徽休寧人。著有《春秋五論》一卷、《金元忠遺集》四卷、《上聖駕幸闕里樂府》十二章。

金蒲輯 春秋 存

國圖藏清抄本（有朱筆批校。王堃跋）

金人瑞 左傳釋 一卷 存

安徽師範大學藏清初刻原刊金聖嘆全集十七種本（配補抄本）

國圖藏乾隆九年（1744）傳萬堂刻唱經堂才子書匯稿十種本

北大藏宣統二年（1910）順德鄧氏風雨樓刻風雨樓叢書・貫華堂才子書匯稿・聖嘆外書本（唱經堂左傳釋）

鳳凰出版社 2016 年陸林輯金聖嘆全集本

民國上海錦文堂石印金聖嘆全集・聖嘆外書本

◎金人瑞《天下才子必讀書》首評《左傳》文：鄭伯克段於鄢、莊公戒飭守臣、齊伐楚盟召陵、宮之奇諫假道、齊桓下拜、秦伯不食言、陰飴甥對秦伯、子魚論戰、重耳歷楚至秦、介之推不言祿、展喜犒師、寧武子保身濟君、燭之武退秦師、蹇叔哭師、晉敗秦師於殽、商臣弒父本末、晉立靈公、季文子譏齊侯不免、子家與趙宣子書、楚子問鼎、楚子不築京觀、士貞子諫殺林父、賓媚人責晉人、楚歸晉知罃、巫臣憂莒城、晉使呂相絕秦、穆公重拜鹿鳴、戎駒支不願與會、臧武仲不能詰盜、子產論幣重、晏子不死君難、季札觀周樂、子心壞晉館垣、子產論尹何、子圍逆女以兵、張趯智在君子後、晏嬰叔向相語、叔向許子皮朝楚、司馬侯許楚召晉諸侯、吳蹶由對楚子、子革對靈王、穆子不受鼓降、子產不與晉玉環、晏子論梁丘據、吳許越成、子產戎服獻捷。

◎金人瑞（1608～1661），本張姓，名采，字苦采；明亡後改名人瑞，又名喟，字聖嘆。吳縣（今江蘇蘇州）人。諸生。因抗糧哭廟案為清廷所殺。稱《離騷》《莊子》《史記》《杜詩》《水滸》《西廂記》為六才子書，又嘗評點《水滸》《西廂記》二書。

金聲武 左傳分國彙編 十六卷 佚

◎同治《六安州志》卷三十三《文苑》：所讀之書皆手自抄錄，細加評點。輯有《左傳分國彙編》若干卷。所著詩古文詞出入唐宋，而制義尤熟。

◎光緒《霍山縣志》卷十三《藝文志》：《左傳分國彙編》十六卷，金聲武撰。

◎金聲武，字以立。安徽霍山人。康熙四十七年（1708）副榜。幼自以質魯，讀書恒百倍其功，久乃穿穴六經，貫通群籍。精制義、書法，楷法宗鍾元常。著有《左傳分國彙編》十六卷。

金望欣 春秋以來日月食草 佚

◎一名《春秋日月食草》。

◎民國《全椒縣志》卷十《人物志》：著《春秋以來日月食草》《周易古義》若干卷，為河督楊以增檄取付梓，其餘《清惠堂文集／詩集／詞集／外集／賦鈔》及《禺谷制義／文鈔》俱梓行。

◎民國《全椒縣志》卷十五《藝文志》：《春秋日月食草》（金望欣著）。

◎金望欣，字禺谷。安徽全椒人。嘉慶舉人。篤行嗜學，精天文算學。以知縣需次甘肅，題補古浪縣，未任而卒。袁昶寓全椒，嘗語人曰：「近代棕亭、山尊、桑根輩皆能以詞章雄於時，而根抵經史學有心得者，惟金某一人。」著有《周易古義》《春秋以來日月食草》《清惠堂文集》《清惠堂詩集》《清惠堂詞集》《清惠堂外集》《清惠堂賦鈔》《禺谷制義》《禺谷文鈔》。

金文源 春秋左傳氏族地名類編 四卷 存

南京、紹興藏光緒二十二年（1896）石印本

◎金文源，松江府青浦縣（今屬上海）人。諸生。著有《春秋左傳氏族地名類編》四卷。

金錫齡 穀梁釋義 佚

◎金錫齡《劬書室遺集》卷十六《八十自述》：凡閱經史子集，靡不手加丹黃。偶有所得，隨筆劄記，不下百數十卷。其稿本燬於夷火者十居八九。今所存者惟《周易雅訓》《毛詩釋例》《禮記陳氏集說刊正》《左傳補疏》《穀梁釋義》《理學庸言》《劬書室集》數種而已。

◎光緒壬辰子婿廖廷相《劬書室遺集序》：嶺南承白沙、甘泉之遺，國初如金竹、潛齋諸儒，類多講求身心性命之學。迨揚州阮文達公督粵，開學海堂，以經術課士，而攷據訓詁之學大興。維時兼綜漢宋，粹然儒者為林月亭鄉賢，其高弟子曰金芑堂先生。先生讀書實事求是，凡夫制度文章、名物解詁、天文地理、六書九數，無不究心，尤好尋求微言大義。窮年矻矻，論著甚富。中年遭亂，並其藏書悉燬。此編所錄，特收拾於叢殘灰燼之餘。而碎義單辭，已多

闡發其說……生平於漢宋之學無所偏主，攷信六藝，約而歸諸躬行，於前儒學
術是非疑似別白尤審。如謂謝上蔡《語錄》「以禪證儒，分別判然，與陽儒陰
釋者不同」、謂王學「不待層累漸進而冀一旦之獲，則欲速者便之；不必讀書
稽古而侈談論悟之妙，則空疏者便之」，尤能鍼貶姚江末流之弊。至性理諸篇
以漢儒之故訓通宋儒之旨趣，與空談者殊科。蓋淵源既正，所養亦純，故持論
具有本末。

　　◎金錫齡（1811～1892），字伯年，號芑堂。廣東番禺人。先世浙江山陰，
後遷粵。道光十四年（1834），選為學海堂專課肄業生，為林伯桐高第，得錢
儀吉賞譽。與同時諸名士如侯君謨、侯子琴、楊韞香、朱子襄、陳蘭甫、張彥
高，以著述相砥礪。十五年（1835）補縣學生員，是秋中舉人，會試不第，以
母老不復出應試。咸豐三年（1853），補為學海堂學長。揀取知縣，不就，任
國子監監丞。為學海堂學長、禺山書院院長數十年，英俊之士，多出其門。張
之洞極推重之。同治初詔舉孝廉方正，闔邑薦舉，力辭。光緒十四年（1888）
諭旨「砥行通經，品端學贍，堪以矜式士林。賞加光祿寺署正銜」。著有《周
易雅訓》、《毛詩釋例》、《禮記陳氏集說刊正》、《左傳補疏》、《穀梁釋義》、《理
學庸言》、《芑書室遺集》十六卷等。

金錫齡 左傳補疏 佚

　　◎金錫齡《芑書室遺集》卷十六《八十自述》：凡閱經史子集，靡不手加
丹黃。偶有所得，隨筆劄記，不下百數十卷。其稿本燬於夷火者十居八九。今
所存者惟《周易雅訓》《毛詩釋例》《禮記陳氏集說刊正》《左傳補疏》《穀梁釋
義》《理學庸言》《芑書室集》數種而已。

　　◎光緒壬辰子婿廖廷相《芑書室遺集序》：嶺南承白沙、甘泉之遺，國初
如金竹、潛齋諸儒，類多講求身心性命之學。迨揚州阮文達公督粵，開學海堂，
以經術課士，而攷據訓詁之學大興。維時兼綜漢宋，粹然儒者為林月亭鄉賢，
其高弟子曰金芑堂先生。先生讀書實事求是，凡夫制度文章、名物解詁、天文
地理、六書九數，無不究心，尤好尋求微言大義。窮年矻矻，論著甚富。中年
遭亂，並其藏書悉燬。此編所錄，特收拾於叢殘灰燼之餘。而碎義單辭，已多
闡發其說……生平於漢宋之學無所偏主，攷信六藝，約而歸諸躬行，於前儒學
術是非疑似別白尤審。如謂謝上蔡《語錄》「以禪證儒，分別判然，與陽儒陰
釋者不同」、謂王學「不待層累漸進而冀一旦之獲，則欲速者便之；不必讀書

稽古而侈談論悟之妙，則空疏者便之」，尤能鍼貶姚江末流之弊。至性理諸篇以漢儒之故訓通宋儒之旨趣，與空談者殊科。蓋淵源既正，所養亦純，故持論具有本末。

金熙坊 春秋偶語 存

廣西統計局存抄本

◎孫先英、周欣《廣西儒學文獻敘錄》第一篇《廣西經學文獻敘錄・春秋類》：卷次不詳。存。見於《廣西省述作目錄》，廣西統計局存抄本。

◎金熙坊，字子範。廣西北流二廂（今塘岸）人。生於嘉慶、咸豐間。同治元年（1862）貢生。保舉訓導，並膺歲薦。平生潛研經學，多所註解，尤精於易。著有《周易類象》無卷數、《易卦類象》、《義軒丹易》、《易經偶語》、《洪範圖說》、《春秋偶語》、《春秋屬比錄》、《粵璞》等。

金熙坊 春秋屬比錄 存

國圖、廣西統計局藏同治十一年刻本

廣西壯族自治區圖書館和桂林藏光緒抄本

廣西壯族自治區藏 1933 年抄本（一冊不分卷）

◎序：屬詞比事，《春秋》教也。故治《春秋》者，貴於精熟，方能比前後事而觀之，以得聖人精意所在。然《春秋》編年紀事錯綜雜撰，非如他經文義聯屬，易於默識。王安石目為斷爛朝報，以記誦難也。自來傳《春秋》家，事挨《左傳》，隨文疏解，鮮有熟悉全經，默會二百四十二年之得此失彼，不能會通甚矣，治《春秋》之難也。余少好《左傳》，及長，習《春秋》，既成誦，每日焚香默念一次，歲餘不輟。初時尋討以為聖人微顯志晦，婉而成章，非《傳》莫窺旨趣。熟復既久，先後義例粲若日星，絜此度彼，覺直書其事而善惡自見，始歎聖人作《春秋》，非為隱謎，不待傳而自明也。如紀伯姬殉國之節，宋司馬、司城守節保國，羽父、叔彭生無字之褒貶，叔孫婼之忠賢。昭定後之三家，叔氏乃叔肸之後，非叔孫氏，纈戾為叔氏司馬，榮王命以褒成風，假天意以絕敬嬴，書用致以貶聲姜，此千古未彰之節義，未辨之名分。然皆以書重詞復比事而得，三傳未發也。夫生千百年之後，欲契聖人之心印，則必取證於去聖未遠之人之言，然證於去聖未遠之人之言，何如證於聖人自言之言乎？故以《春秋》解《春秋》，其確當乃不可易也。余洛誦之餘，悟大義千餘條，皆非傳注

所道者，薈撮成篇，名曰《春秋屬比錄》。門人曾少蘭一見深許可為自來傳《春秋》者所未及，亟攜去抄錄。因囑藏於勾漏後岩之怀蘿洞，以俟賞音，且勿示外人也。咸豐十有一年歲在重光作噩仲冬月戊子麟吐玉書日，北流熙坊金子范氏書。

◎光緒《北流縣志》卷十八《人物》：平生著述甚富，而《易卦類象》《洪範圖說》二編造極元微。歿後提學孫欽昂以修儒奏將所著《春秋屬比錄》《粵璞》二書進呈存庫，蒙恩加贈國子監學正。

◎金瑞昌《易經偶語序》〔註23〕：先君子恬靜性成，淡於名利，生平無他嗜好，癖好讀書，手未嘗釋卷，貲產出納皆置不問。家有如樓，獨處其中，足不出戶，孳孳矻矻，寒暑無稍輟。嘗自署楹聯云：「卷簾如畫江山秀，閉戶著書歲月多。」蓋紀實也。方昌髫齡時，侍先君讀書樓上，凡有撰述脫稿，必命謄正，前後所著書盈尺許。有《易象》《卦類象》《洪範圖說》《春秋屬比錄》《粵璞》《易經偶語》《綱鑑提要》《文選集句》《如樓詩稿》《如樓文稿》等編。咸豐初年疊遭兵燹，轉徙流離，爾時昌等尚幼稚，不知收藏保護，諸稿遂散佚無完。而《屬比錄》《粵璞》二種均係平定後續著者，時則賴及門諸君鈔存，然亦僅十之五六而已。維《易經偶語》於故簏中，得殘稿十數，亟檢出繕錄，付諸剞劂，俾後人略見一斑云爾。男瑞昌謹識。

金相玉 春秋纂 佚

◎嘉慶《重修揚州府志》卷四十八《人物》三：相玉好讀書，自為諸生至仕進，手不釋卷。著有《地官》十卷、《策略全書》、《尚書說約》、《史漢纂》、《禮記／春秋纂》、《秋齋詩文集》若干卷（《高郵州志》）。

◎金相玉，字水蒼。江蘇高郵人。康熙九年（1670）進士，授直隸新安縣。聞高士杜紫峯名，折節禮之，為邑人矜式。未幾卒於官，士民斂賻紀其喪，祀之名宦。著有《尚書說約》、《禮記纂》、《春秋纂》、《地官》十卷、《策略全書》、《史漢纂》、《秋齋詩文集》。

金兆清 麟指嚴 四卷 存

明刻本
四庫未收書輯刊影印明刻本

〔註23〕摘自范瑛、范瑞昌編《金子范雜著》同治十一年（1872）本。

◎序：夫法嚴而後政立，教嚴而後道行，惟嚴之為義，可以起偏詖、坊氾濫、杜奇衺，轉流遁而定厥旨歸。治統學統之畫一，罔不繇之。故《易》之言曰「修詞立誠」，《書》之言曰「詞尚體要」，《詩》之言曰「訏謨定命」，《禮》之言曰「儼若定詞」，六經之教，蓋一稟之於嚴，而況麟經尤孔氏刑書乎？嘗試綜遺文、繹大旨，其當時與左丘明觀史記、據行事，有所褒諱貶損大人事實皆形於傳。至於隱其書而不宣以免時難，嚴可知矣。厥後口說流行，乃有公羊、穀梁、鄒、夾四傳。而鄒氏無師，夾氏未有書傳，惟稱公羊高親受子夏，詞義清雋；穀梁赤師徒相傳，文清義約，與左氏三傳竝行。賈逵作《左氏條例》，以丘明寔長於二傳。迨宋高宗以《左氏傳》付胡安國點句正音，安國謂為繁碎不宜耽玩，文采虛費光陰，遂用安國專講《春秋》，至同時講官援例乞各專一經不許，不纂嚴乎？惟是經筵之講肆一變而為科舉之帖括，或附會於比事屬詞，或影響於起義終事，而本經據傳之旨，漸不無濫觸於郁離氏之合題。然洪武甲子命禮部頒行科舉程式，《春秋》雖竝主左氏、公羊、穀梁、胡氏、張洽諸家，而太宗皇帝後修《五經大全》則《易》《書》《詩》如舊，惟《春秋》獨宗胡氏焉，惟其嚴也。康侯當日立傳，正期大經大法炳如日星，砭三氏之膏肓，佐一王之袞鉞，初何意後來乃作八股津梁而要以大冬嚴雪不可犯之法？意萬古自與聖經終始，則史外之傳固猶之，法中之律亦安往而不可比附乎？故從來講討之家，其劈理分肌稱梅臆，顯明精簡稱匡解，至我猶龍氏《指月》一行遡委窮源倍為詳匝，嗣有爾新氏之《麟旨定》則折衷諸家而嚴去取之例，仲先氏之《三發》則研析精奧而嚴題類之分，皆以嚴為主而詳備其說者也。今日海內麟學首推歸安，而歸安之淵源強半出於太清氏。余與太清交最久，止覺其飲醇莫逆，恂恂若不出口，乃至談經獨如畫泥印沙，凜然不可假借一字。爰是以《麟指嚴》之刻，嘉惠來學。方今聖天子專立《春秋》講官肆之日講，而史官又請以《春秋》徧課天下自雍士始。太清固今之康侯，即日繇成均高等分春明半席，擁皋比而辨同異，侍廈廡而析是非，夫政其嚴之一時也，是豈獨抒其經術哉？即政事之舉繫焉矣。余請即是編而券之。長洲社弟張我城德仲父書。

◎金太清麟旨嚴序：昔董子之言曰：「人無春氣何以博愛而容眾，人無秋氣何以立嚴而成功」，是故因天地之性，適寒燠之節，優柔愉夷，駿發簡肅，兩行不悖，立言之道，繇斯尚矣。僑大夫鑄刑器庀火政，後之人興徒兵以殲崔苻盜猶拾藩水火互濟之說，意常在服猛也。一時惟產有詞振振列國名公卿間。

古詩三千，孔子手刪之僅存三百，其作《春秋》也，使弟子先求百國寶書，文成數萬，詞旨數千，蓋其慎也。六經有《春秋》，猶法律有斷例，非啻繩人，亦以自律。平津布被，陸淳因熱識者歎焉。退之氏以為《春秋》謹嚴莫謹於此，所以子厚強退之作史，退之堅不欲，亦緣是也。國初說《春秋》者，康侯、張洽傳蕪重，永樂中釐正制科，啻重胡氏，博士家鮮窺三傳之全，他又何言哉！今天子特立《春秋》講官，與虞夏商周之書並讀。金石絲竹之音，昔存壁間，今傅殿陛正，志明道之佐，揚體元法天之義，下逮乎人臣懷二心之戒，斥史學之煩文，略夸詞而弗錄，猗歟盛哉！乃啻經家倚席窮年，惟單傳比合是務，經數寒暑，非精心強記，弗能舉其條貫。雕蟲之技，壯夫恥為。嗟乎，此太清氏《麟旨嚴》所為作也。太清氏外若樸易，中實嚴苦，憫師儒之流失，應聖作之絕睹，欲以綜核舊聞，焜燿來者。竹簟深密，籝燈融融，研京十年，練都一紀，不是過也。手是編者，其亦凜於秋霜、信若蓍蔡矣乎！夫學以深、屬以斷，送迎必敬，上友下交，銀手如斷，卜商之行也，太清氏近之矣。今將驅車北向，上對明廷，發江都之三榮，陳天人之細微，應循良之詔，抒稽古之榮，嗚呼，豈遽出僑大夫下哉？故嚴也者，書之成名也。惟其有之，名謂之。長洲社弟沈明掄伯敘父題於婁之鶴來堂。

◎麟指條例：

一、傳題必科場可出乃為有用，徒以疑難射覆，竟何益窮經家。今迂怪牽合，或以左氏之影響，甚以別傳之駢枝，俱不錄。又有正股則加反股，尤為可笑，削之非僭。

一、題見崩薨卒葬傳中，非冠冕，有關係，如報功尊賢、放文從質等比不錄。他如公子公孫、和好弔恤，非傳意之無味，則題面之不佳。又如突卒傳之奔歸復入、弒君傳之孔父牧息，徒滋混擾，雖有明傳，亦奚以為？！

一、題有換比，不能悉登，另拈出以便簡閱。其有比數疑似者，別注之下，以防舛混。

一、合題不載本股，於傳題完止云合某比。但從同並載於前，其以脫母合者，即註合某傳，庶觀者不費思索。

兆清謹識。

◎摘錄卷一隱公「元年」條：舊講只以體元套話相沿，題用字作眼，不曾洗發得心字。元者天地生物之心，人君體此為心，便是正心，無限經綸，總不外此。體即與之為一意，只為當時人君但求正人，而不求正己之心，把君職都

廢了，故《春秋》深明之。斯義也，即二帝三王不能易，是以舜典商訓並稱，愈見得體元之大，祖述意不必另出。

◎孫殿起《販書偶記》卷二：《麟指嚴》四卷，吳興金兆清授。其男金盤參訂。無刻書年月，約崇禎間刊。

◎金兆清，字靈澈。浙江吳興（今湖州吳興區）人。著有《麟指嚴》四卷、《莊子榷》。

荊良儀 河南優級師範學堂春秋講義 殘

宣統三年（1911）石印本

1913 年石印本

民國經畬堂遺書油印本

◎荊良儀（1880～1943），乳名印，又名綏彤，字文甫。河南汜水段坊村人。著有《禮記從宜讀本》、《河南優級師範學堂〈春秋講義〉》、《中庸真詮》、《經正書含中學班〈國文講義〉》、《性善寶訓》、《〈政法本論〉等書序三種》、《經世要略》、《兵法要略》、《三字鑒》、《評注孫仲和先生〈困學備日錄〉》、《汜水縣志採訪稿》等。

荊象衡 春秋書法 十卷 佚

◎荊象衡，字南瞻，世稱南山先生。崇禎十二年（1639）舉人。官江都教諭。病免家居。高才博學，閉門著書，撰述繁富，每一書出，世爭寶之。著有《易經辨疑》、《春秋書法》十卷、《玩易齋詩古文集》。

荊芸 春秋要旨 佚

◎光緒《山西通志》卷八十七《經籍記》上：《春秋要旨》，明猗氏荊芸撰。

◎荊芸（1526～1584），字世馥，號心田。山西運城猗氏（今臨猗）人。萬曆鄉貢。嗜性理之學，宗陸九淵涵養之說。官阜城縣學訓導。正直忠厚，為一時宗範。著有《春秋要旨》。

K

康五瑞 春秋纂要傳本 不分卷 存

吉安檔案館藏康熙四十三年（1704）聚明堂刻本

◎康五瑞，字毓宣，吉州安福南鄉洽水人。少通經史，尤邃於《春秋》。康熙三十六年進士。知南陵縣，入為吏部主事，遷員外郎中，歷擢刑、工兩科給事中，兼登聞院事。尋以糾劾大吏紛更，左遷刑曹，旋授御史，復改禮部郎中，典試廣東、廣西。進翰林院侍讀，分校禮闈，充日講官起居注，升侍讀學士。著有《春秋纂要傳本》不分卷。

康有為 春秋筆削大義微言考 十一卷 存

北京文物局藏稿本

廣東藏稿本

復旦藏光緒十五年（1889）刻本

1917 年南海康氏刻萬木草堂叢書本

國圖中科院上海藏 1926 年上海刻萬木草堂叢書本

中國人民大學出版社 2007 年姜義華張榮華編康有為全集本

齊魯書社 2011 年清經解三編影印 1917 年南海康氏刻萬木草堂叢書本

廣西師範大學出版社 2016 年西樵歷史文化文獻叢書影印本

◎廣西師範大學出版社 2016 年西樵歷史文化文獻叢書本目錄：評介、春秋筆削大義微言考（民國六年刊本）書影、作者題詞、徐致靖序、自序、發凡、例言、原刊本目錄、卷一隱公、卷二桓公、卷三莊公閔公附、卷四僖

公、卷五文公、卷六宣公、卷七成公、卷八襄公、卷九昭公、卷十定公、卷十一哀公。

◎孫殿起《販書偶記》卷二：《春秋筆削大義微言考》十一卷發凡一卷，南海康有為撰。民國丁巳萬木草堂刊。

◎陳寅恪《寒柳堂集‧讀吳其昌梁啟超傳書後》：至南海康先生治今文公羊之學，附會孔子改制以言變法，其與歷驗世務欲借鏡西國以變神州之法者，本自不同。故先祖先君見義烏朱鼎甫先生一新《無邪堂答問》駁斥南海《公羊春秋》之說，深以為然。據是可知余家之主變法，其思想源流之所在矣。

康有為 春秋董氏學 八卷 附錄一卷 存

北大、上海、南京、浙大、天津、內蒙古自治區藏光緒二十四年（1898）上海大同譯書局刻紅印萬木草堂叢書本

光緒二十四年（1898）廣州演孔書局刻本

國圖、北大、復旦、濟南、中科院藏光緒上海刻萬木草堂叢書本

國圖、天津、上海、南京藏 1917 年上海刻萬木草堂叢書本

中華書局 1987 年康有為學術著作選本

中華書局 1990 年康有為學術著作選樓宇烈校點整理本

鷺江出版社 2007 年大師書齋劉琅精讀康有為本（節選）

廣西師範大學出版社 2016 年西樵歷史文化文獻叢書影印本

◎是書戊戌、庚子間兩遭奉旨毀版。

◎各卷卷末題：弟子梁應騮、陳國鏞初校，弟子王覺任、康同勳覆校。

◎春秋董氏學目：

春秋恉第一。春秋例第二。春秋禮第三。春秋口說第四。春秋改制第五。春秋微言大義第六上。春秋微言大義第六下。傳經表第七。董子經說第八。

◎分卷序目：

春秋恉第一：

作經總旨。奉天。天子諸侯等殺。立君書不書。譏賞罰不當。親德親親。惡伐同姓。傷痛敦重。惡欲為君則從其志。誅細惡以止亂。刺上矜下。敬賢重民。惡戰害民。戰有惡有善。當仁不讓。常變義。處變大義。知憂。得志宜慎。榮辱。諱大惡。慎所從事。得眾。憂天下。譏不合群。重志。聽獄本事原志。誅意。不畏強禦。為善不法不取不棄。察微。春秋總義。

孟子曰：「其事則齊桓晉文，其文則史，其義則丘竊取之」，蓋《春秋》所重在義，不在文與事也（吾有《〈春秋〉改制在義不在事與文考》）。夫《春秋》為文數萬，其恉數千，今雖不能盡傳，而公、穀及董子、劉向、何邵公所傳《春秋》之旨，略可窺焉。凡傳記稱引《詩》《書》皆述經文，獨至《春秋》則遍周秦兩漢人傳記文史所述者，皆未嘗引文，但偁其義。知《春秋》言微，與他經殊絕，非有師師口說之傳，不可得而知也。今師說之傳只有董、何二家。何氏為胡母生例。而漢人博士至嚴、顏二家皆以董子為祖師。今專繹董子之說以求《春秋》之義，先敘作經總旨，而摭其諸義附焉。其大義與微言不能分析，別為一篇。漢博士之學，庶幾存什一於千百耶！

春秋例第二：

五始。時月。王魯（親周故宋附）。三世。內外。貴賤。屈伸詳略。常變。褒誅諱絕。見得失所以然。慎辭謹名倫等物。別嫌辨類。嫌得見其不得。矯枉明人惑。辭不能及皆在於指。左右參錯合比緣求。微辭婉辭溫辭。無通辭。用辭去已明而著未明。得一端而博達。體微若無而無物不在。詭名詭實避文。弟子推補義。

國律有例，演算法有例，禮有升降例。樂有宮商譜、詩有聲調譜，亦其例也。若著書，其例尤繁。而他書之例，但體裁所繫，於本書宗旨尚不相蒙。惟《春秋》體微難知，舍例不可通曉，以諸學言之，譬猶算哉。學算者，不通四元、借根、括弧、代數之例，則一式不可算。學《春秋》者，不知托王改制、五始、三世、內外、詳略、已明不著、得端貫連、無通辭而從變、詭名實而避文，則《春秋》等於斷爛朝報，不可讀也。言《春秋》以董子為宗，則學《春秋》例亦以董子為宗。董子之於《春秋》例，亦如歐几里得之於幾何也。今採擇要刪如左。

春秋禮第三：

改元。授時。三正。即位。爵國（內官附、表附）。考績。度制。田賦（徭役征榷國用附）。器械。宮室（明堂附）。章服。樂律。卜筮。學校。選舉。冠。昏。相見。喪。祭（犧牲附）。郊。封禪。雩（耕蠶附）。星。宗廟。禘祫。時享（薦新附）。燕饗。朝。會盟。弔唁。戰伐。田狩。刑罰。

孔子之作「六經」，其書雖殊，其道則未嘗不同條共貫也。其折衷則在《春秋》。故曰：志在《春秋》。《春秋》為改制之書，包括天人，而禮尤其改制之著者。故通乎《春秋》，而禮在所不言矣。孔子之文傳於仲舒，孔子之禮亦在

仲舒。孔門如曾子、子夏、子游、子服、景伯，於小斂之東西方，立嫡之或子或孫，各持一義，尚未能折衷。至於董子，盡聞三統，盡得文質變通之故，可以待後王而致太平，豈徒可止禮家之訟哉？其單詞片義，皆窮極元始，得聖人之意，蓋皆先師口說之傳，非江都所能知也，不過薈萃多，而折衷當耳。若其為《春秋》之大宗，今學之正傳，熟而貫之，足以證偽禮者，猶其餘事矣。今摘《繁露》之言禮者，條綴於篇，以備欲通孔子之禮者考焉。雖無威儀之詳目，其大端蓋略具矣。

春秋口說第四：《春秋》文成數萬，其恉數千。今《春秋》經文萬九千字，皆會盟征伐之言，誅亂臣賊子，黜諸侯，貶大夫，尊王攘夷。寥寥數旨外，安所得數千之恉哉？孟子曰：「其事則齊桓、晉文，其文則史，其義則丘竊取之」，以孟子之說，《春秋》重義不重經文矣。凡傳記俌引《詩》《書》皆引經文，獨至《春秋》，則漢人所俌皆引《春秋》之義不引經文，此是古今學者一非常怪事。而二千年來乃未嘗留意，閣束傳文，獨抱遺經。豈知遺經者，其文則史，於孔子之義無與。買櫝還珠，而欲求通經以得孔子大道，豈非南轅而北其轍，入沙漠而不求鄉導，涉大海而不求舟師，其迷罔而思反，固也。於是悍者斥為斷爛之報，廢之學官。虛者不能解，則閣置不道，以四書別標宗旨。然而《春秋》亡，孔子道沒矣。《漢書‧藝文志》，劉歆之作也，曰：「孔子褒貶當世大人，威權有勢力者，不敢筆之於書，口授弟子。」蓋《春秋》之義，不在經文，而在口說，雖作偽之人不能易其辭。其今學相傳者勿論也（詳《春秋義在口說不在經文考》）。自劉歆創偽古文，乃謂信口說而背傳記，務攻二傳師說，以行其偽古之學，於是口說遂微。原《春秋》所以絕滅而孔子之道所以不著，豈不在是哉！董子為《春秋》宗，所發新王改制之非常異義及諸微言大義，皆出經文外，又出《公羊》外。然而以孟、荀命世亞聖，猶未傳之，而董子乃知之。又公羊家不道《穀梁》，故邵公作《穀梁廢疾》。而董子說多與之同，又與何氏所傳胡母生義例同。此無他，皆七十子後學，師師相傳之口說也。公羊家早出於戰國（《公羊》不出於漢時，別有考），猶有諱避，不敢宣露，至董子乃敢盡發之。其《春秋》口說，別有專書。今擇錄董子之傳口說者，以著微言之不絕焉。

春秋改制第五：

孔子春秋代天發意。受命改制。春秋作新王。王魯（親周故宋附）。改制三統。文質。三王五帝九皇六十四民。九皇五帝。

　　《春秋》一書，自劉歆偽相斫書以來，微言滅盡。至永嘉之後，杜、服爭長。公、穀二家有書無師，於是啖助、趙匡束閣三傳而專求之經。流及孫明復、蕭楚、胡安國，乃僅發「尊王攘夷」之義，於《春秋》其怊數千闕如也。趙汸作《春秋金鎖匙》，卒千餘年，鑿枘而不能入。名雖為經，僅以空名建諸侯之上，其實房陵之幽亡之久矣。王安石以為斷爛朝報，實是定評。若如偽《左》之說，據事直書，謂「作《春秋》而亂臣賊子懼」，然鄭伯髡頑卒大夫弒之而不書，楚棄疾弒其君虔而《春秋》書公子比，是《春秋》顛倒是非，作之而亂臣賊子喜矣。宜劉知幾有疑經惑古之說也。朱子謂《春秋》不可解，夫不知改制之義，安能解哉？聖人舉動與賢人殊，適道學立，未可與權，言不必信，惟義所在。況受天顯命為制作主，當仁不讓。聖人畏天，夫豈敢辭？故《春秋》專為改制而作。然何邵公雖存此說，亦難徵信，幸有董子之說發明此義，俾大孔會典、大孔通孔、大孔律例於二千年之後猶得著其崖畧。董子醇儒，豈能誕謬。若是，非口傳聖說，何得有此非常異義耶？此真《春秋》之金鎖匙，得之可以入《春秋》者。夫《春秋》微言闇絕久矣，今忽使孔子創教大義如日中天，皆賴此推出。然則此篇為羣書之瑰寶，過於天球河圖億萬無量數矣。王仲任曰：「孔子之文，傳於仲舒。」嗚呼！使董子而愚人也則可，使董子而少有知也，則是豈不可留意乎！

　　春秋微言大義第六上：

　　元。陰陽五行。十端。人元在天前。陰陽。氣化。本天。天地人。陰陽四時（喜怒哀樂附）。五行。天。法天。事天。畏天。知天。天帝。人為天類。人繼天。人類。言中人類。物養人。命。命不能救。天命。性。性善。因性。明人性之施。性情。

　　康有為曰：莫惑乎「仲尼沒而微言絕，七十子喪而大義乖」之言也。孔子雖沒，既傳於弟子矣，則微言何能絕乎？七十子雖喪，既遞傳於後學矣，則大義何能乖乎？孔子弟子後學徒侶六萬，充塞彌滿天下，並傳其口說，誦其大義，昭昭乎揭日月而行也。至於漢初，諸老師猶傳授薈萃，其全者莫如《春秋》家，明於《春秋》者莫如董子。自元氣陰陽之本、天人性命之故、三統三綱之義、仁義中和之德、治化養生之法，皆窮極元始探本混茫，孔子制作之本源次第藉是可窺見之。如視遠筒渾儀而睹列星，晶瑩光怪，棋列而布分也。如繪大樹，根本幹支，分條布葉，鬱榮華實，可得而理也。孔子之道，本暗習湮斷久矣，雖孟、荀命世亞聖猶未能發宣。江都雖醇儒，豈能逾孟越荀哉？有道者，高下

大小，分寸不相越。苟非孔子之口口相傳，董子豈能有是乎？此真孔子微言大義之所寄也。今紬精舉要，俾孔子之道如日中天。豈敢謂盡露大道？抑大聖制作本始，條理宗廟百官，有可瞻仰云爾。

　　春秋微言大義第六下：仁。仁愛。六經重仁。疾不仁。仁義。義。義利。智。仁智。義智。禮。常變禮。禮信義。貴信賤詐。恕。正。一。中和。聖德。玉德。格物。五事。榮辱。經權。權。權勢。名。名分。教。有欲。天君人。統。綱統。三綱。父子。事父母。忠孝。男女。師。君臣。王。王道。聖王。君。教君。君等。不君（王予奪義附）。君道。任賢。序賢。託賢。調均。變易遜順。同民欲。除患。養生。物理。鬼神。類應。災異（祥瑞附）。夷狄。

　　傳經表第七：後世之道術不明、統緒不著者，曾韓愈粗疏滅裂之罪也。愈之言道也，自孔子後千年，舉孟子、荀子而以楊雄蝨其閒，又謂「軻死不得其傳焉」。宋儒紹述其說，遂若千餘年無聞道者。信若斯言，則是孔子大教已滅絕，豈復能光於今日哉？夫《呂氏春秋》《韓非》作於戰國之末日，孟子已歿，而呂氏稱孔子弟子充滿天下彌塞天下，皆以仁義之道教化於天下。《韓非》稱儒分為八，有孟氏之儒，有顏氏、子夏氏、子張氏、漆雕氏、仲良氏、孫氏、樂正氏之儒，不特孟氏有傳，七家亦皆有傳焉。至於漢世，博士傳五經之口說，皆孔門大義微言，而董子尤集其大成，劉向以為伊、呂無以加，《論衡》所謂「孔子之文傳於仲舒」，《春秋緯》謂「亂我書者董仲舒」，亂者治也。天人策言，道出於天，正誼不謀利，明道不計功，朱子極推其醇粹。而韓愈乃不知之，而敢斷然謂孟子死而不傳。嗚呼！何其妄也。若楊雄，於君國則以《美新》投閣，於經學則為歆偽欺紿。徒以《法言》摹仿《論語》，美言可市，乃舍江都而與蘭陵並愈。擬人既不於倫，實康瓠而棄周鼎。嗚呼！何其妄也。夫孔子之大道在《春秋》，兩漢之治以《春秋》，自君臣士大夫政事、法律、言議，皆以《公羊》為法，至今律猶從之（吾有《今律出〈春秋〉考》）。公羊博士之傳徧天下，雲礽百萬，皆出江都，嗚呼盛矣！由元明以來五百年，治術、言語皆出於朱子，蓋朱子為教主也。自武章終後漢四百年，治術、言議皆出於董子，蓋董子為教主也。二子之盛，雖孟、荀莫得比隆。朱子生絕學之後，道出於鄉壁，尊四書而輕六經，孔子末法無由一統，僅如西蜀之偏安而已。董子接先秦老師之緒，盡得口說，《公》《穀》之外兼通五經，蓋孔子之大道在是。雖書不盡言，言不盡意，聖人全體不可得而見。而董子之精深博大，得孔子大教之本，絕諸

子之學，為傳道之宗，蓋自孔子之後一人哉！因屬門人王覺任搜其後學，表其傳授，俾後世於孔門統緒流別得詳焉。

董子經說第八。

◎春秋董氏學自序：苟非毛羽爪角之倫，有所行，必有道焉；有所效，必有教焉。無教者謂之禽獸，無道者謂之野人。道教何從？從聖人。聖人何從？從孔子。孔子之道何在？在《六經》。《六經》粲然深美，浩然繁博，將何統乎？統一於《春秋》。《詩》《書》《禮》《樂》並立學官，統於《春秋》，有據乎？據於《孟子》。孟子述禹、湯、文、武、周公而及孔子，不及其他；《書》惟尊《春秋》。《春秋》三傳何從乎？從公羊氏。有據乎？據於孟子。孟子發《春秋》之學曰：「其事則齊桓、晉文，其文則史，其義則丘取之矣。」《左傳》詳文與事，是史也，於孔子之道無與焉，惟《公羊》獨詳《春秋》之義。孟子述《春秋》之學曰：「《春秋》，天子之事也」。《穀梁傳》不明《春秋》王義，傳孔子之道而不光焉。惟《公羊》詳素王改制之義，故《春秋》之傳在《公羊》也。《春秋》文成數萬，其旨數千，大義烺烺，然僅二百餘，脫略甚矣，安能見孔子數千之大旨哉！又多非常異義可怪之論，意者不足傳信乎！《春秋緯》：「孔子曰：亂我書者董仲舒。」亂者，理也。太史公曰：「漢興，唯董生明於《春秋》。」兩漢博士，《公羊》家嚴彭祖、顏安樂皆其後學。劉向稱董仲舒為王者之佐，雖伊、呂無以加。即劉歆作偽，力攻《公羊》，亦稱為羣儒首。朱子通論三代下人物，獨推董生為醇儒。其傳師說最詳，其去先秦不遠。然則欲學《公羊》者，舍董生安歸？雖然，《公羊》家多非常異義可怪之說，輒疑異之。吾昔亦疑怪之。及讀《繁露》，則孔子改制變周，以《春秋》當新王，王魯紬杞，以夏、殷、周為三統，如探家人筐篋，日道不休。董子何所樂而誕謾是？董子豈愚而不知辯是？然而董子舉以告天下則是，豈不可用心哉！吾以董子學推之今學家說而莫不同，以董子說推之周秦之書而無不同。若其探本天元，著達陰陽，明人物生生之始，推聖人制作之源，揚綱紀，白性命，本仁誼，貫天人，本數末度，莫不兼運，信乎明於《春秋》為群儒宗也。然大賢如孟、荀，為孔門龍象，求得孔子立制之本，如《繁露》之微言奧義，不可得焉。董生道不高於孟、荀，何以得此？然則是皆孔子口說之所傳，而非董子之為之也。善乎王仲任之言曰：「文王之文傳於孔子，孔子之文傳於仲舒。」故所發言，軼荀超孟，實為儒學羣書之所無。若微董生，安從復窺孔子之大道哉！顧是書久不誦於學官，闕奪百出，如臨絕壑崩崖，無緪索，無鐵梁，惟有廢然而返。又自古

學變後，今為宋儒之學，視董生舊說如遊異國，語言不解，風俗服食宮室皆殊絕，或不求其本而妄議之，故二千年來，遂如泛太平洋而無輪艦，適瀚海而無鄉導，徒蘭爾向若而驚，望流沙而歎，人蹤幾絕。近惟得江都凌氏曙，為空谷足音，似人而喜，然緣文疏義，如野人之入冊府，聾者之聽鈞天，徒駭瑋麗，不能贊一辭也，況於條舉以告人哉！不量窾啟，數宗廟百官之美，因董子以通《公羊》，因《公羊》以通《春秋》，因《春秋》以通六經，而窺孔子之道本。昧昧思之，如圖建章之宮，寫《霓裳》之曲，豈有涯哉！庶俾學者亦竭其鑽仰之愚云爾。好學深思之君子，其亦樂道之歟！孔子二千四百四十八年，有清光緒二十三年十月朔日，南海康有為廣夏記。

◎跋：南海先生既衍繹江都《春秋》之學，而授旭讀之，既卒業，乃作而言曰：孔子為神明聖王，為改制教主，湮鬱不彰著久矣。《春秋》不明，三世不著，則後世以據亂為極軌，而無由知太平之治，中國遂二千年被暴君夷狄之禍，耗矣哀哉！王仲任謂文王之文、孔子之文傳於仲舒，以孔子為素王、仲舒為素相，漢家一代之治、公羊嚴顏之業皆董氏之學，蓋孔子之大宗正統哉！獨念江都相生畏大愚之罪，殄湮王佐之稱（劉向以董子為王佐才，而歆非之，竊謂此歆挾私亂道之一證）。自偽經篡後，《清明》《蕃露》《竹林》《玉杯》，漢瓿等視耳。元契不遙，至先生乃推之演之，揭日使中天，撥星以向極，庸董氏，得有此功臣耶？明書不更有識，至誠其知之矣（明吾書董仲舒、鐘離意當劉歆薰塞之後，何從知之，必非偽造）。夫孔子立元以統天，本仁以愛人，建三統而推之無窮，在茲之文，蓋自信也。今異種逼迫，覆易是懼，要知彼之所有皆非我之所無，彼之所無當資我之所有（具先生論每卷演說，孔子父天，而耶事天不事父之偏也）。彼雖強而必降，我暫昧而大昌，歸于一而與天久長。杜牧言天若不生孔子，則楊墨駢慎已降，百家之徒，廟貌而血食，十年一變法，百年一改教，高下橫斜，何所止泊。然則天既生孔子，同於黿聲紫色者，又誰足以自存大同之治。智者必無疑於斯言。雖然，道之將興豈不在人，式飲式食誰當無責。苟大道已露，必欲遏絕之，或坐視而不同力，則地球雖大，生靈可使盡，何者足深恃哉！大清光緒二十四年戊戌正月朔日，弟子侯官林旭跋。

◎摘錄附傳卷末：董子事蹟略見本傳，以發明董子學，應附錄焉。劉向尊董子為王佐，所謂素相也。劉歆力攻董學者，雖有微辭，然亦不能不為統壹諸學為羣儒首。孔子之文在仲舒，漢時殆無異論乎？

◎王國維《王國維全集》第一卷《論近年之學術界》：近三四年，法國十八世紀之自然主義，由日本之介紹而入於中國，一時學海波濤沸渭矣。然附和此說者，非出於知識，而出於情意。彼等於自然主義之根本思想固瞢無所知，聊借其枝葉之語以圖遂其政治上之目的耳。由學術之方面觀之，謂之無價值可也。其有蒙西洋學說之影響，而改造古代之學說，於吾國思想界上占一時之勢力者，則有南海□□□之《孔子改制考》《春秋董氏學》、瀏陽□□□之《仁學》。□氏以元統天之說，大有汎神論之臭味。其崇拜孔子也，頗模倣基督教；其以預言者自居，又居然抱穆罕默德之野心者也。其震人耳目之處，在脫數千年思想之束縛，而易之以西洋已失勢力之迷信，此其學問上之事業，不得不與其政治上之企圖同歸於失敗者也。然□氏之於學術，非有固有之興味，不過以之為政治上之手段，《荀子》所謂「今之學者以為禽犢」者也。

◎唐才常《唐才常集‧書信‧上歐陽中鵠書》九：夫子大人函丈：昨讀賜七丈函，言及前日呈劄記一則，甚為駭異。外間攻學堂事，三月即有所聞。或謂中丞已厭卓如，或謂日內將使祭酒公代秉三，葉奐彬為總教習。種種訛言，皆云出自中峰。韓、歐、葉三君聞之，即忿然欲去，經受業再三婉留，始安其位。然其憤懣之心，未嘗一日釋也。至中丞調閱劄記，乃陳、楊二君自內學生收取，收齊後，始匯交受業一閱。受業深恐三教習聞之，致滋不悅，且戒秉三勿與三教習言，亦絕不料中丞已有疑心，果如外人所云也。來論云「分教等皇遽無措，及盡一夜之力統加抉擇，匿其極乖謬而臨時加批」等語。果誰見之，而誰聞之（其中塗改處，韓樹圍極多，即卓如亦常有之，豈受業能竭一夜之力通行塗改乎）？若中丞詰責奎源，奎垣何以不向秉三及受業說？而惟終日吃悶葫蘆耶？容俟奎垣來湘時，當以不告之罪責之。夫為學宗旨，各有不同，是素非丹，看朱成碧，二千年來有何定軌？受業於素王改制，講之有年，初非附會康門。去年辦《湘報》時，即極力昌明此恉，至六七月間，始與桂孫同往書肆購得《新學偽經考》閱之。今年三月，始讀所謂《改制考》、《董氏學》兩書。其宗旨微有不合處，初不敢苟同（如受業向以《周官》《左氏》為姬氏一切掌故，而公、穀、大小戴、三家詩乃聖人改制之書。見《湘學報》）。現已將歷年論說清付梨棗，俟刻好塵之函丈，當知末學膚受之有同有不同也。至其拜服南海五體投地，乃因歷次上書，言人所不能言，足愧盡天下之尸居無氣而竊位欺君者，故不覺以當代一人推之。若謂依附某學門牆，逐微名微利，則受業去年即與蔡劭安訂明達學堂之約，又瞿子玖侍郎亦因張緝光函請受業入幕，并非無啖飯所者：只以卓如

勤懇付託，未忍背之。故擬俟其來湘，始辭退他往，以全友誼。不然，則飄然遠引久矣。義利公私之辨、天人理欲之微，久聞師訓，自謂堉有把握，何敢以一日之微名微利，致負初心！若夫地球全局，則非發明重民、惡戰、平等、平權之大義，斷斷不能挽此浩劫！受業寧能殺身以成仁，不能曲學以阿世！夫子學究天人，功參橐籥，試驗將來世界，果孰群孰獨、孰公孰私，必終有水落石出之一日。受業撰有《辨惑》一篇，頗揭斯恉，願夫子不恥芻蕘而訓飭之，則知受業等之眼光心力，頗有勘破毀譽死生而從井救人者矣。所懷萬端，匪言能罄，懇並呈伯嚴先生，知受業非皇連無措依草附木者，幸甚感甚！肅此專呈慈鑒，即叩節禧，不具。受業唐才常謹稟稟。

◎孫殿起《販書偶記》卷二：《春秋董氏學》八卷附傳一卷，南海康有為撰。光緒間上海大同譯書局刊。卷六分上下。

柯劭忞 春秋穀梁傳補注 十五卷 存

國圖、北大、山東、遼寧、吉林、黑龍江、中科院、中央民族大學藏 1921 年國立北京大學研究院文史部鉛印柯鳳孫遺著三種本

文聽閣圖書有限公司 2008 年民國時期經學叢書第二輯影印本

山東大學出版社 2011 年山東文獻集成影印濟南劉曉東藏民國間排印本

齊魯書社 2011 年清經解三編影印 1921 年國立北京大學研究院文史部鉛印柯鳳孫遺著三種本

廣西師範大學 2018 年蛾術叢書據 1934 年國立北京大學研究院文史部鉛印柯鳳孫遺著三種第一種影印本

朝華出版社 2018 年清末民初文獻叢刊影印 1921 年國立北京大學研究院文史部鉛印柯鳳孫遺著三種本

中華書局 2020 年歷代經學要籍張鴻鳴點校本

◎一名《春秋穀梁傳注》。

◎《春秋穀梁傳注序》：自瑕邱江公紬於董子，而《穀梁》之學微。孝宣以後，劉子政為《穀梁》大師，其學說尚有存者。子政通儒達識，兼采《公羊》，然用傳義者十之七八，用《公羊》義者十之二三而已。《漢書‧五行志》：「劉向治《穀梁春秋》，數其禍福，傳以《洪範》」，知子政演說《春秋》禍福，皆《穀梁》義也。東京之末，篤生鄭君，兼通三傳，尤篤好《穀梁》之學。其言曰：「《穀梁》善於經」，又曰：「《穀梁》近孔子」，可以知其宗尚。其《起廢疾》

之說，發揮傳義至精至密，舉一反三，斯為善學〔註1〕。何邵公治《公羊》，志慮深長，為經師之冠。其說三科九旨不用古說而別為條例者，按《公羊》徐疏引宋君《春秋注》：「三科者，一曰張三世，二曰存三統，三曰風內外；九旨者，一曰時，二曰月，三曰日，四曰天王，五曰天子，六曰王，七曰譏，八曰貶，九曰絕」，何氏則就三科分為九旨，擯古說之九旨不用，蓋以三科為《公羊》學，九旨則《穀梁》學，故取其三科而不取其九旨也。今以《穀梁傳》證之，日、月、時之例，傳義較《公羊》詳數倍，天王、天子、王之三稱，傳義備矣，《公羊》未之及也；譏、貶、絕之例亦較《公羊》為詳。用是知宋君所謂九旨者，誠哉為《穀梁》之義例矣。何氏崇治《公羊》，故舍之不取。奈何治《穀梁》者熟視無睹而自棄綱領之大者乎！師說久湮，傳義恒疑其無條理，若統之以九旨，則〔註2〕有條不紊矣。今就子政、康成之遺文墜義而推闡之，以九旨為全書綱領，復取本傳之文旁參互證以究其未備，庶幾《穀梁》一家之學得其門而入乎？至於疏通疑滯，其事有三：一曰正文字之譌。如僖十六年「公子季友卒」，傳曰「稱公弟叔仲，賢也」，此謂經文稱公弟叔肸、叔仲彭生，可證文十一年「叔彭生會晉侯郤缺」，當依《左氏》經文作叔仲彭生，今本奪「仲」字，傳之大義湮矣。桓二年「取郜大鼎于宋」，傳曰「責以賂」，范注本作〔註3〕「數日以賂」，「數日」者，「責」字傳寫之譌，賴有敦煌石室《穀梁傳》殘葉可證。一曰正說解之譌。如僖三十有一年「四卜郊乃免牲」，傳曰「乃者，亡乎人之辭」，言其咎不在乎人，與宣三年八年、成七年十年、襄七年之傳義並同。范武子各為之說，俱失之。賴高郵王文簡公深明訓詁大義，始晦而復明。一曰通傳文之義例。傳文有二事相比之例，如隱五年公觀魚于棠，傳曰「尊不親細事，卑不尸大功」，此以公觀魚之事與士匄不伐齊喪之事尊卑比例，以見義之高峻〔註4〕。有比事則發其義於一傳之例，如僖八年「禘于太廟用致夫人」，傳曰「夫人之，我可不夫人之乎；夫人卒葬之，我可不卒葬之乎」，此兼釋文五年葬我小君成風之義，畧於彼故詳於此，以見義之精嚴〔註5〕。有因一事而通

〔註1〕一本此句下有：故舍子政、康成而從事於《穀梁》，猶面牆而立也。

〔註2〕一本此句下有「如網在綱」四字。

〔註3〕「范注本作」，一本作：今本譌作。

〔註4〕一本下有「說者皆失之」。

〔註5〕「有比事則發其義於一傳之例，如僖八年禘于太廟用致夫人，傳曰「夫人之，我可不夫人之乎；夫人卒葬之，我可不卒葬之乎」，此兼釋文五年葬我小君成風之義，畧於彼故詳於此，以見義之精嚴」，一本作：有釋此事而證以彼事之

釋數事之例〔註6〕，如宣七年「衛侯使孫良夫來盟」，傳曰「不言及，以國與之；不言其人，亦以國與之」，此舉成七年及荀庚盟及孫良夫盟之言，及定三年仲孫何忌及邾子盟于拔之言，仲孫何忌而通釋之，因不言及而通釋言及，言其人如此，而義始詳盡也〔註7〕。至於同一事，有發傳不發傳之別，有前後發傳之別〔註8〕，又有處處發傳不嫌重複者。日月時之例如內外之會盟、內大夫之卒、外諸侯之卒葬，參差錯互，皆精義之所在。吾友鄭東父有言：「《穀梁》之複傳，其文省而理密」，嗚乎，可謂知言矣！竊謂世亂方亟，撥亂反正莫尚於《春秋》，非兼通三傳，不足以治《春秋》之學。《左氏傳》有杜元凱，《公羊傳》有何邵公，皆可以津逮後學。獨范武子《穀梁集解》多襲杜氏、何氏之說，其自為說或不免於淺膚。近人有為之補注者，汎取唐宋以來諸家之說，亦無裨傳義也。劭忞檮昧，無能為役，譬茅塞之途，粗知墾闢，成《穀梁傳注》十五卷，敬俟大雅君子匡其不逮焉。丁卯冬十月朔膠西柯劭忞。

　　◎孫殿起《販書偶記》卷二：《春秋穀梁傳注》十五卷，膠西柯劭忞撰。民國丁卯鉛字排印本。

　　◎劉聲木《桐城文學撰述考》卷四「柯劭忞撰述」：《新元史》二百八十七卷、《春秋穀梁傳註》十五卷、《十三經札記》□卷、《爾雅註》□卷、《文選補註》□卷、《文獻通考註》□卷。

　　◎柯劭忞（1848～1933），字仲勉，號鳳笙（蓀），別號蓼園。室名歲寒閣。山東膠州人。咸豐十一年（1861）遷濰縣。少入濟南尚志書院讀書。同治九年（1870）舉人，光緒十二年（1886）進士。入翰林院為庶吉士，任編修。嘗任湖南學正、國子監司業、貴冑學堂總教司、翰林院日講起居注官、貴州提學使、學部丞參、學部度署右參議、京師大學堂經科監督、資政院議員、山東宣慰使兼督辦山東團練大臣、典禮院學士、清史館總纂、代理清史館館長、東方文化事業總委員會委員長。與修《清史稿》十四年，總成全稿。著有《春秋穀梁傳

　　　　例，如莊六年「齊人來歸衛寶」，傳曰「惡戰則殺矣」，此謂鞏之戰取汶陽田，視取衛略之惡為差減，范武子謂我與主人戰罪差減，桔鞠不辭。

〔註6〕「有因一事而通釋數事之例」，一本作：有因此事而通釋彼事之例。

〔註7〕「此舉成七年及荀庚盟及孫良夫盟之言，及定三年仲孫何忌及邾子盟于拔之言，仲孫何忌而通釋之，因不言及而通釋言及，言其人如此，而義始詳盡也」，一本作：此舉成七年及荀庚盟及孫良夫盟之言，及閔二年齊高子、僖四年楚屈完之「不言其人」而通釋之，「不言其人」者，不言使其人也。若衛侯使孫良夫，則言其人矣，因此釋彼，尤傳之達例。

〔註8〕「別」一本作「傳」。

注》十五卷、《爾雅注》、《說經劄記》、《新元史》、《新元史考證》、《文獻通考校注》、《文選補注》、《譯史補》、《蓼園文集》、《蓼園詩鈔》，主持編纂《四庫全書提要》等。

柯汝霖 春秋官制考 一卷 佚

◎光緒《平湖縣志》卷十七《人物·列傳》三：生平著述等身，大小四十餘種。其最著者，《古韻廣證》《三家詩異字通證》《儀禮古今文釋》《春秋官制考》《春秋世系圖考》。晚尤精易，有《周易鄭註釋義》《周易解誼》兩書（新纂）。

◎光緒《平湖縣志》卷二十三《經籍》：《春秋世系圖考》六卷（柯汝霖。拜善堂柯氏藏稿。未刊。援引宏博，考核精詳。惜劫後缺佚不全。又有《春秋官制考》一卷）。

◎柯汝霖（1792～1879），字巖臣，號春塘，晚自號退翁。平湖（今浙江平湖）人。少師馬德音，繼學於徐一麟，又出於王文簡之門。道光元年（1821）恩科舉人。道光二十年（1840）先後任錢塘、武義、富陽、東陽、烏程等縣教諭。光緒元年（1875）執教新倉蘆川書院，新埭俞金鼎、陸邦燮，乍浦許文勳均出其門。光緒五年（1879）重宴鹿鳴。著有《易說》三十九卷、《易半象說》一卷、《周易解誼》四十四卷、《周易鄭註釋義》二卷、《三家詩異字通證》四卷、《儀禮古今文釋》四卷、《三傳異文疏證》二卷、《春秋官制考》、《春秋世系圖》、《群經集說》二十八卷、《傳經考》一卷、《孟子趙注參》一卷、《說文引經異同考》一卷、《小爾雅參解》一卷、《古韻廣證》一卷、《歷代帝王廟諡年諱譜》一卷、《關忠義年譜》一卷、《彙編》二卷、《蠡測》三卷、《陶靖節年譜》、《韓忠獻年譜》、《岳忠武年譜》、《于忠肅年譜》、《黃忠端年譜》、《李介節年譜》、《武林第宅考》一卷、《吳興第宅考》等。

柯汝霖 春秋世系圖考 六卷 佚

◎光緒《平湖縣志》卷二十三《經籍》：《春秋世系圖考》六卷（柯汝霖。拜善堂柯氏藏稿。未刊。援引宏博，考核精詳。惜劫後缺佚不全。又有《春秋官制考》一卷）。

柯汝霖 三傳異文疏證 二卷 佚

◎光緒《平湖縣志》卷二十三《經籍》：《三傳異文疏證》二卷（柯汝霖。拜善堂柯氏藏稿。未刊。存）。

課虛齋主人 左傳釋 一卷 存

國圖藏嘉慶刻小方壺齋印本

◎課虛齋主人，著有《左傳釋》一卷、《小雅釋》一卷、《虛字註釋》。

孔傳鐸 春秋三傳合纂 十二卷 存

孔子博物館藏清抄本

北大、南京、曲阜師大藏康熙闕里孔氏刻本

◎一名《三傳合纂》。

◎孫葆田《山東通志》卷百二十七《藝文志》第十：是書見《山左詩彙鈔》所載孔憲彝《紅萼軒印歌》自注。

◎民國《續修曲阜縣志》卷八《補遺》：尤究心濂洛關閩之學，精於三禮，凡祖廟中一器一物無不詳加訂正。又以審樂尤難於考禮，乃博求律呂之書，冥搜點契，至忘寢食，久之始有所得，恍然曰：鐘律正則無不正，而欲正鐘律，在得其中聲而已。此即人心喜怒哀樂未發之中，然求于空虛則無憑，用以私智則近鑿，泥於器物則失真。典午而下，多求之金石；梁隋以後，多求之秬黍。至王朴則專於黍，而不復考之金石。夫金石有古今而秬黍有長短，皆不可盡信。惟用蔡氏更造淺深之法，以理合數，以數合器，以器求聲，而黃鐘可得大，所樂可成。謂中為大，本由心而生也。九年引疾替爵，於於長孫廣棨。年六十三卒。著有《禮記摛藻》一卷、《三傳合纂》十二卷、《世宗修廟盛典》五十卷、《讀古偶志》一卷、《安懷堂文集》二卷、《申椒詩集》二卷、《繪心集》二卷、《盟鷗草》二卷、《古文源》二卷、《紅萼詞》二、《炊香詞》二卷，輯《紅萼軒詞牌》一卷。

◎孔傳鐸（1673～1735），字振路，號牖民，又號靜遠，別號紅萼主人。山東曲阜人。孔子六十八代孫。雍正元年（1723）襲封衍聖公。著有《禮記摛藻》一卷、《春秋三傳合纂》十二卷、《世宗修廟盛典》五十卷、《讀古偶志》一卷、《安懷堂文集》二卷、《申椒詩集》二卷、《繪心集》二卷、《盟鷗草》二卷、《古文源》二卷、《紅萼詞》二、《炊香詞》二卷，輯《紅萼軒詞牌》一卷。

孔廣林輯 發公羊墨守 一卷 存

國圖、上海藏光緒十六年（1890）山東書局刻通德遺書所見錄本

國圖藏清鈔鄭學本（葉志詵趙之謙校並跋）

北大藏清鈔鄭學本（李盛鐸校）

◎漢鄭玄原撰。

◎孔廣林（1746～約1814），原名廣枋，小名同，字叢伯，號幼髥，晚年自號贅翁。山東曲阜人。孔繼汾長子，孔子七十代孫。乾隆廩貢，署太常寺博士，晚年貤封刑部廣東司候補主事。著有《周官肊測》六卷敘錄一卷、《儀禮肊測》十七卷敘錄一卷、《吉凶服名用篇》八卷敘錄一卷、《禘祫觶解篇》一卷、《明堂億》一卷附《儀禮士冠禮箋》一卷，合稱《孔叢伯說經五稿》。又著有《周易注》十二卷、《尚書注》十卷、《論語注》十卷、《孝經注》一卷，收入《通德遺書所見錄》七十二卷。著有《溫經樓遊戲翰墨》二十卷續一卷，輯有《釋穀梁廢疾》一卷、《箴左氏膏肓》一卷。

孔廣林輯 釋穀梁廢疾 一卷 存

國圖、上海藏光緒十六年（1890）山東書局刻通德遺書所見錄本

國圖藏清鈔鄭學本（葉志詵趙之謙校並跋）

北大藏清鈔鄭學本（李盛鐸校）

◎漢鄭玄原撰。

孔廣林輯補 箴左氏膏肓 一卷 存

國圖、上海藏光緒十六年（1890）山東書局刻通德遺書所見錄本

◎漢鄭玄原撰。

孔廣銘 公羊釋例 三十卷 未見

◎《書目答問補正》著錄。注云：未刊。

◎孔廣銘，字文箴。山東曲阜人。孔子七十代孫，避亂漢中，黃鼎延之入幕，以功授通判。著有《公羊釋例》三十卷。

孔廣森 春秋公華經 一卷 存

曲阜市文物管理委員會藏稿本

◎孔廣森（1753～1787），字眾仲，號撝約、顨軒，堂名儀鄭。山東曲阜人。孔子六十九代孫，孔繼汾子。乾隆三十六年（1771）進士，選翰林院庶吉士，散館遷編修。性淡泊。嘗從戴震、姚鼐學。著有《春秋公華經》一卷、《春秋公羊考釋》一卷、《春秋公羊經傳通義》十一卷敘一卷、《列國事語分類考釋》

一卷、《大戴禮記補注》十三卷序錄一卷、《詩聲類》十二卷、《聲類分例》一卷、《禮學卮言》六卷、《經學卮言》六卷、《少廣正負術內篇》三卷《外篇》三卷、《儀鄭堂文集》二卷、《儀鄭堂遺稿》一卷、《儀鄭堂駢儷文》三卷、《勾股難題》一卷。

孔廣森　春秋公羊考釋　一卷　存

孔子博物館藏稿本

◎《善目》著錄《春秋公羊經》稿本一卷，不知是否此書。

孔廣森　公羊春秋經傳通義　十一卷　敘一卷　存

國圖、上海、山東、貴州藏嘉慶二十二年（1817）曲阜孔氏儀鄭堂刻㜒軒孔氏所著書本

石印經學輯要本（一卷）

道光九年（1829）學海堂刻皇清經解本（十二卷）

上海書店 1988 年影印學海堂刻皇清經解本

續修四庫全書影印嘉慶二十二年（1817）㜒軒孔氏所著書七種本

山東大學出版社 2011 年山東文獻集成影印嘉慶二十二年（1817）㜒軒孔氏所著書七種本

北京大學出版社 2012 年清代經學著作叢刊崔冠華校點本

上海古籍出版社 2015 年清代春秋學匯刊郭曉冬陸建松鄒輝傑校本

◎一名《春秋公羊通義》《春秋公羊經傳通義》。

◎目錄：隱公第一。桓公第二。莊公第三。閔公第四。僖公第五。文公第六。宣公第七。成公第八。襄公第九。昭公第十。定公第十一。哀公第十二。

◎校刊公羊春秋通義敘略：《公羊春秋通義》並自敘凡十有二卷，前翰林檢討仲兄㜒軒先生所纂，廣廉手校，錄付槧人。以歲在壬申夏五月鳩工，冬十一月藏事，蓋至是而夙願始克償矣。先生杜門卻掃，循陔著書，是編寫定，最為愜心。猶憶丙午冬，將返道山之前數夕，語廣廉曰：「余生平所述，詎逮古人？《公羊》一編，差堪自信。藐孤成立，尚不可知。千秋之託，將在吾弟。」烏虖！人之云徂，言猶在耳，歲序流易，身世浮沉。計曩昔已版行者，則有《大戴禮記》《詩聲類》二書。而屬意之作，翻在所後。良以永矢弗告，久要不忘。矜嚴審固，非敢緩也。先生幼負異稟，長號多聞。先夫子之志故在《春秋》，

舊史氏之風斐然述作。雖使賈逵奮筆，隙無可緣；較勝何休覃思，裁而不俗。後有學者，此其杓耶！嘉慶十七年仲冬既望，弟廣廉靜吾氏識。

　　◎阮序〔註9〕：昔孔子成《春秋》授於子夏，所謂「以《春秋》屬商」是也。子夏口說以授公羊高，高五傳至漢武帝時，乃與齊人胡毋生，始著竹帛。其後有嚴彭祖、顏安樂兩家之學，宣帝為之立博士。故《公羊》之學兩漢最勝，雖劉歆、鄭眾、賈逵謂《公羊》可奪、《左氏》可興，而終不能廢也。然說者既多，至有倍經任意者。任城何君起而修之，覃精竭思，閉門十有七年乃有成書，略依胡毋生條例而作《解詁》，學者稱精奧焉。六朝時，何休之學猶盛行於河北。厥後《左氏》大行，《公羊》幾成絕學矣。我朝經術昌明，超軼前代，諸儒振興，皆能表章六經，修復古學。而曲阜聖裔孔㢲軒先生，思述祖志，則從事於《公羊春秋》者也。先生幼秉異資，長通絕學，凡漢晉以來之治《春秋》者不下數百家，靡不綜覽。嘗謂《左氏》舊學涇於征南、《穀梁》本義汩於武子；王祖游謂何休志通《公羊》，往往為《公羊》疢病；其餘啖助、趙匡之徒，又橫生義例，無當於經；唯趙汸最為近正；何氏體大思精，然不無承訛率臆。於是旁通諸家，兼采《左》《穀》，擇善而從，撰《春秋公羊通義》十一卷序一卷。凡諸經籍義有可通於《公羊》者，多著錄之。其不同於《解詁》者，大端有數事焉：謂「古者諸侯分土而守、分民而治，有不純臣之義，故各得紀年於其境內。而何邵公狠謂唯王者然後改元立號。經書元年為託王於魯，則自蹈所云『反傳違戾』之失矣。」其不同一也。謂「春秋分十二公而為三世，舊說所傳聞之世隱桓莊閔僖也，所聞之世文宣成襄也，所見之世昭定哀也。顏安樂以為襄公二十三年邾婁鼻我來奔云『邾婁無大夫，此何以書？以近書也』，又昭公二十七年邾婁快來奔，傳云『邾婁無大夫，此何以書？以近書也』，二文不異，同宜一世，故斷自孔子，自〔註10〕後即為所見之世，從之。」其不同二也。謂「桓十七年經無『夏』，二家經皆有『夏』，獨《公羊》脫耳。何氏謂：『夏者陽也，月者陰也，去夏者，明夫人不繫於公也』，所不敢言。」其不同三也。謂「《春秋》上本天道，中用王法，而下理人情。天道者，一曰時、二曰月、三曰日；王法者，一曰譏、二曰貶、三曰絕；人情者，一曰尊、二曰親、三曰賢，此三科九旨。」而何氏《文謚例》云：「三科九旨者，新周故宋，以春秋當新王，此一科三旨也。」又云：「所見異辭、所聞異辭、所傳聞又異辭，二

〔註9〕又見阮元《揅經室集‧一集》卷十一，題《春秋公羊通義序》。
〔註10〕據正文隱公元年「公子益師卒」，「自」當作「生」。

科六旨也。」又「內其國而外諸夏、內諸夏而外夷秋，是三科九旨也。」其不同四也。他如何氏所據間有失者，多所裨損，以成一家之言。又謂《左氏》之事詳、《公羊》之義長、《春秋》重義不重事，是可謂好學深思心知其意者矣。故能醇會貫通，使是非之旨不謬於聖人。豈非至聖在天之靈，懼《春秋》之失悟，篤生文孫，使明絕學哉！元為聖門之甥，陋無學術，讀先生此書，始知聖志之所在，因敬敘之。嘉慶三年，揚州阮元。

◎敘：昔我夫子，有帝王之德，無帝王之位，又不得為帝王之輔佐，乃思以其治天下之大法，損益六代禮樂文質之經制，發為文章，以垂後世。而見夫周綱解弛、魯道陵遲、攻戰相尋、彝倫或熄，以為雖有繼周王者，猶不能以三皇之象刑、二帝之干羽議可坐而化也，必將因衰世之宜，定新國之典，寬於勸賢而峻於治不肖，庶幾風俗可漸更，仁義可漸明，政教可漸興。烏乎託之？託之《春秋》。《春秋》之為書也，上本天道，中用王法，而下理人情。不奉天道，王法不正；不合人情，王法不行。天道者，一曰時、一曰月、三曰日；王法者，一曰譏、一曰貶、三曰絕；人情者，一曰尊、二曰親、三曰賢。此三科九旨既布，而一裁以內外之異例、遠近之異辭，錯綜酌劑，相須成體。凡傳《春秋》者三家，粵唯公羊氏有是說焉。漢初求六經于燼火之餘，時則有胡母子都、董仲舒皆治《公羊春秋》，以其學鳴于朝廷，立于校官。董生授弟子嬴公，嬴公授睦孟，孟授東海嚴彭祖、魯國顏安樂，各專門教授，由是《公羊》分為嚴、顏之學。方東漢時，帝者號稱以經術治天下，而博士弟子因端獻諛，妄言西狩獲麟是庶姓劉季之瑞，聖人應符，為漢制作，黜周王魯，以《春秋》當新王云云之說，皆絕不見本傳，重自誣其師以召二家之糾摘矣。然而孟子有言：「《春秋》，天子之事也」，經有變周之文，從殷之質，非天子之因革耶？甸服之君三等、蕃衛之君七等、大夫不世、小國大夫不以名氏通，非天子之爵祿耶？上抑杞、下存宋、褒滕／薛／邾婁儀父、賤穀／鄧而貴盛／郜，非天子之絀陟耶？內其國而外諸夏、內諸夏而外四裔，殆所謂天下之本在國，國之本在家者，非耶？愚以為《公羊》家學獨有合於《孟子》，乃若對齊宣王言「小事大」，則紀季之所以為善；對滕文公言「效死勿去」，則萊侯之所以為正。其論異姓之卿則曹羈之所以為賢，論貴戚之卿又寔本於不言剽立以惡衎之義。且《論語》責輒以讓國，而《公羊》許石曼姑圍戚。今以曼姑擬皋陶，則與瞽瞍殺人之對正若符契。故孟子最善言《春秋》，豈徒見稅畝、伯于陽兩傳文句之偶合哉？嗚呼！是非相淆，靡不然矣。自有《書》而梅、姚偽之，自有《禮》而鄭、王爭

之，自有《易》而荀虞之象、陳邵之數、焦京之五行、王弼何晏之浮虛並起而持之。往時《詩》有齊魯韓毛四家，今《毛詩》孤行，亦既杜其歧矣，顧《小序》復不信於後世，況乃公羊、穀梁、左邱明並出於周秦之交，源於七十子之黨，學者固不得而畸尚而偏詆也。雖然，古之通經者首重師法，三傳要各有得失。學者守一傳即篤信一傳，斤斤罔敢廢墜，其失者猶曰有所受之，其得者因而疏通證明，誠可以俟聖人復起而不惑。倘將參而從焉、衡而取焉，彼孰不自以為擇善者？詎揣量其智識之所及，匪唯謬于聖人，且不逮三子者萬分一，逞臆奮筆，恐所取者適一傳之所大失，所棄者反一傳之所獨得，斯去經意彌遠遠已。晉唐以來，《公羊》《穀梁》皆成絕緒，唯《左氏》不絕於講誦，然今之《左氏》失其師說久矣。漢世謂《公羊》為今學、《左氏》為古學，以其書多古文訓讀。賈達、服虔號能明之，雖時與此傳牴牾，而一字予奪必有意，日月名氏詳略必有說，大指猶不甚相背。杜預始變亂賈、服古訓，以為經承舊史，史承赴告。苟如是，因陋就簡，整齊冊牘云爾。董狐、倚相之才，徧優為之，而又何貴乎聖人。大凡學者謂《春秋》事略、《左傳》事詳，經傳必相待而行，此即大惑。文王繫《易》，安知異日有為之作十翼者？周公次《詩》，安知異日有為之作《小序》者？必待傳而後顯，則且等於揚雄之《首贊》、朱子之《綱目》，非自作而自解之不可也。聖人之所為經，詞以意立，意以詞達，雖無三子者之傳，方且揭日月而不晦，永終古而不敝。魯之《春秋》，史也，君子修之則經也。經主義，史主事。事故繁，義故文少而用廣。世俗莫知求《春秋》之義，徒知求《春秋》之事，其視聖經，竟似《左氏》記事之標目，名存而實亡矣。啖趙橫興，宋儒踵煽，加以鑿空懸擬，直出於三傳之外者，淺識之士，動為所奪，其訾毀三傳，率摭拾本例而膚引例不可通者以致其詰。董生不云乎：「《易》無達占，《詩》無達詁，《春秋》無達例。」夫唯有例而又有不囿於例者，乃足起事同辭異之端以互發其蘊。《記》曰：「屬辭比事，《春秋》之教也」，此之謂也。十二公之篇，二百四十二年之紀，文成數萬，赴問數千，應問數百，操其要歸，不越乎同辭、異辭二途而已矣。當其無嫌，則鄭忽之正、陳佗／莒展之賤、曹羈／宋萬／宋督之為大夫，未嘗不同號。祭伯奔而曰來，祭公使而曰來，介葛盧朝而曰來，齊仲孫外之而曰來，未嘗不同辭。入者為篡，天王入于成周乃非篡；出者為有外，天王出居于鄭乃非外。此無他，正名天王，灼然不嫌也。夫人婦姜、夫人氏、夫人孫于齊則辭有異，楚屈完來盟于師、齊侯使國佐如師，則辭有異。衛侯言歸以成叔武之意、曹伯言歸以順喜時之志，而或加「復」或

不加「復」，則同辭之中猶有異。此言負芻出，惡已見於伯討；成公出，惡未
有所見也。若是之屬，有不勝僂指述者。諸滅同姓莫名，獨衛侯燬名；諸葬稱
公，獨蔡桓侯不稱公；諸來稱使，獨武氏子、毛伯不稱使；一難而「而」「乃」
異，一救而言「次」之先後異，一人之名而「曼」「何」之有無異，一年之內
而「糾」與「子糾」異。凡皆片言榮辱，筆削所繫，不可不比觀，不可不深察。
《春秋》有當略而詳，當詳而略。詳之甚者莫如錄伯姬，略之甚者莫如鄭祭仲
之事。祭仲權一時之計，紓宗社之患，君子取之，亦與其進不與其退之意焉爾。
若《左傳》所載忽之弒、亹／儀之立，仲循循無能匡救，苟並存其迹，將不可
為訓。故斷至昭公復正、厲公居櫟，取足伸仲之權而止，此《春秋》重義不重
事之效也。董生曰：「正朝夕者視北辰，正嫌疑者視聖人。」聖人以祭仲易君、
季子殺母兄，皆處乎嫌疑之間，特殊異二子于眾人之中，而貴而字之而不名。
尚猶有援《左氏》之事以援《公羊》行權之義者，盍思仲之稱字，正逆知天下
後世必有呶呶議仲者，乃大著其善也。淳于髡設滑稽之辨欲窮孟子，孟子直應
之曰：「君子之所為，眾人固不識也。」方將任膠滯庸鄙之見，而贊游夏之所
不能贊，不亦難矣！世俗之為說者曰：「《春秋》據事直書，美惡無所避，豈不
甚明，而顧假時月日以為例乎？」此言非是。《春秋》之序事甚簡，稱言甚約：
記戰伐，知戰伐而已，不知其師之名；記盟聘，知盟聘而已，不知其事之為。
若乃情狀委曲，有同功而異賞，亦殊罪而共罰，抑揚進退，要當隨文各具，非
可外求。但据記事一言，終無自尋其抑揚進退之緒。誠求諸繫時繫月繫日繁殺
之不相襲，則其明析有不啻若史傳之論贊者。東山趙氏嘗言之曰：「事以日決
者繫日，以月決者繫月，踰月則繫時，此史氏之恒法也。東周王室衰微，夷狄
僭號，五等邦君以強弱易周班，而伯者之興幾於改物，其災祥禍福之變、禮樂
政刑之亂，必皆有非常之故焉。史氏以其三例者一以施之，是非得失混淆，雖
有彼善於此者，亦無從見矣。」孔子之修《春秋》也，至於上下內外之無別、
天道人事之反常，史之所書，或文同事異、事同文異者，則皆假日月以明其變、
決其疑，大抵以日為詳則以不日為略，以月為詳則以不月為略；其以不日為恒
則以日為變，以日為恒則以不日為變，甚則以不月為異；其以月為恒則以不月
為變，以不月為恒則以月為變，甚則以日為異。將使學者屬辭比事以求之，其
等衰勢分甚嚴，善惡淺深奇變極亂，皆以日月見之，如示諸掌。善哉！自唐迄
今，知此者惟汸一人哉！推舉其槩，及齊平、及鄭平，均平也，而一信一否，
月不月之判也。鄒伯姬來歸、杞叔姬來歸，均出也，而一有罪一無罪，月不月

之判也。城楚郢之不嫌於內邑，以其月也；晉人執孝孫行父何以別於齊人執單伯？以其月也。晉侯入曹何以別於宋公入曹？以其日也。武宮亦立，煬宮亦立，而知季孫隱如之為之者，以其不日也。諸侯相執例時，始見於宋人執滕子嬰齊，則惡而月之。公如例時，襄、昭如楚，則危而月之；會例時，終桓公之篇悉危而月之。可得謂無意乎？常辭偏戰日，詐戰不日，獨至于殽詐戰而亦日，讀其經曰：「辛巳，晉人及姜戎敗秦于殽，癸巳葬晉文公」，背殯之罪，日之而益見。復歸未有言日者，獨衛獻公日，讀其經曰：「辛卯，衛寧喜弒其君剽。甲午，衛侯衎復歸于衛」，諼弒之迹，亦日之而益見。《春秋》雖魯史舊名，聖人因而不革，必有新意焉。春者陽中萬物以生，秋者陰中萬物以成，善以春賞，惡以秋刑，故以是名。其經丙戌之再也，疑於衍而非衍；夏五或無月，十有二月或無冬，疑於脫而非脫。春以統王，王以統月，月以統日，《春秋》所甚重甚謹者莫若此。世俗之說又曰：「譏貶當各就其事，而傳說有先事貶者，有終身貶者，得無乖《論語》不逆億之訓，且疾惡已甚乎？」是未知《春秋》之用譏貶，當事而施者小過惡耳，至其未事而先貶、既事而終絕，則必蹈名教之宏罪、犯今古之極愸，有雖孝子慈孫百世不可改者。中人之情，固有始善終咎先後易轍，惟若公子翬之媚桓弒隱、公子招之脅君亂國，充其惡可以至於此極，則平日處心積思出謀發慮久已不範于禮義。先師言《春秋》夫子之行事也，向使夫子與翬、招並時立朝，必不待其弒君亂國，蚤已放流之、竄殛之，又何不逆億之有，以誅不待教之惡人，而且使之出師、而且使之會諸侯之大夫？是則陳、魯之君無知人之明以自召其禍也。故貶招于澇、貶翬于伐鄭伐宋，以戒後世之為人君者。若曰有臣如此則不可以長三軍而使四方，豈唯決二公子之辜而已？翬，公子也，而弗謂公子；招，弟也，雖弗謂弟，存公子焉。若曰疏者不良當絕其位，親者不良但不當任之，亦勿可失其貴。此深中之深、微中之微也。俗儒不知《春秋》，病於不能探深窺微。翬在所傳聞之世，訟言貶之；遂在所聞之世，唯一貶於其卒。逮所見之世，隱如疑不得貶矣。然而辭不屬不明，事不比不章，昭公之篇一曰隱如至自晉，一曰叔孫舍至自晉，同事而氏不氏異。氏者賢，不氏者惡，亦因得見端焉。且遂卒而貶，猶夫終身貶也。《春秋》之義，人道莫重乎終始。用致夫人，弗正其始，則終身不免為篡；成風之含賵會葬，王弗稱天，則終身不正其為小君；其於追命桓公亦然。故翬、招貶之於始，仲遂貶之於終，皆言乎罪大惡極足以貫其沒世者也。譏、貶、絕不黍施，每就人情所易惑者而顯示之法。人莫知大夫不敵君，而後以楚人書；人莫知卿不得憂諸侯，而後以

晉人、宋人書。溴梁以降，大夫交政，未嘗貶也。卻缺之徙義、公子側之偃革，宜若有善焉，轉發其專平、專廢置之罪而以人書。不寧惟是，又因是以知士匄、公子結專其所可專，得免於貶。雖於名氏之外未有加焉，固已榮矣。鄭襄公背華附楚，賤之曰「鄭伐許」，與吳伐郯、狄伐晉文無以異。至其子衰絰興戎，則正言之曰「鄭伯伐許」，以為不待貶絕爾，第未若狄之之顯也。故襄公書葬，悼公不書葬，其葬猶之突也，其不葬也猶前之接、後之輪而蔡之肸也。傳曰「《春秋》不待貶絕而罪惡見者，不貶絕以見罪惡也；貶絕然後罪惡見者，貶絕以見罪惡也」，又曰「《春秋》見者不復見」，皆讀此經之要法也。楚子虔哆哆然自以為討賊，而取絕于《春秋》，何則？般之弒父已見，虔之誘討難知也。名虔矣，般可以無誅乎？則又見諸絕世子有。絕有矣，蔡之臣子可釋憾於楚乎？則又見諸葬蔡靈公以為廬，伸其復讐之志。凡義無常，唯時所當。方君義屬固，則般也賊；及君義屬般，則虔也讐。此其比在刺築館，譏猶繹。王姬可以無逆，不可以逆而外之；遂不宜為大夫，既為大夫，即不得薄其恩。禮生殺不相悖，天以成其施；刑賞不偏廢，王以成其化。非《春秋》孰能則之？撥亂之術，譏與貶絕備矣，而又曰為尊者諱、為親者諱、為賢者諱。惡如可諱，何以瘴惡？聞之：有虞氏貴德，夏后氏貴爵，殷周貴親，春秋監四代之令模，建百王之通軌，尊尊親親而賢其賢。尊者有過是不敢譏，親者有過是不可譏，賢者有過是不忍譏，爰變其文而為之諱，諱猶譏也。傳以諱與讐狩為譏重，是也。所謂父子相隱，直在其中，豈曲佞飾過之云乎？無駭貶去氏，故入極不嫌非滅；承徐人伐英氏，則滅項不嫌非齊。書「成鄭虎牢」於下，乃可以城不繫鄭；書「孟子卒」於後，昭公取夫人乃可以不書。其諱文而存實，有如此者。於紀侯大去，見諸侯以國為體；於入曹見同姓滅之當救；於公孫會，見司寇有八議之辟；於防、於暨、於處父，見君臣無相為盟之法。其假諱而立義，有如此者。世爭則示之以讓，世詐則示之以信，是以美召陵、高泓霍，而於讓國公子三致意焉。衛子之諱毀也、捷之諱宋也、三亡國之諱亡也，其緣賢者之心而隱惡，有如此者。將因其所諱達之於所不諱，則會稷成亂以嚴君臣之分，乾時伐敗以隆父子之恩，子般忍日以正世及之坊，然乃知祖之逮聞所以為始，為將推而遠之，而後得盡其辭，又炳炳彰彰如此。嘗病《左氏》規隨擬議續經三年，顧云：「齊陳恒執其君，實于舒州。」夫凡伯以天子之使，諱不言「執」，況可加之其君乎？斥言「成叛」，抑非圍棘取運、內邑不聽之例也。故曰《左氏》之事詳、《公羊》之義長、《春秋》重義不重事，斯《公羊傳》尤不可廢。方今《左氏》

舊學湮于征南，《穀梁》本義汨于武子，唯此相沿以漢司空掾任城何休《解詁》列在註疏，漢儒授受之旨藉可考見。其餘《公羊墨守》《穀梁廢疾》《左氏膏肓》《春秋漢議》《文謚例》之等尚數十篇，惜無存者。《解詁》體大思精，詞義奧衍，亦時有承訛率臆，未能醇會傳意，三世之限誤以所聞始文，所見始昭，遂強殊鼻我于快，而季姬、季友、公孫慈之日卒，皆不得其解。外大夫奔例時，諸侯出奔無罪時，有罪月；內大夫出無罪月，有罪日。功過之別，內外之差宜然也。何邵公自設例，與經詭戾；而公孫敖之日、踞父之不日兩費詞焉。叔術妻嫂傳所不信，御公反張大之，目為非常異義可怪之論，亦猶傳本未與輒拒父，雋不疑詭引以斷衛太子之獄，致令不曉者為傳詬病。此其不通之一端也。七十子沒而微言絕，三傳作而大義睽，《春秋》之不幸耳。幸其猶有相通者，而三家之師必故各異之，使其愈久而愈歧。何氏屢蹈斯失，若「盟于包來」下，不肯援《穀梁》以釋傳；「叛者五人」，不取證《左傳》，而鑿造諫不以禮之說。又其不通之一端也。今將祛此二惑，歸於大通，輒因原注存其精粹，刪其支離，破其拘窒，增其隱漏，冀備一家之言，依舊帙次為十一卷，竊名曰《通義》。胡母生、董生既皆此經先師，雖義出傳表，卓然可信。董生緒言猶存《繁露》，而《解詁自序》以為略依胡母生《條例》，故亦未敢輕易也。昔韓文公遺殷侍御書云：「近世《公羊》學幾絕，何氏注外不見他書。聖經賢傳屏而不省，要妙之義無自而尋。非先生好之樂之，味於眾人之所不味，務張而明之，其孰能勤勤拳拳若此之至？固鄙心之所最急者，如遂蒙開釋，章分句斷，其心曉然，直使序所注掛名經端，自託不腐，其又奚辭？」蓋自有唐巨儒，惜此傳之墜絕，而望人之講明也如是。今殷侑之注已復不存，更以穴知孔見，期推測於千百襀之後，安得有道如昌黎者而就正其失也？鑽仰既竭，不知所裁。乾隆冊有八年孟冬甲子，裔孫翰林檢討廣森謹言。

　　◎阮元《揅經室續集》卷二《擬儒林傳稿》：孔廣森字眾仲，又字顨軒。孔子六十八代孫襲封衍聖公傳鐸之孫，戶部主事繼汾之子（《孔氏大宗支譜》）。乾隆三十六年進士，官翰林院檢討。年少入宮，翩翩華冑，一時爭與之交。然性恬淡耽著述，裹足不與要人通謁。告養歸，不復出。及居大母與父喪，竟以哀卒（《儀鄭堂文序》）。時乾隆五十一年，年三十有五（《孔氏大宗支譜》）。廣森聰穎特達，經史小學沉覽妙解，所學在《公羊春秋》（《儀鄭堂文敘錄》）。唐陸德明云：「魏晉以來，《公羊》久成絕學。」廣森沉深解剝，著《春秋公羊傳通義》十一卷，於胡母子都、董仲舒、何劭公條例師法不墜（《公羊通義條紀》）。其自

序曰：「昔我夫子，有帝王之德，無帝王之位，又不得為帝王之輔佐，乃思以其治天下之大法，損益六代禮樂文質之經制，發為文章，以垂後世。而見夫周綱解弛、魯道陵遲、攻戰相尋、彝倫或熄，以為雖有繼周王者，猶不能以三皇之象刑、二帝之干羽，議可坐而化也，必將因衰世之宜，定新國之典，寬於勸賢而峻於治不肖，庶幾風俗可漸更、仁義可漸明、政教可漸興。烏乎託之？託之《春秋》。《春秋》之為書也，上本天道，中用王法，而下理人情。不奉天道，王法不正；不合人情，王法不行。天道者，一曰時、一曰月、三曰日；王法者，一曰譏、一曰貶、三曰絕；人情者，一曰尊、二曰親、三曰賢。此三科九旨既布，而一裁以內外之異例、遠近之異辭，錯綜酌劑，相須成體。凡傳《春秋》者三家，粵唯公羊氏有是說焉。漢初求六經于燼火之餘，時則有胡母子都、董仲舒皆治《公羊春秋》，以其學鳴于朝廷，立于校官。董生授弟子嬴公，嬴公授眭孟，孟授東海嚴彭祖、魯國顏安樂，各專門教授，由是《公羊》分為嚴、顏之學。方東漢時，帝者號稱以經術治天下，而博士弟子因端獻諛，妄言西狩獲麟是庶姓劉季之瑞，聖人應符，為漢制作，黜周王魯，以《春秋》當新王云云之說，皆絕不見本傳，重自誣其師以召二家之糾摘矣。然而孟子有言：『《春秋》，天子之事也』，經有變周之文，從殷之質，非天子之因革耶？甸服之君三等、蕃衛之君七等、大夫不世、小國大夫不以名氏通，非天子之爵祿耶？上抑杞、下存宋、褒滕／薛／邾婁儀父、賤穀／鄧而貴盛／郜，非天子之絀陟耶？內其國而外諸夏、內諸夏而外四裔，殆所謂天下之本在國，國之本在家者，非耶？愚以為《公羊》家學獨有合於《孟子》，乃若對齊宣王言「小事大」，則紀季之所以為善；對滕文公言「效死勿去」，則萊侯之所以為正。其論異姓之卿則曹羈之所以為賢，論貴戚之卿又寔本於不言剼立以惡衍之義。且《論語》責輒以讓國，而《公羊》許石曼姑圍戚。今以曼姑擬皋陶，則與瞽瞍殺人之對正若符契。故孟子最善言《春秋》，豈徒見稅畝、伯于陽兩傳文句之偶合哉？晉唐以來，《公羊》《穀梁》皆成絕緒，唯《左氏》不絕於講誦。唉趙橫興，宋儒踵煽，加以鑿空懸擬，直出於三傳之外者，淺識之士，動為所奪，其訾毀三傳，率摭拾本例而膚引例不可通者以致其詰。董生不云乎：『《易》無達占，《詩》無達詁，《春秋》無達例。』夫唯有例而又有不囿於例者，乃足起事同辭異之端以互發其蘊。《記》曰：『屬辭比事，《春秋》之教也』，此之謂也。十二公之篇，二百四十二年之紀，文成數萬，赴問數千，應問數百，操其要歸，不越乎同辭、異辭二途而已矣。當其無嫌，則鄭忽之正、陳佗／莒展之賤、曹羈／宋

萬／宋督之為大夫，未嘗不同號。祭伯奔而曰來，祭公使而曰來，介葛盧朝而曰來，齊仲孫外之而曰來，未嘗不同辭。入者為篡，天王入于成周乃非篡；出者為有外，天王出居于鄭乃非外。此無他，正名天王，灼然不嫌也。夫人婦姜、夫人氏、夫人孫于齊則辭有異，楚屈完來盟于師、濟侯使國佐如師，則辭有異。衛侯言歸以成叔武之意、曹伯言歸以順喜時之志，而或加「復」或不加「復」，則同辭之中猶有異。此言負芻出，惡已見於伯討；成公出，惡未有所見也。若是之屬，有不勝僂指述者。諸滅同姓莫名，獨衛侯燬名；諸葬稱公，獨蔡桓侯不稱公；諸來稱使，獨武氏子、毛伯不稱使；一難而『而』『乃』異，一救而言『次』之先後異，一人之名而『曼』『何』之有無異，一年之內而『糾』與『子糾』異。凡皆片言榮辱，筆削所繫，不可不比觀，不可不深察。《春秋》有當略而詳，當詳而略。詳之甚者莫如錄伯姬，略之甚者莫如鄭祭仲之事。祭仲權一時之計，紓宗社之患，君子取之，亦與其進不與其退之意焉爾。若《左傳》所載忽之弒、亹／儀之立，仲循循無能匡救，苟並存其迹，將不可為訓。故斷至昭公復正、厲公居櫟，取足伸仲之權而止，此《春秋》重義不重事之效也。董生曰：『正朝夕者視北辰，正嫌疑者視聖人。』聖人以祭仲易君、季子殺母兄，皆處乎嫌疑之間，特殊異二子于眾人之中，而貴而字之而不名。尚猶有援《左氏》之事以援《公羊》行權之義者，盍思仲之稱字，正逆知天下後世必有呶呶議仲者，乃大著其善也。孔子之修《春秋》也，至於上下內外之無別、天道人事之反常。史之所書，或文同事異、事同文異者，則皆假日月以明其變、決其疑，大抵以日為詳則以不日為略，以月為詳則以不月為略；其以不日為恒則以日為變，以日為恒則以不日為變，甚則以不月為異；其以月為恒則以不月為變，以不月為恒則以月為變，甚則以日為異。將使學者屬辭比事以求之，其等衰勢分甚嚴，善惡淺深奇變極亂，皆以日月見之，如示諸掌。善哉！自唐迄今，知此者惟泍一人哉！推舉其椠，及齊平、及鄭平，均平也，而一信一否，月不月之判也。郲伯姬來歸、杞叔姬來歸，均出也，而一有罪一無罪，月不月之判也。城楚郢之不嫌於內邑，以其月也；晉人執孝孫行父何以別於齊人執單伯？以其月也。晉侯入曹何以別於宋公入曹？以其日也。武宮亦立，煬宮亦立，而知季孫隱如之為之者，以其不日也。諸侯相執例時，始見於宋人執滕子嬰齊，則惡而月之。公如例時，襄、昭如楚，則危而月之；會例時，終桓公之篇悉危而月之。可得謂無意乎？常辭偏戰日，詐戰不日，獨至于殽詐戰而亦日，讀其經曰：『辛巳，晉人及姜戎敗秦于殽，癸巳葬晉文公』，背殯之罪，日之而益見。

復歸未有言日者，獨衛獻公日，讀其經曰：『辛卯，衛寧喜弑其君剽。甲午，衛侯衎復歸于衛』，諼弑之迹，亦日之而益見。《春秋》雖魯史舊名，聖人因而不革，必有新意焉。春者陽中萬物以生，秋者陰中萬物以成，善以春賞，惡以秋刑，故以是名。其經丙戌之再也，疑於衍而非衍；夏五或無月，十有二月或無冬，疑於脫而非脫。春以統王，王以統月，月以統日，《春秋》所甚重甚謹者莫若此。世俗之說又曰：『譏貶當各就其事，而傳說有先事貶者，有終身貶者，得無乖《論語》不逆億之訓，且疾惡已甚乎？』是未知《春秋》之用譏貶，當事而施者小過惡耳，至其未事而先貶、既事而終絕，則必蹈名教之宏罪、犯今古之極慝，有雖孝子慈孫百世不可改者。中人之情，固有始善終咎先後易轍，惟若公子翬之媢桓弑隱、公子招之脅君亂國，充其惡可以至於此極，則平日處心積思出謀發慮久已不範于禮義。先師言《春秋》夫子之行事也，向使夫子與翬、招並時立朝，必不待其弑君亂國，蚤已放流之、竄殛之，又何不逆億之有，以誅不待教之惡人，而且使之出師、而且使之會諸侯之大夫？是則陳、魯之君無知人之明以自召其禍也。故貶招于溴、貶翬于伐鄭伐宋，以戒後世之為人君者。若曰有臣如此則不可以長三軍而使四方，豈唯決二公子之辜而已？翬，公子也，而弗謂公子；招，弟也，雖弗謂弟，存公子焉。若曰疎者不良當絕其位，親者不良但不當任之，亦勿可失其貴，此深中之深、微中之微也。俗儒不知《春秋》，病於不能探深窺微。翬在所傳聞之世，訟言貶之；遂在所聞之世，唯一貶於其卒。逮所見之世，隱如疑不得貶矣。然而辭不屬不明，事不比不章，昭公之篇一曰隱如至自晉，一曰叔孫舍至自晉，同事而氏不氏異。氏者賢，不氏者惡，亦因得見端焉。且遂卒而貶，猶夫終身貶也。《春秋》之義，人道莫重乎終始。用致夫人，弗正其始，則終身不免為簒；成風之含賵會葬，王弗稱天，則終身不正其為小君；其於追命桓公亦然。故翬、招貶之於始，仲遂貶之於終，皆言乎罪大惡極足以貫其沒世者也。譏、貶、絕不槩施，每就人情所易惑者而顯示之法。人莫知大夫不敵君，而後以楚人書；人莫知卿不得憂諸侯，而後以晉人、宋人書。溴梁以降，大夫交政，未嘗貶也。郤缺之徙義、公子側之偃革，宜若有善焉，轉發其專平、專廢置之罪而以人書。不寧惟是，又因是以知士匄、公子結專其所可專，得免於貶。雖於名氏之外未有加焉，固已榮矣。鄭襄公背華附楚，賤之曰『鄭伐許』，與吳伐郯、狄伐晉文無以異。至其子衰絰興戎，則正言之曰「鄭伯伐許」，以為不待貶絕爾，第未若狄之之顯也。故襄公書葬，悼公不書葬，其葬猶之突也，其不葬也猶前之接、後之睔而蔡之肹也。傳曰：

《春秋》不待貶絕而罪惡見者，不貶絕以見罪惡也；貶絕然後罪惡見者，貶絕以見罪惡也』，又曰『《春秋》見者不復見』，皆讀此經之要法也。楚子虔哆哆然自以為討賊，而取絕于《春秋》，何則？般之弒父已見，虔之誘討難知也。名虔矣，般可以無誅乎？則又見諸絕世子有。絕有矣，蔡之臣子可釋憾於楚乎？則又見諸葬蔡靈公以為廬，伸其復讐之志。凡義無常，唯時所當。方君義屬固，則般也賊；及君義屬般，則虔也讐。此其比在刺築館，譏猶繹。王姬可以無逆，不可以逆而外之；遂不宜為大夫，既為大夫，即不得薄其恩。禮生殺不相悖，天以成其施；刑賞不偏廢，王以成其化。非《春秋》孰能則之？撥亂之術，譏與貶絕備矣，而又曰為尊者諱、為親者諱、為賢者諱。惡如可諱，何以癉惡？聞之：有虞氏貴德，夏后氏貴爵，殷周貴親，春秋監四代之令模，建百王之通軌，尊尊親親而賢其賢。尊者有過是不敢譏，親者有過是不可譏，賢者有過是不忍譏，爰變其文而為之諱，諱猶譏也。傳以諱與讐狩為譏重，是也。所謂父子相隱，直在其中，豈曲佞飾過之云乎？無駭貶去氏，故入極不嫌非滅；承徐人伐英氏，則滅項不嫌非齊。書『成鄭虎牢』於下，乃可以城不繫鄭；書『孟子卒』於後，昭公取夫人乃可以不書。其諱文而存實，有如此者。於紀侯大去，見諸侯以國為體；於入曹見同姓滅之當救；於公孫會，見司寇有八議之辟；於防、於暨、於處父，見君臣無相為盟之法。其假諱而立義，有如此者。世爭則示之以讓，世詐則示之以信，是以美召陵、高泓霍，而於讓國公子三致意焉。衛子之諱殺也、捷之諱宋也、三亡國之諱亡也，其緣賢者之心而隱惡有如此者。將因其所諱達之於所不諱，則會稷成亂以嚴君臣之分，乾時伐敗以隆父子之恩，子般忍日以正世及之坊，然乃知祖之逮聞所以為始，為將推而遠之，而後得盡其辭，又炳炳彰彰如此。嘗病《左氏》規隨擬議續經三年，顧云：『齊陳恒執其君，實于舒州。』夫凡伯以天子之使，諱不言『執』，況可加之其君乎？斥言『成叛』，抑非圍棘取運、內邑不聽之例也。故曰《左氏》之事詳、《公羊》之義長、《春秋》重義不重事，斯《公羊傳》尤不可廢。方今《左氏》舊學湮于征南，《穀梁》本義汩于武子，唯此相沿以漢司空掾任城何休《解詁》列在註疏，漢儒授受之旨藉可考見。其餘《公羊墨守》《穀梁廢疾》《左氏膏肓》《春秋漢議》《文謚例》之等尚數十篇，惜無存者。《解詁》體大思精，詞義奧衍，亦時有承訛率臆，未能醇會傳意，三世之限誤以所聞始文，所見始昭，遂強殊鼻我于快，而季姬、季友、公孫慈之日卒，皆不得其解。外大夫奔例時，諸侯出奔無罪時，有罪月；內大夫出無罪月，有罪日。功過之別，內外之差宜

然也。何邵公自設例，與經詭戾；而公孫敖之日、踋父之不日兩費詞焉。叔術妻嫂傳所不信，御公反張大之，目為非常異義可怪之論，亦猶傳本未與輒拒父，雋不疑詭引以斷衛太子之獄，致令不曉者為傳詬病。此其不通之一端也。七十子沒而微言絕，三傳作而大義睽，《春秋》之不幸耳。幸其猶有相通者，而三家之師必故各異之，使其愈久而愈歧。何氏屢蹈斯失，若『盟于包來』下，不肯援《穀梁》以釋傳；『叛者五人』，不取證《左傳》，而鑿造諫不以禮之說。又其不通之一端也。今將祛此二惑，歸於大通，輒因原注存其精粹，刪其支離，破其拘窒，增其隱漏，冀備一家之言，依舊帙次為十一卷，竊名曰《通義》。胡母生、董生既皆此經先師，雖義出傳表，卓然可信。董生緒言猶存《繁露》，而《解詁自序》以為略依胡母生《條例》，故亦未敢輕易也。昔韓文公遺殷侍御書云：『近世《公羊》學幾絕，何氏注外不見他書。聖經賢傳屏而不省，要妙之義無自而尋。非先生好之樂之，味於眾人之所不味，務張而明之，其孰能勤勤拳拳若此之至？固鄙心之所最急者，如遂蒙開釋，章分句斷，其心曉然，直使序所注掛名經端，自託不腐，其又奚辭？』蓋自有唐巨儒，惜此傳之墜絕，而望人之講明也如是。今殷侑之注已復不存，更以穴知孔見，期推測於千百禩之後，安得有道如昌黎者而就正其失也？鑽仰既竭，不知所裁。」（《公羊通義》）廣森又著《大戴禮記補注》十四卷、《詩聲類》十三卷、《禮記卮言》六卷、《經學卮言》六卷、《少廣正負術內外篇》六卷。又喜屬文，著《儀鄭堂駢麗文》三卷，江都汪中讀之，歎為絕手（《儀鄭堂文序》）。

◎民國《續修曲阜縣志》卷五《人物志‧鄉賢一‧經學》：學究漢儒，與廣林兄弟齊名。蓋當時崇尚經學，通儒碩彥，後先接踵。自顧亭林以後，戴東原、盧紹弓、錢辛楣皆有羽翼經傳之功。廣森紹百世之宗風，析羣經之奧旨，闡明絕學，厥功偉然。卒年僅三十有五，未竟其志，惜哉！著有《公羊通義》八卷、《大戴禮記補註》七卷、《詩聲類》十二卷、《禮學卮言》六卷、《經學卮言》六卷、《少廣正負術》六卷、《駢儷文》三卷、《儀鄭堂詩稿》一卷。

◎民國《續修曲阜縣志》卷七《藝文志‧選著一‧著述》：孔廣森著有《儀鄭堂集》六十卷，內《公羊傳通義》十一卷序一卷、《大戴禮記補注》十三卷序錄一卷、《禮記卮言》六卷、《經學卮言》六卷、《詩聲類》十二卷分係一卷、《少廣正負術內外篇》六卷、《駢儷文》三卷。

◎李慈銘《越縵堂讀書記・經部・春秋類》：

閱孔巽軒《公羊通義》。三傳惟《公羊》最偏誣，何休注亦最駮。巽軒偏信《公羊》，又謂《左傳》舊學湮於征南、《穀梁》本義汩於武子，而以何氏生於漢世，授受具有本原，三科九旨之說體大思精，為二傳所未有，其說皆偏。蓋以漢世最尊《公羊》，而休為漢人，杜、范皆晉人。乾嘉間漢學極盛，巽軒故為此說，是亦蔽於漢儒者矣。夫三傳各有師承，《左氏》事最詳，昔人謂其親見列國之史者，其言最確，故三傳自從《左》為長。即如僖公十七年夏滅項，《左氏》以為魯滅，《公羊》以為齊滅，不書齊者，為桓公賢者諱；此義本鑿。外滅未有不書國者，為桓公諱而僅曰滅項，則何以別於魯滅之耶？諱伯主而引外惡為內惡，夫子必不出此。《左氏》以為僖公因淮之會滅之，齊桓怒而止公，夫人姜氏會齊侯以請之，乃得釋，故下又云「公至自會」。此自是當時實事，巽軒謂《左氏》云魯滅者，未知內諱不言滅之義。然終春秋世魯自項外未嘗滅國，何以知其內諱不言滅乎？隱公二年無駭率師入極，《左氏》亦僅曰入，不曰滅；《公羊》以為諱滅而言入者，未可信也。趙匡曰：「滅而言入，實入者將如何書之？」此言頗當。又十九年邾婁人執鄫子用之，《左氏》以為宋襄公使邾文公執之者，《公羊》不言所以，而何氏以為邾、鄫因季姬故，二國交忿，邾因鄫子至其地，執而用之。此本鑿空之談，巽軒遂附會其說，而曰「《左氏》壹不知季姬事實，乃歸惡於宋襄，又托子魚諫語；趙匡譏《左氏》凡謬釋經文必廣加文辭，欲以證實其事，信哉斯言」云云。此無論其蔑傳妄斷，即論季姬之事，經於僖公十四年書曰「夏六月季姬及鄫子遇於防，使鄫子來朝」，至九月又書季姬歸於鄫。《左氏》以為季姬來寧，公怒鄫子不朝，止之。季姬因會鄫子於防而使來朝，公乃歸季姬。《公羊》但曰非使來朝，使來請己也，其說亦可與《左氏》相通。曰請己者，即言請己歸鄫也，固絕無私會擇壻之言。而何氏創為使來請娶己以為夫人之說，夫春秋世雖淫亂，未以諸侯女私會外侯要昏於父者。況魯號秉禮，僖公賢主，斷無縱其息女至此！此固何氏之最謬妄者。巽軒更曰：「季姬者伯姬之媵也，伯姬許嫁邾婁，於上九年卒。禮：嫡未嫁而死，媵猶當往，故是時魯致季姬於邾婁，行及防，遇鄫子而悅之，使來請己，僖公許焉」，則更無稽可駮。九年經書伯姬卒，《左氏》無傳，《公》《穀》亦僅曰許嫁而不言何國。漢人有曰許嫁邾婁者，亦不知何據。且伯姬卒以九年，亦無遲至五六年之久而媵始行者。媵既行則邾有迎魯有送，豈得塗遇目成，挺身更嫁？巽軒更引《白虎通義》曰：「伯姬卒時，娣季姬更嫁鄫，《春秋》譏之」，

以為即此注之證。班氏等說雖有師承，然總不如左氏之親承聖教；況其說亦不過曰季姬更嫁於鄫，終不見私許事。自邵公以鄙倍之見申私說，宋胡安國、元趙汸和之，霽軒更附會其詞，而《春秋》幾成穢史矣。聖祖仁皇帝御案從《左氏》而闕《公》《穀》，前人若蘇子由、近人若李穆堂，皆深斥何氏此詁之悖。總之《左氏》或有浮夸處，不過張皇文飾，其事自有本末。二傳雖已多疏舛，然各有師授，非向壁虛造之談。唐之啖助、趙匡，生千餘載之後，憑其私智小慧，而欲盡廢傳記，可謂小人之無忌憚者。宋劉敞、孫復輩繼興，流及明代，其怪詭百出，幾以解經為笑柄，真讀書之厄也。霽軒此書，喜學漢人注書文法，多曲奧其句，未免筆鈍舌強。然博識細心，其可取處甚多。又言何氏設例與經詭戾，序中舉其不通者數端；注中亦時有異同，往往兼采《左》《穀》，旁及諸家，擇善而從，多所補訂，是固非專己守殘者。且亦深譏啖、趙之徒，橫生異義，深為經病，而時不免轉引其說以難《左氏》，則所謂蔽耳。咸豐庚申三月二十二日。

閱《公羊通義》。孔氏注義簡嚴，既多正何解，亦不曲護傳文，治公羊家最為謹確。然如齊仲孫來之為公子慶父、季姬及鄫子遇於防之為淫奔、滅項之為齊桓，皆《公羊》之曲說，最不可通。注家例不駁傳，從而申之可也，乃必橫詆《左氏》，反以為誣。今即以齊仲孫一事明之，無論子女子所謂齊無仲孫，果何所見；齊既無仲孫，左氏何以能強造一仲孫湫之名？以魯公子外之而強屬之齊，名何以正？言何以順？此皆三尺童子能辨之矣。此經上文季子來歸，《公羊傳》曰：「其稱季子何？賢也」，此據其他皆稱公子友也。然前書公子慶父如齊矣，此又何賢乎篡弒烝淫之賊而稱仲孫也？豈為季子賢者諱而並諱慶父之名乎？外之以齊而美之以字，此何說也。以矛刺盾，恐百喙不能解也。同治辛未六月十七日。

◎劉毓崧《通義堂文集》卷四《蜚雲閣叢書序》（代阮文達公作）：近儒治何氏《公羊》者莫著於孔檢討（廣森），治鄭氏《儀禮》者莫著於張編修（惠言）。孔氏之治《公羊》，以《春秋繁露》為根本（檢討《公羊通義自序凡三引董生《繁露》），張氏之治《儀禮》以《四書》古注為楷梯（編修嘗辨四子書中漢說之當從者十事，手書成秩），其授受各有師承，皆專門名家之學也。江都凌君曉樓（曙）經術湛深，力學不倦，推廣張氏之意，著《四書典故覈》六卷，又引伸孔氏之例，著《繁露注》十七卷。既而由《四書》以通三禮，著《禮論》一卷，而鄭氏之《儀禮》遂得其指歸。復由《繁露》以通《春秋》，著《公羊禮疏》十一

卷、《公羊禮說》一卷、《公羊問答》一卷，而何氏之《公羊》亦探其奧頤。書凡六種，統名為《蜚雲閣叢書》，洵可謂任城／高密之功臣、儀鄭／茗柯之同志矣。余昔官兩廣時，延君至節署授諸子以經，並錄其書之最精者刻入《學海堂經解》。及余予告還里，而君已久歸道山。其子東笙（鏞）奉遺書乞余作序，因述其說經之淵源、為學之次第，俾後之讀其書者知所從事焉。

◎劉聲木《桐城文學撰述考》卷二「孔廣森撰述」：《公羊春秋經傳通義》十一卷敘一卷、《大戴禮記補註》十三卷敘錄一卷、《詩聲類》十二卷《分例》一卷、《禮學卮言》八卷、《經學卮言》六卷、《少廣正負術內外編》六卷、《儀鄭堂駢體文》三卷。

◎耿文光《萬卷精華樓藏書記》卷八《經部五·春秋類》「《公羊春秋通義》十一卷」（國朝孔廣森撰）：

原本。此《巽軒所著書》之第一種，先生之弟靜吾所校刊者。前有嘉慶十七年孔廣廉序、全書目、翁氏總序、阮氏《通義序》。內題「何氏解詁，孔廣森謹案」。末有自序一卷，共十二卷。

阮氏序曰：「《公羊》之學兩漢最盛，然說者既多，至有背經任意者。任城何君起而修之，覃精積思，閉門十有七年，乃有成書。略依胡母生條例而作解詁，其本單行。至晉劉兆始內經傳中，以朱書別之。六朝時，何休之學猶盛行於河北，厥後漸微，幾成絕學。先生思述祖志，從事於《公羊春秋》，謂趙汸最為近正，何氏體大思精，然不無承訛率臆。於是旁通諸家，兼采《左》《穀》，凡諸經籍，義有可通於《公羊》者，多著錄之。何氏之失，多所裨損，以成一家之言。元為聖門之甥，讀先生此書，始知聖志之所在。因敬敘之。」

孔氏自序曰：「《春秋》之書，上本天道，中用王法，而下理人情。天道者，一曰時，二曰月，三曰日；王法者，一曰譏，二曰貶，三曰絕；人情者，一曰尊，二曰親，三曰賢。此三科九旨，唯公羊氏有是說焉。今因原注，刪其支陋，冀為一家之言。」

翁氏序曰：「《漢志》：《三朝記》七篇。王應麟曰：今在《大戴禮》，《千乘》、《四代》、《虞戴德》、《誥志》、《小辨》、《用兵》、《少間》也。撝約曰：《小辨》、《用兵》、《少間》，此三篇當在《文王官人》之前。則《三朝記》七篇相屬，此實《大戴》篇次之定論，學者所宜知也。撝約所輯《岐鼓凡將》手篆一冊，予題詩於後，屢檢未得。又其讀《漢書》一條，《地理志》下篇魯國分壄之末，『東平、須昌、壽良皆在濟東，屬魯，非宋地也』，嘗考此句師古亦誤注。撝

約曰：「此十八字是後人讀《漢志》者校勘之語，須昌、壽良皆屬東郡。光武叔父名良，故曰壽張。今仍稱壽良，知是魏以後人所校語，雜入正文耳。此於考訂《漢志》極有益，即書於簡端，非必以序例之耳。」

（文光案：近世為《公羊》學者，孔氏之外，凌曙《公羊禮疏》十一卷、《公羊禮說》一卷、《公羊問答》二卷皆刻入凌氏《叢書》，劉逢祿《公羊何氏釋例》十卷、《公羊何氏解詁箋》一卷皆刻入《學海堂經解》，姚鼐《公羊補注》一卷刻入《全集》，陳奐《公羊逸禮考證》一卷刻入《滂喜齋叢書》。而《穀梁》甚微，姚氏有《穀梁補注》，《續經解》中有《穀梁》二三種，未及細錄。又李文淵《左傳評》三卷，有抄本。沈豫《左官異禮略》一卷、方氏《左傳義法舉要》一卷，皆集本。劉逢祿《左氏春秋考證》二卷，《學海》本。焦循《杜注補疏》五卷，《雕菰樓》本。范照藜《左傳釋人》十二卷，原本。沈彤《左傳小疏》一卷，曹基《左傳條貫》十八卷。臧壽精於算術，著《左氏古文》九卷，自昭公二十三年以下，門人楊峴續成。凡此皆讀《左》者所當知也）。

◎楊鍾羲《續修四庫全書提要・公羊春秋經傳通義》：漢時傳《公羊》者，胡母子都、董仲舒，仲舒傳褚大、嬴公、段仲溫、呂步舒，嬴公授孟卿及眭弘，弘授嚴彭祖、顏安樂，由是《公羊》有嚴、顏之學，數傳至孫寶。後漢何休為之解詁，略依胡母生《條例》，亦多本於《春秋繁露》。廣森少受經於戴震，為三禮及《公羊春秋》之學，以《解詁》精奧，然不無承訛率臆，於是綜覽諸家，兼采《左》《穀》，撰《春秋公羊通義》十一卷序一卷。其不同於《解詁》者，如謂：「古者諸侯分土而守、分民而治，有不純臣之義，故各得紀年於其境內。而何邵公猥謂唯王者然後改元立號，經書元年為託王於魯，則自蹈所云『反傳違戾』之失矣」、「春秋分十二公而為三世，舊說所傳聞之世隱、桓、莊、閔〔註11〕也，聞之世文、宣、成、襄也，所見之世昭、定哀也。顏安樂以為襄公二十三年『邾婁鼻我來奔』，云『邾婁無大夫，此何以書？以近書也』，又昭公二十七年『邾婁快來奔』，傳云『邾婁無大夫，此何以書？以近書也』，二文不異，同宜一世，故斷自孔子，自後即為所見之世從之」、「桓十七年經無『夏』，獨《公羊》脫耳，何氏謂『夏者陽也，月者陰也，去夏者，明夫人不繫於公也』，所不敢言」，於邵公好而知其惡，多所裨損。乾隆丙午將卒之前數夕，語其弟廣廉曰：「余生平所述，詎逮古人？《公羊》一編，差堪自信。」嘉慶壬申廣廉為版行焉。阮元稱其書「醇會貫通，使是非之旨不謬於聖人。」何氏《文諡

〔註11〕《公羊通義》「閔」下有「僖」字。

例》云：「三科九旨者，新周、故宋、以《春秋》當新王，此一科三旨也」，又云：「所見異辭，所聞異辭，所傳聞又異辭，二科六旨也」，又「內其國而外諸侯〔註12〕，內諸侯而外夷狄，是三科九旨也」。廣森別以天道、王法、人情為三科，謂：「《春秋》上本天道，中用王法，而下理人情。天道者，一曰時、二曰月、三曰日；王法者，一曰讓〔註13〕、二曰貶、三曰絕；人情者，一曰尊、二曰親、三曰賢，此三科九旨。」尋《公羊傳》，文實無所謂三科九旨，西漢大師自有所受，何休承襲之，顨軒用科旨而自為新說，議者謂其進退失據。不知新周、王魯於傳無據，作《春秋》者所不知也。惟宣十六年「成周宣榭災」，《公羊傳》云：「外災不書，此何以書？新周也。」何注：「孔子以《春秋》為新王，上黜杞，下新周而故宋。」此取《春秋繁露》「王魯、黜夏、新周、故宋」之說以解之也。廣森謂：「周之東遷本在王城，及敬王遷成周，作傳號為新周。猶晉徙於新田謂之新絳，鄭居郭鄶之間謂之新鄭，實非如注解。故宋傳絕無文，唯《穀梁》有之，然意尤不相涉。」陳澧謂：「賈逵《長義》駁黜周王魯之說，晉王接云：『《公羊》通經為長，何休訓釋甚詳，而黜周王魯，大體乖硋。』《直齋書錄解題》云：『黜周王魯、變周文從殷質之類，《公羊》皆無其文』，此皆能為《公羊》辯誣。然『新周』二字自董生以來二千年，至顨軒乃大明，可謂《公羊》功臣。」蓋其好學深思，知黜周王魯之說，何休比附經義，出《公羊》意外，何可誣吾孔子。孔子奉天道用文王法作魯《春秋》，豈能有此？廣森為能刪其支離破其拘窒。朱一新乃謂此書於《公羊》學尚淺，何也？《通義序》云：「七十子沒而微言絕，三傳作而大義乖，《春秋》之不幸耳。幸其猶有相通者，而三家之師必故各異之，使其愈久而愈歧。何氏屢蹈斯失，若『盟于包來』下，不肯援《穀梁》以釋傳，『叛者五人』，不取證《左傳》而鑿造『諫不以禮』之說」。」其義允矣。乃又謂：「大凡學者謂《春秋》事略、《左傳》事詳，經傳必相待而行，此即大惑。文王繫《易》，安知異日有為之作十翼者？周公次《詩》，安知異日有為之作小序者？聖人之所為經，雖無三子者之傳，方且揭日月而不晦。」陳澧謂：「使有經而無傳，何由知隱公為惠公之子、桓公之兄，何由知弒隱公者為何人。聖人作經，待傳而著，去傳解經，始於啖、趙。」顨軒何亦為此說？劉逢祿《解詁箋》，其惠公仲子不從《公羊》而從《穀梁》，顨軒則不取《穀梁》，此類未免千慮之一失耳。

〔註12〕《公羊通義》「諸侯作「諸夏」字。
〔註13〕據《公羊通義》，「讓」當作「譏」。

◎趙爾巽《清史稿》卷一百四十五志一百二十《藝文》一：《春秋公羊通義》十一卷敘一卷，孔廣森撰。

◎張之洞《書目答問》卷一《經部》：《春秋公羊通義》十一卷、敘一卷（孔廣森。《顨軒所著書》本。學海堂本）。

◎上海古籍出版社 2015 年《續修四庫全書總目提要·春秋類》「《公羊春秋經傳通義》十一卷敘一卷」：前有廣森弟廣廉《敘略》及阮元撰《春秋公羊通義序》，末有孔廣森自敘。孔氏謂「《春秋》重義不重事」，故於《春秋》三傳，《左傳》記事雖詳，然《公羊》之義實長於《左傳》，故曰「知《春秋》者，其唯公羊子乎」；然又以三傳各有價值，「公羊、穀梁、左邱明並出於周秦之交，源於七十子之黨，學者固不得而畸尚而偏詆也」。則三傳可相資為用，互相會通。是書以何休《公羊解詁》為底本，然於何休又頗不滿，以為其有兩大「不通」：其一，「承訛率臆，未能醇會傳意」；其二，墨守《公羊》，不肯援用《左傳》、《穀梁》之說。因此，《通義》雖以《解詁》為基礎，然更「祛此二惑，歸於大通，輒因原注，存其精粹，刪其支離，破其拘窒，增其隱漏，冀備一家之言」。孔氏又不取何休「三科九旨」之說，而別以天道、王法、人情為「三科」，時、月、日、譏、貶、絕、尊、親、賢為「九旨」。其中，時、月、日為「天道科」，譏、貶、絕為「王法科」，尊、親、賢為「人情科」。此說大異何休之說，遂頗為劉逢祿等清代公羊學者所詬病。外此，其於公羊「三世」說之界定，亦與董仲舒、何休不同。蓋董、何以隱、桓、莊、閔、僖為「所傳聞世」，以文、宣、成、襄為「所聞世」，以昭、定、哀為「所見世」，然廣森不取此說，而采漢代顏安樂之說，即以孔子所生之襄二十三年區分所見與所聞世。廣森為戴震弟子，又心儀鄭玄，甚至名其書齋為「儀鄭堂」，故其治《公羊》，頗用力於經文之訓詁考據，則以樸學態度治《公羊》，誠其書之特色。是書實屬清代公羊學之嚴格著述，頗受後人推崇。劉逢祿嘗謂：「清興百有餘年，而曲阜孔先生廣森，始以《公羊春秋》為家法，於以廓清諸儒據赴告、據《左氏》、據《周官》之積蔽，箴貶眾說無日月、無名字、無褒貶之陳羹，豈不謂素王之哲孫、麟經之絕學。」此本據上海辭書出版社圖書館藏清嘉慶刻《顨軒孔氏所著書》本影印。（郭曉東）

孔廣森 孔氏春秋公羊通義 二卷 存

湖南社科院藏仲軒群書雜著稿本

光緒十三年（1887）點石齋石印袖珍經策通纂本〔註14〕
光緒二十五年（1899）上海點石齋石印經學輯要本〔註15〕

孔廣森 列國事語分類考釋 一卷 存

山東省曲阜市文物管理委員會藏稿本

孔廣栻 春秋長曆考 一卷 存

國圖藏稿本

◎孔廣栻（1755～1799），字伯誠（北城），號一齋。孔繼涵子，孔子七十代孫。直隸昌平（今屬北京）人。乾隆舉人。家教甚嚴，天資聰敏。著有《周官知事》、《惠棟九經古義所引國語》、《春秋長曆考》一卷、《春秋地名考》一卷補遺一卷、《春秋地名考異》一卷、《春秋地名同名錄》一卷補遺一卷、《春秋人名同名錄》一卷、《春秋世族譜》一卷、《春秋世族譜考》一卷、《春秋釋例補遺》一卷、《春秋釋例世族譜補缺》一卷、《春秋疏引地名》一卷、《左國蒙求》一卷、《國語解訂譌》一卷、《藤梧館詩草》一卷、《藤梧館雜體文》，又輯《春秋摘微》一卷、《春秋折衷論》一卷。

孔廣栻 春秋地名考 一卷 補遺一卷 存

國圖藏清抄本

◎序：嗣杜氏為《春秋》地名之學存於今者，莫最於宋程公說《春秋分記》之疆理書。程氏全取杜氏地名，證以宋之州縣；取杜氏所疑所闕者別而出之列諸國後。至顧棟高《大事表》、高士奇所刊許嵩（敬可）《地名考畧》、馬驌《事緯》之地名譜、惠棟《左氏補注》，皆未獲見《釋例》之書，故多刜始之繁而且嫌卷帙之富。益嘆古人著述之善，因取經傳中與地名相涉而杜氏所未及者，暨杜氏所闕及證杜之譌者附之後。乾隆癸卯秋八月，孔繼涵識。

孔廣栻 春秋地名考異 一卷 存

國圖藏清抄本

孔廣栻 春秋地名目錄 一卷 補遺一卷 存

國圖藏清抄本

〔註14〕作《公羊通義》一卷。
〔註15〕作《公羊通義》無卷數。

孔廣栻 春秋地名同名錄 一卷 補遺一卷 存

國圖藏清抄本

國圖藏清抄本（題《春秋地名錄》一卷）

◎書末又錄春秋閏月、春秋日食。

孔廣栻 春秋人名同名錄 一卷 存

國圖藏清抄本

◎一名《春秋人名錄》《春秋人同名錄》。

孔廣栻 春秋世族譜 一卷 存

國圖藏清抄本（附錄世族譜佚文）

北大藏乾隆四十八年（1783）孔氏芳杜軒抄本（附錄一卷）

◎一名《補杜氏釋例春秋世族譜》。

◎春秋世族譜目錄：魯（二百九十七人）。周（二百五人）。邾（缺。据程公說《春秋分記·名譜》補。二十五人）。鄭（二百一人）。宋（缺。据程公說《分記·世譜》補。八十六人）。紀（三人）。衛（百九十五人）。虢（十一人）。莒（缺。据《名譜》補。二十七人）。齊（缺。据《世譜》補。二百七十一人）。陳（五十一人）。杞（八人）。蔡（缺。据《世譜》補。三十五人）。郕（一人）。晉（缺。据《世譜》補。二百八十八人）。薛（缺。据《名譜》補。八人）。許（十五人）。曹（缺。据《世譜》補。二十四人）。北燕（缺。《分記》同。据《左傳》襄二十八年《正義》所引譜云云補序。○人缺）。楚（缺。据《世譜》補。二百八十三人）。虞（缺。据《名譜》補。四人）。小邾（有人無序。据《左傳》莊五年《正義》引譜云云補。六人）。吳（四十一人）。越。滕（七人）。南燕（缺）。夷（缺）。白狄。赤狄（按《四夷譜》不全，又無序。今据《分記·名譜》補二十三人。又自此以下《世族譜》全缺，並無序，今並據《左傳正義》及《分記》補）。秦（缺序。据《世族譜》補。四十四人）。越（缺序。据《左傳》宣八年《正義》引譜云云補。人据《分記·名譜》補。十四人）。小國名譜（凡四十四國七十五人。据《名譜》補）。古人名譜（凡百三十四人。据《名譜》補）。以上凡二千三百四十二人。乾隆癸卯冬十一月十二日己亥芳杜軒抄。

◎補杜氏釋例春秋世族譜序：杜當陽既為《春秋左氏經傳集解》三十卷，又著《釋例》四十卷，其《長曆》本之劉洪《乾象曆》、《地名》本之泰始《郡國圖》、《世族譜》本之古史官《世本》。今惟《集解》盛行而《釋例》幾隱，《隋志》僅十五卷，疑亦未全之書。曲阜孔農部渼谷訪得《長曆》《地名》兩

種善本，先梓以公諸世，而《世族譜》則殘缺特甚。長公孝廉百城廣枳有意補之，凡二十九國，又小國四十四，其末以《古人名譜》終焉。所采輯多据孔氏《正義》，他若馮氏之《名號歸一圖》并近代馬氏之《世系圖》《名氏譜》、程氏之《春秋分記》，雖皆不能無所失，然亦擇其是者而從之，於是此書乃粲然復明於世。余惟譜牒之學，古人所難。三王以前固難考已，若當春秋之時，交際往來，紛紜錯雜。經與傳殊，即傳之中或名或字或爵或謚，亦無一定，使不為之甄綜而薈萃之，其能三桓七穆條疏無滯者，幾人哉！考《崇文摠目》有唐人《演左氏謚族圖》五卷，明焦氏《經籍志》尚有《春秋宗族名氏譜》五卷、《春秋謚族譜》一卷、《春秋名字異同錄》一卷，近亦多未見。雖然由唐而來，其可訂補者，今皆備於斯矣，固亦可無藉於諸書之參證也。百城索余序，諾之有日，不果作。今忽聞農部君新棄養，其志業之未竟者，深有賴於後之人，此書亦其一也。因亟序而歸之。余之所望於百城者大，蓋不僅以近時虞山毛斧季、晉江黃俞邰輩相比擬而已。乾隆甲辰仲春既望，杭東里人盧文弨序。

◎補杜氏釋例世族譜序〔註16〕：春秋卿大夫非公弟即公子，非公孫即公族，即其異姓之臣，亦多子孫相承襲，周家〔註17〕世官世祿之法具見於此。故經傳所載列國人物皆有族裔世次可稽焉，然綜二百四十年之中大小諸國人物幾二千二三百人，紛紜錯雜〔註18〕，其間有父子世見者，有祖孫間世見者，有父子祖孫世見而忽缺一代者，或諸族而本出〔註19〕一源，或始一族而別出〔註20〕為氏，或由本國而出任〔註21〕他國，或先奔他國後〔註22〕仍歸本國，而又有雜人混其中，一時同名氏者混其中。其難為甄綜條貫，蓋不特稱名稱字稱爵稱謚不同一端〔註23〕也。杜當陽及見《世本》，故其著《釋例》，特於《長曆》《土地名》外，輯《世族譜》一書，並附《經傳集解》以行〔註24〕。而後世多未見，由是《演左氏謚族圖》《春秋宗族名氏譜》《春秋名字異同錄》作者

〔註16〕又見於戚學標《鶴泉文鈔》卷上，題《補杜氏釋例世族譜序》。
〔註17〕戚學標《鶴泉文鈔》卷上《補杜氏釋例世族譜序》無「周家」二字。
〔註18〕戚學標《鶴泉文鈔》卷上《補杜氏釋例世族譜序》「紛紜錯雜」作「雜亂糅苴」。
〔註19〕戚學標《鶴泉文鈔》卷上《補杜氏釋例世族譜序》無「出」字。
〔註20〕戚學標《鶴泉文鈔》卷上《補杜氏釋例世族譜序》無「出」字。
〔註21〕戚學標《鶴泉文鈔》卷上《補杜氏釋例世族譜序》「出任」作「仕」。
〔註22〕戚學標《鶴泉文鈔》卷上《補杜氏釋例世族譜序》「後」作「而後」。
〔註23〕戚學標《鶴泉文鈔》卷上《補杜氏釋例世族譜序》「一端」作「數端」。
〔註24〕戚學標《鶴泉文鈔》卷上《補杜氏釋例世族譜序》「特於《長曆》《土地名》外，輯《世族譜》一書，並附《經傳集解》以行」作「有《世族譜》一書，附《經傳集解》以行」。

紛紛，而杜氏原書幾隱矣。此本係曲阜孔㳽谷先生官農部時，於《永樂大典》內得之。其例每國有敍，先公、次夫人、次公族、次諸侯，皆一一譜之，原委次序，如肉貫毌。其不可譜則揔為雜人，計國二十九，又小國四十四，而終以《古人名譜》。惜散佚已久，如宋齊等國並缺，或有譜而無敍，烏焉帝虎之訛又〔註25〕無論焉。先生嘗欲稍〔註26〕采補令完善，與《長曆》《土地名》二種並梓公世〔註27〕，遽謝世不果〔註28〕。於是長公孝廉伯誠承先志續成之。伯誠淵源〔註29〕家學，於諸經多所折證，尤銳意《春秋內外傳》，即以名氏一類言之，如辨行人子羽〔註30〕非七穆之子羽，則據成十八年傳子羽為公子班所殺；辨兩士匄其字伯瑕者字當從丏則據楚令尹陽丏字子瑕及陸氏《釋文》；辨士會以官為氏非土杜字通，則據《晉語》「子輿為理」及班固「范氏為士師」語，而訂焦弱侯、惠定宇讀土之誤。皆確有實見〔註31〕。然是書但於其散見孔氏《正義》及程公說《分記》所採取補缺佚，其他引用無世族譜字並置不錄，尤不欲淆以己意〔註32〕。蓋務于表章遺籍，俾古人本意不失，其用心之勤且慎如此。而數千年以上人物族裔世次得此已可瞭然于中，無紛紜錯雜〔註33〕之患矣。然〔註34〕余尤望百城體先人公世〔註35〕之志，從而鏤之于版以廣其傳，則為功先賢而嘉惠同學〔註36〕益靡有窮已！乾隆乙巳七月二十七日，平泉友人戚學標鶴泉序〔註37〕。

〔註25〕戚學標《鶴泉文鈔》卷上《補杜氏釋例世族譜序》「又」作「更」。
〔註26〕戚學標《鶴泉文鈔》卷上《補杜氏釋例世族譜序》無「稍」字。
〔註27〕戚學標《鶴泉文鈔》卷上《補杜氏釋例世族譜序》無「公世」二字。
〔註28〕戚學標《鶴泉文鈔》卷上《補杜氏釋例世族譜序》「遽謝世未果」作「志未行遽謝世」。
〔註29〕戚學標《鶴泉文鈔》卷上《補杜氏釋例世族譜序》「淵源」作「胎源」。
〔註30〕戚學標《鶴泉文鈔》卷上《補杜氏釋例世族譜序》「子羽」下多「為公孫」三字。
〔註31〕戚學標《鶴泉文鈔》卷上《補杜氏釋例世族譜序》無「確有實見」四字。
〔註32〕戚學標《鶴泉文鈔》卷上《補杜氏釋例世族譜序》「然是書但於其散見孔氏《正義》及程公說《分記》所採取補缺佚，其他引用無世族譜字並置不錄，尤不欲淆以己意」作「然但自論述，而是書則校訂錯謬，署取散見孔氏《正義》及程公說《分記》所採，補其缺佚，不淆以他說」。
〔註33〕戚學標《鶴泉文鈔》卷上《補杜氏釋例世族譜序》「紛紜錯雜」作「雜亂糅苴」。
〔註34〕戚學標《鶴泉文鈔》卷上《補杜氏釋例世族譜序》「然」作「顧」。
〔註35〕戚學標《鶴泉文鈔》卷上《補杜氏釋例世族譜序》無「公世」二字。
〔註36〕戚學標《鶴泉文鈔》卷上《補杜氏釋例世族譜序》「同學」作「後學」。
〔註37〕戚學標《鶴泉文鈔》卷上《補杜氏釋例世族譜序》無「平泉友人戚學標鶴泉序」句。

孔廣杕 春秋世族譜考 一卷 存

國圖藏清抄本

◎戚學標《鶴泉文鈔》卷下《孝廉孔君一齋墓誌銘》：比長，益銳於學，自經傳子史至雜家，靡不研究。戶部喜著述，多板行，惟蒐集諸家解《麟經》書厥緒未竟，君乃終之。刻《春秋世族譜》《春秋地名人名同名錄》《春秋閏例／日食例》《左國蒙求》《國語解訂訛》。又手序隋劉炫《春秋規過》、唐盧仝《春秋摘微》、陳子昂《春秋折衷論》等書，餘如《周官聯事》及詩文集復十數種。昔談遷作史、韋平傳經，並世其業，箕冶不墜。千秋之學，復見君父子，宜乎薄海流布，藝林傳美，奉為詩禮之宗，嘆慕聖人之後。天假之年，乃益未艾。不虞君之限以是也！聞君垂危猶喃喃索某書，及書進，則謂是無字者。嗚呼！君生平精力耗於此矣。

孔廣杕 春秋釋例補遺 一卷 存

國圖藏稿本

孔廣杕 春秋釋例世族譜補缺 一卷 存

國圖藏稿本

國圖藏清抄本

孔廣杕 春秋疏引地名 一卷 存

國圖藏清抄本

孔廣杕 春秋土地名考 一卷 補遺一卷 存

國圖藏清抄本

孔廣杕 春秋土地名考異 一卷 存

國圖藏清抄本

孔廣杕 左國蒙求 一卷 存

國圖藏稿本

◎四言韻語括《左》《國》事。

◎卷末云：《公》《穀》傳疑，游夏莫贊。我贅蕪詞，茲焉永嘆。

孔廣栻輯 春秋規過 未見

◎隋劉炫原撰。

◎民國《續修曲阜縣志》卷七《藝文志・選著一・著述》：孔廣栻著有《周官聯事》二卷、《藤梧館詩鈔》八卷，校刻《春秋世族譜》、《春秋地名人名同名錄》、《春秋閏例日食》、《左國蒙求》、《國語解訂譌》。又手序隋劉炫《春秋規過》、唐盧仝《春秋摘微》、陳子昂《春秋折衷論》。

◎民國《續修曲阜縣志》卷五《人物志・鄉賢一・經學》：於學自經傳子史至雜家，靡不研究。其父之著述多版行，惟蒐集諸家解麟經書厥緒未竟，廣栻乃踵而成之。孝友出天性，舞衣承歡，齧指知痛，可謂有學行之君子矣。著有《周官聯事》二卷、《藤梧館詩鈔》八卷，校刻《春秋世族譜》、《春秋地名人名同名錄》、《春秋閏例日食例》、《左國蒙求》、《國語解訂譌》。又手序隋劉炫《春秋規過》、唐盧仝《春秋摘微》、陳子昂《春秋折衷論》。

孔廣栻輯 春秋摘微 一卷 存

國圖藏清抄本

◎唐盧仝原撰。

孔廣栻輯 春秋折衷論 一卷 存

國圖藏清抄本

◎唐陳岳原撰。

孔繼涵 春秋地名考 一卷 存

北大藏乾隆四十八年（1783）稿本

國圖藏清抄本

◎孔繼涵，字體生，號孟。山東曲阜人。乾隆三十六年（1771）進士。官戶部主事。著有《周官聯事》、《補林氏考工記》一卷、《考工車度記》一卷、《讀禮偶識》一卷、《春秋地名考》一卷、《春秋地名同名錄》一卷、《春秋地名人名同名錄》一卷、《春秋閏例日食例》、《春秋世族譜補》一卷、《春秋戰殺例補》一卷、《左國蒙求》不分卷、《五經文字疑》一卷、《九經字樣疑》一卷、《相臺書塾刊正九經三傳沿革例》一卷。

孔繼涵 春秋地名同名錄 一卷 存

國圖藏清抄本

孔繼涵 春秋地名人名同名錄 一卷 存

國圖藏清抄本

◎孫葆田《山東通志》卷百二十七《藝文志》第十：諸編俱見《山左詩續鈔》。

◎《續修曲阜縣志・著述》題繼涵子廣栻著。

孔繼涵 春秋閏例日食例 未見

◎孫葆田《山東通志》卷百二十七《藝文志》第十：諸編俱見《山左詩續鈔》。

◎張之洞《書目答問》卷一《經部》：《春秋經傳朔閏表發覆》四卷（施彥士。附刻范景福《春秋上律表》四篇。《求己堂八種》本。孔繼涵《春秋閏例日食例》，未見傳本）。

◎《續修曲阜縣志・著述》題繼涵子廣栻著。

孔繼涵 春秋世族譜補 一卷 存

遼寧藏乾隆孔氏稿本

孔繼涵 春秋戰殺例補 一卷 存

遼寧藏乾隆孔氏稿本
◎晉杜預原撰。

孔繼涵 左國蒙求 不分卷 存

國圖藏清稿本
國圖藏清抄本
◎孫葆田《山東通志》卷百二十七《藝文志》第十：諸編俱見《山左詩續鈔》。

◎《續修曲阜縣志・著述》題繼涵子廣栻著。

孔尚豫 春秋尊義 佚

◎康熙《江南通志》卷四十九《人物·孔尚豫》：著有《春秋尊義》諸稿。

◎宣統《建德縣志》卷十五《人物志·宦績》：所著有《春秋尊義》《易解》《詒書堂類稿》行世。

◎孔尚豫，字仲石，更名尚鏞。安徽東至人。孔貞時次子。廩生。屢舉不第。與伯兄尚蒙氣節相砥礪，人稱蘭溪二孔。晚精理學，究心當世之務。著有《易解》《春秋尊義》《詒書堂類稿》。

庫勒納 李光地 日講春秋解義 六十四卷 總說一卷 存

哈佛燕京圖書館、普林斯頓大學東亞圖書館、國圖、北大、故宮、上海、復旦、南開藏乾隆二年（1737）內府刻本

四庫本

四庫薈要本

南京藏抄本

吉林出版集團 2005 年影印四庫薈要本

海南出版社 2013 年故宮珍本叢刊精選整理本叢書田洪整理簡體橫排本

2014 年華齡出版社薛治校本

中國書店出版社 2016 年簡體橫排標點注釋本（李孝國、楊為剛等今注）

◎卷首總說：綱領、經傳源流、傳注得失。

◎卷目：第一卷隱公（元年之二年）。第二卷隱公（三年之四年）。第三卷隱公（五年之七年）。第四卷隱公（八年之十一年）。第五卷桓公（元年之三年）。第六卷桓公（四年之八年）。第七卷桓公（九年之十三年）。第八卷桓公（十四年之十八年）。第九卷莊公（元年之六年）。第十卷莊公（七年之十一年）。第十一卷莊公（十二年之十九年）。第十二卷莊公（二十年之二十六年）。第十三卷莊公（二十七年之三十二年）。第十四卷閔公（元年之二年）。第十五卷僖公（元年之四年）。第十六卷僖公（五年之九年）。第十七卷僖公（十年之十五年）。第十八卷僖公（十六年之二十年）。第十九卷僖公（二十一年之二十三年）。第二十卷僖公（二十四年之二十七年）。第二十一卷僖公（二十八年）。第二十二卷僖公（二十九年之三十三年）。第二十三卷文公（元年之四年）。第二十四卷文公（五年之九年）。第二十五卷文公（十年之十四年）。第二十六卷文公（十五年之十八年）。第二十七卷宣公（元年之四年）。第二十八卷宣公（五年之十年）。第二十九卷宣公（十一年之十三

年）。第三十卷宣公（十四年之十八年）。第三十一卷成公（元年之二年）。第三十二卷成公（三年之六年）。第三十三卷成公（七年之九年）。第三十四卷成公（十年之十四年）。第三十五卷成公（十五年之十六年）。第三十六卷成公（十七年之十八年）。第三十七卷襄公（元年之六年）。第三十八卷襄公（七年之九年）。第三十九卷襄公（十年之十三年）。第四十卷襄公（十四年之十六年）。第四十一卷襄公（十七年之二十年）。第四十二卷襄公（二十一年之二十三年）。第四十三卷襄公（二十四年之二十五年）。第四十四卷襄公（二十六年之二十七年）。第四十五卷襄公（二十八年之二十九年）。第四十六卷襄公（三十年之三十一年）。第四十七卷昭公（元年之二年）。第四十八卷昭公（三年之五年）。第四十九卷昭公（六年之八年）。第五十卷昭公（九年之十二年）。第五十一卷昭公（十三年）。第五十二卷昭公（十四年之十八年）。第五十三卷昭公（十九年之二十一年）。第五十四卷昭公（二十二年之二十五年）。第五十五卷昭公（二十六年之二十八）年。第五十六卷昭公（二十九年之三十二年）。第五十七卷定公（元年之四年）。第五十八卷定公（五年之八年）。第五十九卷定公（九年之十二年）。第六十卷定公（十三年之十五年）。第六十一卷哀公（元年之五年）。第六十二卷哀公（六年之十年）。第六十三卷哀公（十一年之十四年）。第六十四卷哀公（十五年之二十七年）。

◎聖祖仁皇帝御製日講春秋解義序：朕惟《春秋》者帝王經世之大法、史外傳心之要典也，大義炳若日星而褒貶筆削微顯婉章非後世所能窺，至其立法謹嚴，宅心一本忠恕，因善惡是非而施予奪焉。有正例，有變例，有事同而辭異，有事異而辭同。一人之身，前後不相掩；一人之事，功過不妨殊。如化工之肖物，隨類付形，未嘗有所容心於其間。後之說經者，或穿鑿深文，或附會失實，固難悉當聖人之心。左氏親見聖人，公羊、穀梁、及門子夏猶彼此牴牾，駁駁互見，何況去聖人日遠，紛紜探索如漢唐以下董仲舒、趙匡、啖助諸家乎！惟宋康侯胡氏潛心二十年，事本《左氏》，義取《公》《穀》，萃諸家之長，勒成一家之書。雖持論過激，抉隱太嚴，未必當日聖心皆然。要其本三綱，奉九法，明王道，正人心，於《春秋》大旨十常得其六七，較之漢唐以後諸家優矣。朕萬幾之暇，研精六經，竊有嘅於《春秋》經聖人手定，其袞鉞本乎王章，刑賞原於忠厚，義例雖繁，而其明白正大之旨必不如後之說經者委折碎細若此。爰命儒臣撰集進講，大約以胡氏為宗而去其論之太甚者。無傳經文則博採諸儒論注以補之，朕亦時有所折衷，期歸於一。編輯成書，朝夕省覽，亦欲俾學者有所遵守，其於經世大法、傳心要典未必無少助云爾。

◎御製日講春秋解義序：嘗考《春秋》經文，不過萬有六千三百餘言，自三傳以後羣儒義疏累數千萬言，而微詞隱義之難明者猶十有六七。蓋是經乃孔子所手定也，辭約而義深，聖心之所運用，每舉一事，其義必貫於全經，非若他經一章一節各指一事，雖有不通而不害其可通者。故程朱二子深探力索久之，皆見為難明而止。至明初胡氏安國之說遂獨列於學官，以朱子深病是經之難通，而教門人姑從胡氏之說也。然謂其以義理穿鑿則非義理之真，而於聖人筆削之旨未能脗合明矣。故自明以來，雖著功令，科舉之士稟為程式，而終不足以服學者之心。我聖祖仁皇帝聰明天亶，自少時即篤好經書。及躬攬大政，辨色出視朝，裁決萬幾甫畢，即召儒臣講論經義，務抉其根源，參伍羣言以求至當。經筵所進《日講四書》及《尚書／周易解義》皆裁自聖心以為無憾者，故即時刊布。及晚年以明初《五經大全》收採討論尚未精詳，口授指畫成《周易折衷》一書，《詩》《書》《春秋》則命重臣開館編次而親釐定之。惟《三禮》體大，未議纂修，蓋有待也。《周易折衷》成於康熙五十四年，《春秋傳說彙纂》成于六十年，已經頒布；餘二經則至我皇考纘序之後，始次第告成。皇考大孝尊親，凡皇祖一言一動莫不敬述，以昭示來茲。念欽定《春秋》于胡氏之說既多駁正，則廷臣當日所進講義一遵胡氏之舊者，於聖心自多未洽。是以遲之又久，未嘗宣布，必將俟諸經備成，而後重加討論也。故再降諭旨，命果親王允禮、大學士張廷玉、內閣學士方苞詳細校訂，始事於雍正七年，恭呈御覽者再，而後告成，凡六十四卷。乾隆二年鋟版既訖，諸臣請製序文頒示海內，朕反覆循覽，於胡氏穿鑿之說曠若發蒙，筆削之旨闡明者亦過半焉。夫《解義》之成，蓋數十年於茲矣，觀皇祖之久不宣布，可以徵望道未見之心；觀皇考之再三考訂而後命刊，可以知善繼善述之義。豈惟是經之窔突將由是以開通哉，即兩朝聖人之心法治法，亦於斯可覩矣！乾隆二年丁巳仲春月。

◎乾隆二年正月二十四日奉旨開載監修總裁、分撰、校訂、校錄、校刊、監造諸臣銜名：

總裁：經筵日講官起居注禮部左侍郎管翰林院掌院學士事臣庫勒納、經筵日講官起居注翰林院掌院學士兼禮部侍郎臣李光地。

分撰：日講官起居注詹事府少詹事兼翰林院侍講學士臣王封濚、日講官起居注詹事府少詹事兼翰林院侍講學士臣高士奇、日講官起居注詹事府少詹事兼翰林院侍講學士臣田喜篝、日講官起居注侍讀學士臣德格勒、日講官起居注

侍讀學士臣博濟、日講官起居注侍讀學士臣朱都納、日講官起居注侍讀學士臣思格則、日講官起居注侍讀學士臣彭孫遹。

監修：總理事務和碩莊親王臣允祿。

校訂：總理事務和碩果親王臣允禮、總理事務少保大學士臣張廷玉、內閣學士兼禮部侍郎臣方苞。

校錄：翰林院侍讀今任福建學政臣周學健、翰林院編修臣朱良裘、翰林院編修臣余棟、翰林院編修臣鄧啟元、翰林院檢討臣周龍官、翰林院編修臣王興吾、翰林院編修臣呂熾、翰林院編修臣夏廷芝、翰林院編修臣王檢、原任翰林院編修今任山西道監察御史臣劉元爕、原任翰林院編修今任福建道監察御史臣鹿邁祖、原任翰林院編修今任吏部驗封司郎中臣陳其凝、原任翰林院編修今任刑部陝西司員外郎臣吳文煥、原任翰林院檢討今任分巡浙江金衢嚴道按察使副使臣程光鉅、原任翰林院編修今任四川順慶府知府臣王泰牲。

校刊：右春坊右庶子兼翰林院侍講臣陳浩、左春坊左諭德兼翰林院修撰臣嵇璜、右春坊右贊善兼翰林院檢討臣趙大鯨、翰林院編修臣萬承蒼、翰林院檢討今任山東學政臣李光壂、翰林院編修臣于枋、翰林院編修今任江西學政臣于辰、翰林院編修臣林蒲封、翰林院編修臣柏謙、翰林院編修臣楊廷棟、翰林院編修臣徐以烜、翰林院編修臣吳士玽、翰林院檢討臣韓彥曾、翰林院編修臣陳大受、原任翰林院編修今任雲南道監察御史貴州學政臣鄒一桂、原任翰林院編修今任雲南曲靖府知府臣王雲銘。

監造：巡視長蘆等處鹽政監察御史內務府佐領臣三保、內務府南苑郎中兼佐領臣雅爾岱、內務府掌儀司郎中兼佐領臣永保、內務府織染局員外郎臣李之綱、內務府廣儲司司庫臣三格、監造臣西寧、監造臣恩克。

◎四庫提要：是書為聖祖仁皇帝經筵舊稿，世宗憲皇帝復加考論，乃編次成帙。說《春秋》者莫夥於兩宋，其為進講而作者，《宋史・藝文志》有王葆《春秋講義》二卷今已散佚，張九成《橫浦集》有《春秋講義》一卷、《永樂大典》有戴溪《春秋講義》三卷，大抵皆演繹經文，指陳正理，與章句之學迥殊。是非惟崇政邇英、奏御之體裁如是，亦以統馭之柄在慎其賞罰，賞罰之要在當其功罪。而別嫌疑、明是非、定猶豫者，則莫精於《春秋》。聖人筆削之旨，實在於是也。故孟子曰「《春秋》，天子之事也。」公扈子曰：「有國者不可以不學《春秋》。《春秋》，國之鑒也。」董仲舒推演《公羊》之旨得二百三十二條，作《春秋決事》十六篇，其義蓋有所受矣。是編因宋儒進御舊體，以

闡發微言。每條先列《左氏》之事蹟而不取其浮誇，次明《公》《穀》之義例而不取其穿鑿，反覆演繹，大旨歸本於王道，允足明聖經之書法，而探帝學之本原。聖祖仁皇帝、世宗憲皇帝聖聖相承，鄭重分明，以成此一編，豈非以經世之樞要，具在斯乎？

◎《皇朝文獻通考》卷二百十五《經籍考》五：

是書為聖祖仁皇帝經筵舊稿，世宗憲皇帝復加考論，乃編次成帙。說《春秋》者莫夥於兩宋。其為進講而作者，《宋史·藝文志》有王葆《春秋講義》二卷今已散佚，張九成《橫浦集》有《春秋講義》一卷、《永樂大典》有戴溪《春秋講義》三卷，大抵皆演繹經文，指陳正理，與章句之學迥殊。是非惟崇政邇英、奏御之體裁如是，亦以統馭之柄在慎其賞罰，賞罰之要在當其功罪。而別嫌疑、明是非、定猶豫者，則莫精於《春秋》。聖人筆削之旨，實在於是也。故孟子曰「《春秋》，天子之事也。」公扈子曰：「有國者不可以不學《春秋》。《春秋》，國之鑒也。」董仲舒推演《公羊》之旨得二百三十二條，作《春秋決事》十六篇，其義蓋有所受矣。是編因宋儒進御舊體，以闡發微言。每條先列《左氏》之事蹟，而不取其浮誇。次明《公》、《穀》之義例，而不取其穿鑿。反覆演繹，大旨歸本於王道，允足明聖經之書法，而探帝學之本原。聖祖仁皇帝、世宗憲皇帝聖聖相承，鄭重分明，以成此一編，豈非以經世之樞要，具在斯乎？

《日講春秋解義》六十四卷，聖祖仁皇帝御製序曰：朕惟《春秋》者帝王經世之大法、史外傳心之要典也，大義炳若日星而褒貶筆削微顯婉章非後世所能窺，至其立法謹嚴，宅心一本忠恕，因善惡是非而施予奪焉。有正例，有變例，有事同而辭異，有事異而辭同。一人之身，前後不相掩；一人之事，功過不妨殊。如化工之肖物，隨類付形，未嘗有所容心於其間。後之說經者，或穿鑿深文，或附會失實，固難悉當聖人之心。左氏親見聖人，公羊、穀梁、及門子夏猶彼此牴牾，騏駮互見，何況去聖人日遠，紛紜探索如漢唐以下董仲舒、趙匡、啖助諸家乎！惟宋康侯胡氏潛心二十年，事本《左氏》，義取《公》《穀》，萃諸家之長，勒成一家之書。雖持論過激，抉隱太嚴，未必當日聖心皆然。要其本三綱，奉九法，明王道，正人心，於《春秋》大旨十常得其六七，較之漢唐以後諸家優矣。朕萬幾之暇，研精六經，竊有嘅於《春秋》經聖人手定，其袞鉞本乎王章，刑賞原於忠厚，義例雖繁，而其明白正大之旨必不如後之說經者委折碎細若此。爰命儒臣撰集進講，大約以胡氏為宗而去

其論之太甚者。無傳經文則博採諸儒論注以補之，朕亦時有所折衷，期歸於一。編輯成書，朝夕省覽，亦欲俾學者有所遵守，其於經世大法、傳心要典未必無少助云爾。

皇上御製序曰：嘗考《春秋》經文，不過萬有六千三百餘言，自三傳以後羣儒義疏累數千萬言，而微詞隱義之難明者猶十有六七。蓋是經乃孔子所手定也，辭約而義深，聖心之所運用，每舉一事，其義必貫於全經，非若他經一章一節各指一事，雖有不通而不害其可通者。故程朱二子深探力索久之，皆見為難明而止。至明初胡氏安國之說遂獨列於學官，以朱子深病是經之難通，而教門人姑從胡氏之說也。然謂其以義理穿鑿則非義理之真，而於聖人筆削之旨未能脗合明矣。故自明以來，雖著功令，科舉之士禀為程式，而終不足以服學者之心。我聖祖仁皇帝聰明天亶，自少時即篤好經書。及躬攬大政，辨色出視朝，裁決萬幾甫畢，即召儒臣講論經義，務抉其根源，条伍羣言以求至當。經筵所進《日講四書》及《尚書》／周易解義》皆裁自聖心以為無憾者，故即時刊布。及晚年以明初《五經大全》收採討論尚未精詳，口授指畫成《周易折衷》一書，《詩》《書》《春秋》則命重臣開館編次而親釐定之。惟《三禮》體大，未議纂修，蓋有待也。《周易折衷》成於康熙五十四年，《春秋傳說彙纂》成于六十年，已經頒布；餘二經則至我皇考繼序之後，始次第告成。皇考大孝尊親，凡皇祖一言一動莫不敬述，以昭示來兹。念欽定《春秋》于胡氏之說既多駁正，則廷臣當日所進講義一遵胡氏之舊者，於聖心自多未洽。是以遲之又久，未嘗宣布，必將俟諸經備成，而後重加討論也。故再降諭旨，命果親王允禮、大學士張廷玉、內閣學士方苞詳細校訂，始事於雍正七年，恭呈御覽者再，而後告成，凡六十四卷。乾隆二年鋟版既訖，諸臣請製序文頒示海內，朕反覆循覽，於胡氏穿鑿之說曠若發蒙，筆削之旨闡明者亦過半焉。夫《解義》之成，蓋數十年於兹矣，觀皇祖之久不宣布，可以徵望道未見之心；觀皇考之再三考訂而後命刊，可以知善繼善述之義。豈惟是經之窔突將由是以開通哉，即兩朝聖人之心法治法，亦於斯可覩矣！

臣等謹按，是編亦聖祖仁皇帝講筵舊稿。雍正七年，世宗憲皇帝復命果親王允禮、大學士張廷玉等重加考訂，排次成書，因崇政、邁英進御舊體，先徵《左氏》之事實，次明《公》《穀》之義例，凡三傳之得失，辨之至詳而酌之極當。伏讀御製序文，陳作述之源流，誌校刊之顛末，聖祖仁皇帝未經宣布之隱、世宗憲皇帝再三考訂之心，昭然若揭，洵惟聖人能知聖人矣。

◎趙爾巽《清史稿》卷一百四十五志一百二十《藝文》一：《日講春秋解義》六十四卷，雍正七年敕撰。

◎昆岡等《清會典事例》卷一〇四七《翰林院·典禮》：（康熙）二十五年諭掌院學士庫勒納、張英：「爾等每日將講章奉至乾清門，豫備詣講筵行禮進講，為時良久，妨朕披覽功，著暫停止。《春秋》、《禮記》，朕在內每日講閱。其《詩經》、《通鑑》講章俱交與張英，令其齎至內廷。」

◎庫勒納（？～1708），瓜爾佳氏，滿洲人。曾任戶部尚書、吏部尚書。著有《日講書經解義》十三卷、《日講春秋解義》六十四卷總說一卷。

匡苞 春秋輯解 佚

◎道光二十五年張同聲修、李圖纂《重修膠州志》卷二十《藝文》：匡苞《春秋輯解》。

◎孫葆田《山東通志》卷百二十七《藝文志》第十：《州志》云：「晚年病目，不能披閱書籍，每言吾於諸經惟《春秋》未能上口，因令童孫雒誦，聽而熟之，曰：『不意今日補吾舊闕。』著有《春秋輯解》。」

◎匡苞，字桑于。山東膠州人。文炅子。乾隆五十五年（1790）進士。著有《春秋輯解》。

匡援 春秋臣品 存

國圖藏民國鈔匡劍堂先生遺稿本

◎匡援，著有《周易玩辭》、《周易尊乾》、《毛詩異義》、《尚書伏馬義》、《左傳釋文新評》三十卷、《疑疑孟》等書，收入《匡劍堂先生遺稿》，又編有《女範》十卷。

匡援 左傳釋文新評 三十卷 存

國圖藏民國匡劍堂先生遺稿抄本

況澄 春秋屬辭比事記補 二卷 存

桂林藏況氏叢書手稿本

◎孫先英、周欣《廣西儒學文獻敘錄》第一篇《廣西經學文獻敘錄·春秋類》：

蕭山毛奇齡編有《春秋屬辭比事記》，其書未全。況氏依毛氏體例，作本書補之，故名。全書二卷，上卷列有改元、即位、生子、立君、朝、聘、盟、會盟、侵、伐、會伐等目；下卷列有在、放、納、居、奔、周王葬、諸侯卒、大夫卒、弒君、祭享、日食等目。每目之下，依照《春秋》時間先後，將史實排比編撰，目下又分細目。全書依目歸類，將《春秋》史實排比，年份與事件聯繫，行文清晰。（光緒）《臨桂縣志》、《廣西近代經籍志》、《廣西省述作目錄》歸入經部，《廣西地方文獻目錄》歸入綜合性圖書。（光緒）《臨桂縣志》、蒙起鵬《廣西近代經籍志》、《廣西地方文獻目錄》、《廣西歷代文人著述目錄廣西歷代文人著述館藏聯合目錄》、《廣西文獻名錄》等有著錄。

　　一冊二卷。存。（光緒）《臨桂縣志》載「二卷，存」，《廣西近代經籍志》載「未見」，《廣西省述作目錄》未注明存佚。《廣西地方文獻目錄》載桂林圖書館有藏，一冊，手稿本，為《況氏叢書》的第五十七至五十八冊。

　　◎況澄（1799～1866），字少吳，號西舍，筆名梅卿。廣西桂林人。況祥麟子。道光二年（1822）進士。歷任戶部主事、刑部員外郎、監察御史、給事中、陝甘鄉試主考官，後官至河南按察使。工詩詞，精考證。著有《春秋屬辭比事記補》《說文徵典》《西舍文遺篇》《粵西勝跡詩鈔》《西舍詩鈔》《雜體詩鈔》《使秦紀程》《兩論纂說》《廣千字文》等。

曠學本　春秋文稿　佚

　　◎尋霖、龔篤清編《湘人著述表》著錄。

　　◎曠學本，字遜之，號半崖。湖南衡山人。敏本弟。乾隆二年（1737）進士。任寶慶府教授。掌教湖南衡山人雯峰、集賢及瀏陽、茶陵諸書院。著有《四書文摘》、《春秋文稿》。

來集之　春秋志在　十二卷　存

　　國圖、清華、中科院、南京、浙江、湖北藏順治九年（1652）蕭山來氏倘湖小築刻來子談經本

　　◎《明史》卷九十六《志》第七十二《藝文》一《春秋》：來集之《春秋志在》十二卷、《四傳權衡》一卷。

　　◎孫殿起《販書偶記》卷二：《春秋志在》十二卷，蕭山來集之撰。順治壬辰倘湖小築撰刊。

　　◎鄭方坤《經稗》卷八「戴嬀息嬀」條引。

　　◎來集之（1604～1682），初名偉才，又名鎔，字元成，號元成子、對山堂；因傍依倘湖，人稱倘湖先生，自號倘湖樵人。浙江蕭山長河人。崇禎十三年（1640）進士，授安慶府推官，中憲大夫，後改任兵科左給事、太常寺少卿。明亡後，卸職還鄉，隱居故里三十餘年，潛心著述。著有《讀易隅通》二卷、《卦義一得》二卷、《易經體注》四卷、《易圖親見》一卷、《倘湖樵書》二卷、《春秋志在》十二卷、《四傳權衡》一卷、《倘湖文集》、《南行偶筆》、《南行載筆》、《倘湖詩餘》、《對山堂續太平廣記》、《阮步兵陵廨啼紅》、《來集之先生詩話》、《倘湖近詩七言絕句》、《南行載筆》、《羽族通譜》一卷、《女紅紗》、《碧紗籠》。